GENERAL STANLEY McCHRYSTAL
com Tantum Collins, David Silverman e Chris Fussell

TIME DE TIMES

LIDERANDO EQUIPES em um MUNDO em TRANSFORMAÇÃO

Tradução de
Roberta Sartori

São Paulo | 2022

Impresso no Brasil, 2022.
Copyright © 2022 – Stanley McChystal e outros

Os direitos desta edição pertencem à LVM Editora, sediada na
Rua Leopoldo Couto de Magalhães Júnior, 1098, Cj. 46 • 04.542-001
São Paulo, SP, Brasil • 55 (11) 3704-3782
contato@lvmeditora.com.br

Gerente Editorial | Chiara Ciodarot
Editor Chefe | Marcos Torrigo
Editor de Aquisição | Marcos Torrigo
Tradutora | Roberta Sartori
Copydesk | Mariana Diniz Lion
Revisão Ortográfica e Gramatical | Mariana Diniz Lion
Revisão dos Originais | Mariana Diniz Lion
Capa | Décio Lopes
Diagramação | Décio Lopes

Dados Internacionais de Catalogação na Publicação (CIP)
Angélica Ilacqua CRB-8/7057

T478	Time de Times: Liderando equipes em um mundo em transformação / General Stanley McChrystal...[et al]; tradução de Roberta Sartori. – 1ª ediçao – São Paulo: LVM Editora, 2022. 352 p. Outros autores: Tantum Collins, David Silverman, Chris Fussell Bibliografia ISBN 978-65-5052-045-8 Título original: *Team of Teams: New Rules of Engagement for a Complex World* 1. Grupos de trabalho 2. Liderança 3. Administração militar 4. Descentralização na administração 5. McChrystal, Stanley – Narrativas pessoais I. McChrystal, Stanley II. Sartori, Roberta
22-5496	CDD 658.4022

Índices para catálogo sistemático:
1. Grupos de trabalho

Reservados todos os direitos desta obra.
Proibida a reprodução integral desta edição por qualquer meio ou forma, seja eletrônica ou mecânica, fotocópia, gravação ou qualquer outro meio sem a permissão expressa do editor. A reprodução parcial é permitida, desde que citada a fonte.
Esta editora se empenhou em contatar os responsáveis pelos direitos autorais de todas as imagens e de outros materiais utilizados neste livro. Se porventura for constatada a omissão involuntária na identificação de algum deles, dispomo-nos a efetuar, futuramente, as devidas correções.

TAMBÉM PELO GENERAL STANLEY McCHRYSTAL
(Exército dos EUA, Aposentado)

Minha Parte da Missão

*Para todas as pessoas ao longo da história que lutaram
com os metamorfos. Agradecimento especial àqueles
cujas experiências fundamentaram este livro, do setor
militar ao setor privado e ao mundo acadêmico.
Sem seu bravo serviço e sábias contribuições,
este livro não existiria.*

ÍNDICE

Prefácio da Edição Brasileira 11
Prefácio de Walter Isaacson 15
Introdução 19

• PARTE I •
O PROBLEMA DE PROTEU

CAPÍTULO 1: Filhos de Proteu 33
CAPÍTULO 2: Mecanismo 55
CAPÍTULO 3: De complicado a complexo 77
CAPÍTULO 4: Fazendo a coisa certa 101

• PARTE II •
DE MUITOS, UM

CAPÍTULO 5: Do comando ao time 115
CAPÍTULO 6: Time de times 145

• PARTE III •
COMPARTILHAMENTO

CAPÍTULO 7: Visualizando o sistema 165
CAPÍTULO 8: Cérebros fora do baú 185
CAPÍTULO 9: Superando o Dilema do Prisioneiro 203

• PARTE IV •
LIBERANDO

capítulo 10: *Hands off* 233

capítulo 11: Liderando como um agricultor 251

• PARTE V •
OLHANDO PARA FRENTE

capítulo 12: Simetrias 267

Agradecimentos 285

Coautores 287

PREFÁCIO DA EDIÇÃO BRASILEIRA

— *Francisco Gomes Neto* —
CEO da EMBRAER

Durante minha trajetória profissional não houve um momento no qual eu questionasse o valor de um time unido, focado e motivado.

Pelo contrário, esse conceito foi se intensificando a cada adversidade enfrentada. As corporações tem uma relação de total dependência dos seus times, o que faz com que pessoas focadas, engajadas e felizes sejam o maior ativo de qualquer empreendimento.

Quando recebi do meu amigo empresário, Marcus Pinese, o convite para escrever a introdução da edição brasileira de Time de Times, do general Stanley McChrystal, senti-me lisonjeado. Não conhecia o livro, mas logo notei muitos pontos em comum no estilo de gestão que tenho implementado nas empresas que tenho atuado.

O general Stanley McChrystal comandou o time de ações especiais do Exército dos Estados Unidos combatendo a Al-Qaeda, no Iraque. Igualmente, foi comandante da Força Internacional no Afeganistão. Ao enfrentar esses inimigos estava diante de um dilema kafkiano. Sob suas ordens, o mais poderoso e equipado exército sobre a terra – e, mesmo assim, enfrentava derrotas perturbadoras. Prever as ações do inimigo era extremamente difícil, apesar de contar com o emprego de inteligência artificial de ponta, criação de cenários e grandes mentes empenhadas em antever os passos do adversário.

Conhecer o rival foi imperativo. A Al-Qaeda não era especialmente capaz, bem treinada, composta por mentes brilhantes. Em verdade, eles estavam mais para uma startup atenta às necessidades do mercado e em como usar isso ao seu favor. Em outras palavras, ações descentralizadas, times enxutos e altamente motivados prontos a atuar e desaparecer na multidão, ataques de ocasião.

McChrystal e seus colaboradores notaram que muitas das vantagens destes grupos extremistas, e os fatores que as produziram, eram compartilhadas por todos nós. Assim sendo, as estratégias e táticas aprendidas combatendo estes grupos poderiam ser usadas das mais diversas formas.

A história da administração das empresas está repleta de exemplos de grandes conglomerados que foram superados por "empresas de garagem".Liderar equipes, saber delegar, entender o próprio negócio e os principais competidores. Inovar, criar e recriar são premissas básicas, ainda mais em momentos de crise. Numa crise, deve-se priorizar o mais importante: imprimir velocidade de resposta aos desafios, mobilizar as pessoas criando um espírito de equipe. Pessoas motivadas fazem seu trabalho com energia e paixão.

Inspirar equipes na busca de excelência para reverter a queda no faturamento e o aumento nos custos, sempre reconhecendo os resultados alcançados.

Em uma entrevista para o Zero Hora em 2020, discorrendo sobre estratégias e táticas de equipe para enfrentar e vencer crises, relacionei algumas ações essenciais: "mobilize rapidamente sua equipe de liderança e especialistas que possam contribuir com aquele momento, crie com ela uma forma estruturada de trabalho simples e com foco no que é mais importante, começando sempre com a saúde e segurança das pessoas, e depois a gestão do caixa da companhia que garante a sobrevivência da empresa. Apoie a todos o tempo inteiro, criando um espírito de equipe, "one team". Seja sempre positivo. Um líder não pode nunca mostrar pessimismo ou negativismo. E comunique muito os avanços e desafios a frente, interna e externamente. Comemore as conquistas e prepare-se para a retomada, que ela virá com mais eficiência, mais leveza, mais foco nas coisas importantes e espírito de equipe para sair mais valorizado e fortalecido da crise". É esse o conceito de construir um Time de Times, é a fórmula infalível para praticamente anular a possibilidade de derrota.

Na Embraer, criamos um comitê de gestão de crise, um amplo plano de recuperação que construímos de forma colaborativa e implementamos já a partir de 2020. Enfrentar os desafios e nos adaptarmos rapidamente à realidade do mercado são preceitos básicos, e assim foi quando começamos e logo tivemos que enfrentar a pandemia do coronavírus, que atingiu em cheio as companhias aéreas combinado com o término da parceria com a Boeing. Dois desafios enormes simultaneamente. Como resultado, a Embraer se tornou mais competitiva e eficiente, buscando parcerias estratégicas e seguindo o caminho da inovação. Não foi fácil, mas obtivemos uma melhora significativa com aumento de 180% no valor das ações da companhia em 2021 e com uma receita líquida pouco mais de 11% acima da receita de 2020. Foi uma conquista e tanto de nosso time.

O futuro traz novos ventos com a EVE Urban Air Mobility, criada no meio da crise de 2020 pela Embraer para disputar o acirrado mercado global de "carros aéreos" com veículos elétricos de pouso e decolagem vertical. Um exemplo do nosso foco em inovação.

Em resposta aos crescentes desafios, muitas empresas e exércitos têm implementado "comandos de times", pequenos grupos adaptáveis dentro da superestrutura. Aqui reside um desafio: estas organizações, em muitos casos, substituíram pequenos comandos por times. O desafio é da unidade versus multiplicidade, os atores desempenham melhor seus papéis nas organizações de forma descentralizada, buscando os objetivos principais e criando seus próprios caminhos, mesmo fazendo parte de um todo maior.

Em Time de Times o general McChrystal acentua como a criação de equipes descentralizadas foi crucial para combater as "startups do terrorismo". Com todo o know-how, eficiência e qualificação do exército americano, a capacidade de inovação, mutação e adaptação das várias equipes criadas foi decisiva para derrotar um concorrente desorganizado, mas ágil e atento. É essa a lição que os líderes devem aprender e aplicar.

PREFÁCIO DE WALTER ISAACSON

Seja nos negócios ou na guerra, a capacidade de reação rápida e adaptação é determinante, e está se tornando ainda mais assim à medida que a tecnologia e as forças disruptivas aumentam o ritmo das mudanças. Isso requer novas formas de comunicação e de trabalho em conjunto. No mundo de hoje, a criatividade é um esforço colaborativo. A inovação é um esforço de time.

Este livro apresenta lições oportunas para qualquer organização que pretenda triunfar nesse novo ambiente. Baseado em situações bastante concretas e vividamente descritas que o general McChrystal encontrou como comandante no Iraque e no Afeganistão, a obra descreve como as organizações precisam se reinventar. Isso envolve quebrar silos[1], trabalhar com divisões e dominar a resposta flexível que vem do verdadeiro trabalho em equipe e colaboração.

Observei esse fenômeno no meu próprio estudo sobre inovação na era digital. As maiores inovações não vieram de um inventor solitário ou da solução de problemas em um estilo de comando e controle de cima para baixo. Em vez disso, os grandes sucessos – a criação do computador, transistor, microchip, internet – vêm de um "Time de Times" trabalhando em conjunto, na busca de um objetivo comum.

Certa vez perguntei a Steve Jobs, com frequência e de maneira errônea considerado um líder isolado visionário e autoritário, qual de suas criações o deixava mais orgulhoso. Eu achei que ele diria o Macintosh original ou o iPhone. Em vez disso, salientou que eles eram esforços colaborativos. As criações das quais ele mais se orgulhava, disse, eram os times que ele havia gerado, começando com o time original do Macintosh trabalhando sob uma bandeira pirata no início dos anos 1980 e o notável time que ele havia reunido quando deixou a Apple em 2011.

---

1. O efeito silo ou silos organizacionais (também conhecidos por feudos) referem-se a um problema identificado, originalmente, em empresas. Trata-se de quando uma empresa não consegue fazer seus setores, departamentos, e equipes até, se comunicarem e cooperarem, em especial, no que tange à troca de informações, tendo em vista um objetivo comum.

O mundo em rápida transformação de hoje, marcado pelo aumento da velocidade e das densas interdependências, caracteriza-se por organizações em todos os lugares enfrentando desafios vertiginosos, do terrorismo global às epidemias sanitárias, à interrupção da cadeia de suprimentos e às tecnologias revolucionárias. Essas questões só podem ser resolvidas pela criação de uma adaptabilidade organizacional sustentada por meio do estabelecimento de um Time de Times.

Redes de alta velocidade e comunicações digitais significam que a colaboração pode – e deve – acontecer em tempo real. A arquitetura distribuída, descentralizada e semelhante à rede da internet capacita cada indivíduo a ser um colaborador. Da mesma forma, a necessidade de inovação e solução de problemas em tempo real requer uma liderança integradora e transparente que capacite os membros individuais do time.

Esse novo ambiente deu à Al Qaeda uma vantagem diferenciada, permitindo à organização em rede atacar de forma rápida, reconfigurar-se em tempo real e integrar suas ações globalmente dispersas. No início, isso sobrecarregou a Força-Tarefa liderada pelo general McChrystal, uma hierarquia militar tradicional, secreta e isolada que foi configurada para resolver os problemas de uma época anterior.

A solução foi, surpreendentemente, encontrada na mudança das estruturas de gestão. Os militares dos EUA e seus aliados tiveram que transformar a maneira como a comunidade de operações especiais operava, mudando a maneira como travava a Guerra ao Terror.

A experiência do general McChrystal e seus colegas, e seu exame das experiências de outros, ensinou-lhes que a complexidade em escala tornou a gestão reducionista ineficaz para resolver esses problemas nesse nosso mundo interconectado. A eficiência é necessária, mas não é mais suficiente para ser uma organização de sucesso. Funcionou no século XX, mas agora é rapidamente superada pela velocidade e pelo impacto exagerado de pequenos atores, como terroristas, *start-ups* e tendências virais.

Modelos de gestão baseados em planejamento e previsão, em vez de adaptação resiliente às mudanças nas circunstâncias, não são mais adequados aos desafios de hoje. As organizações devem estar em rede, não isoladas, para serem bem-sucedidas. Seu objetivo deve se deslocar da eficiência para a adaptabilidade organizacional permanente. Isso requer mudanças dramáticas nos modelos mentais e organizacionais, bem como nos esforços contínuos por parte da liderança a fim de criar o ambiente para uma tal mudança.

As experiências do general McChrystal liderando a Força-Tarefa ilustram como essa transformação dramática é possível em todas as organizações. Depois de identificar a natureza adaptável e interligada da Al Qaeda, o general e sua equipe investigaram por que as organizações tradicionais não são adaptáveis. Uma conclusão a que chegaram foi a de que agilidade e adaptabilidade são normalmente limitadas a times pequenos. Eles investigaram as características que tornam os pequenos times adaptáveis, tais como confiança, propósito comum, consciência compartilhada e o empoderamento de membros individuais para agir. Eles também identificaram os limites tradicionais dos times como "piscadelas" na organização entre times onde a colaboração começa a falhar.

A principal lição que emergiu, a qual é detalhada neste livro, é a necessidade de expandir a adaptabilidade e a coesão de pequenos times até o nível corporativo. Isso envolve a criação de um time de times para promover a colaboração entre os silos. Dessa forma, os *insights* e as ações de muitas equipes e indivíduos podem ser aproveitados em toda a organização. Inovação e solução de problemas tornam-se produtos do trabalho em time, não de um único arquiteto.

Fazer isso requer um aumento da transparência para garantir compreensão e conscientização comuns. Com frequência, também envolve a mudança de espaços físicos e de comportamentos individuais, a fim de estabelecer confiança e promover a colaboração. Isso pode desenvolver a habilidade de compartilhar cenários para que os times possam descentralizar e capacitar os indivíduos para agir. As decisões são empurradas para baixo, permitindo que os membros ajam com rapidez. Essa nova abordagem também requer a mudança da concepção tradicional de líder. O papel do líder passa a ser a criação de um ambiente mais amplo, em vez da microgestão de comando-e-controle.

Aproveitar e compartilhar o poder e as experiências de muitos times permitiu que o comando da Força-Tarefa se adaptasse rapidamente aos eventos em mudança no local e inovasse soluções que não poderiam ter vindo de uma abordagem de cima para baixo.

Essas lições, como mostram os autores, também se aplicam a empresas e outras organizações. O general McChrystal está liderando um esforço, coordenado no Aspen Institute, para fazer de um ano de serviço nacional, que pode ser militar ou doméstico, uma oportunidade e uma expectativa para todos os jovens americanos. Participar de um corpo de serviço é uma das muitas maneiras de aprender a trabalhar em time, comunicar objetivos e fortalecer a tomada de decisão descentralizada.

Independentemente do campo em que você esteja, qualquer que seja o estágio de liderança, aprender esses *insights* e habilidades provar-se-á necessário. Além de ser uma leitura fascinante e intensa, este livro é um guia indispensável à mudança organizacional e à profunda valorização do trabalho em time, essenciais no ambiente em rápido movimento de hoje.

INTRODUÇÃO

"É claro que entendemos os perigos, nós simplesmente não temos outra escolha".

O ministro do interior afegão era um homem franzino, de voz suave, de uma conduta de gentileza inabalável, de modo que sua declaração teve o tom de uma explicação paciente, em vez de indignação ou de atitude defensiva. Quando jovem, ele havia perdido uma perna na guerra soviética e caminhava mancando desajeitadamente, mas seu intelecto, energia e compromisso com a remodelação do Afeganistão pós-11 de setembro eram inegáveis. Quando ele falou, eu escutei com atenção.

Estávamos falando sobre a polícia afegã, pela qual Mohammad Hanif Atmar era responsável, discutindo as terríveis baixas que sofriam em postos isolados em áreas disputadas pelo Talibá. Mal treinados, inadequadamente equipados e desigualmente liderados, os recrutas policiais novatos, com frequência, caíam vítimas de drogas, corrupção e violência insurgente. Nesse sentido, era extremamente frustrante ver o ministério continuar a recrutar novos aspirantes à polícia e posicioná-los em áreas operacionais *antes* de tê-los treinado. Mas, por vários motivos, Atmar sentiu que não tinha outra opção.

A maioria de nós consideraria imprudente fazer algo antes de estarmos totalmente preparados; antes que o equipamento estivesse adequadamente no lugar e nossos funcionários bem treinados. Mas, como o leitor vai descobrir, essa é a situação na qual nos encontramos. E, ao longo da pesquisa para este livro, descobrimos que essa é a situação que líderes e organizações longe de qualquer campo de batalha enfrentam todos os dias.

A gênese dessa história está na transformação de uma organização militar de elite, a Força-Tarefa de Operações Especiais Conjuntas (descrita neste volume simplesmente como "a Força-Tarefa", ou FT), em meio a uma guerra. Durante essa transição, poderíamos nos comparar a um time de futebol profissional mudando de um sistema ofensivo para outro, no segundo quarto de um jogo decisivo, mas a realidade era muito mais dramática. A mudança da Força-Tarefa, na verdade, assemelhava-se mais à mudança de um time do futebol para um de basquete, e à percepção de que hábitos e preconceitos tinham que ser descartados junto com protetores e chuteiras.

Mas isso era tudo menos um jogo ou um esporte. A guerra contra uma série de grupos terroristas que vinha fervilhando, com explosões regulares desde a década de 1970, estourou de vez no rescaldo do 11 de setembro, e a Força-Tarefa se viu primeiro no Afeganistão, depois, à medida que a luta se expandia, em todo o Oriente Médio.

Na primavera de 2003, entramos no Iraque. O que começou como uma campanha militar altamente convencional para derrubar o regime de Saddam Hussein tornou-se, no outono de 2003, uma luta amarga e não convencional contra sunitas frustrados que, cada vez mais, se uniam em torno de um carismático extremista jordaniano que adotou o nome de Abu Musab al Zarqawi. Nos anos que se seguiram, nós (eu havia voltado à Força-Tarefa em outubro de 2003) nos encontramos em uma luta amarga que, no início, foi tão confusa quanto sangrenta.

A Força-Tarefa não escolheu mudar; fomos movidos pela necessidade. Apesar de prodigamente equipados e primorosamente treinados, nós nos vimos perdendo para um inimigo que, pela lógica, deveríamos ter subjugado. Com o tempo, acabamos percebendo que, mais do que com o nosso inimigo propriamente dito, na verdade, estávamos lutando para enfrentar um ambiente fundamentalmente diferente de tudo o que havíamos planejado ou para o que havíamos sido treinados. A velocidade e a interdependência dos eventos produziram novas dinâmicas que ameaçavam sobrecarregar os processos e a cultura que tínhamos construído e que haviam sido consagrados pelo tempo.

Pouco de nossa transformação foi planejado. Poucos dos planos que desenvolvemos se desdobraram como previsto. Em vez disso, evoluímos em iterações rápidas, *mudando – avaliando – mudando* de novo. A intuição e a experiência duramente conquistadas tornaram-se os faróis, com frequência muito pouco visíveis, que nos guiaram através do nevoeiro e das tensões. Com o tempo, percebemos que não estávamos em busca da solução perfeita – não existia nenhuma. O ambiente em que nos encontrávamos, uma convergência de fatores do século XXI e de interações humanas mais atemporais, exigia uma abordagem dinâmica, em constante adaptação. Para um soldado treinado em West Point como engenheiro, a ideia de que um problema tem soluções diferentes em dias diferentes era, em sua essência, perturbadora. No entanto, esse era o caso.

Felizmente, o denominador comum dos profissionais com quem servi era uma devoção quase mística ao cumprimento da missão. A Força-Tarefa foi fundada na esteira do fracasso da crise dos reféns no Irã, e talvez aquelas imagens da aeronave destruída e dos corpos queimados de militares americanos no Deserto Um[1] ainda estivessem por trás do ferrenho desejo da Força de vencer. E assim, no início dos anos 2000, nós nos transformamos, e nos transformamos novamente, em uma luta amarga para, em primeiro lugar, conter e, depois, reduzir a ameaça que a Al Qaeda representava no Iraque (AQI).

No início de 2008, esse objetivo estava claramente visível, e a adaptação contínua da Força-Tarefa a transformou em uma organização fundamentalmente nova – que funcionava valendo-se de processos e relacionamentos distintamente diferentes. Por estarmos tão engajados na luta, pensávamos e conversávamos constantemente a respeito do que estávamos fazendo. Mas foi uma experiência que só pôde entrar em verdadeiro foco quando tivemos a oportunidade de, mais tarde, desconstruí-la e estudá-la, o que nos permitiu tirar conclusões válidas. É aí que entra este livro. Em 2010, quando deixei o serviço, reuni-me a vários ex-colegas para verificar se nossa experiência compartilhada era uma ocorrência única que havia emergido dos fatores únicos do Iraque pós-2003, ou se era um microcosmo de um ambiente alterado mais amplo que impacta quase todas as organizações no mundo de hoje. Suspeitamos da segunda opção, mas iniciamos uma jornada para descobrir.

Este livro é o trabalho de quatro indivíduos diferentes, três dos quais compartilharam experiências de guerra e um quarto que compartilha nosso fascínio e paixão pelo assunto. Dave Silverman é graduado pela Academia Naval de 1998 e, mais tarde, um SEAL, que lutou no Iraque antes de ser enviado, sem qualquer notificação prévia, ao Afeganistão, em 2009, para servir comigo na sede da Força Internacional de Assistência à Segurança (*International Security and Assistance Force* – ISAF). Chris Fussell é outro ex-SEAL que passou muitos anos no Grupo de Desenvolvimento de Guerra Especial Naval, incluindo um ano como meu ajudante de campo na Força-Tarefa, antes de passar um tempo na Escola de Pós-Graduação Naval em Monterey, com o objetivo de estudar células de fusão multiorganizacionais. Tantum Collins, ou Teddy, como o chamamos, conheci mais tarde, como estudante de graduação em um seminário de pós-graduação em liderança que tenho ministrado na Universidade Yale desde 2010. A incrível

---

1. Deserto Um foi o nome dado à pista de pouso remota usada pelas forças dos EUA durante a tentativa fracassada de 1980 de resgatar americanos reféns em Teerã.

impressão que ele me causou nos levou a convidá-lo para passar seu primeiro ano após a formatura (antes de ir para a Grã-Bretanha como *Marshall Scholar*[2] para estudar na Universidade de Cambridge) liderando este esforço a fim de registrar as conclusões de nossas experiências e estudos para este livro. Eu completei o quarteto, tendo um pouco mais de quilometragem do que meus colegas, mas ainda mais aluno do que professor em nosso exame dessa ideia fundamental.

A decisão de produzir mais um livro para ajudar a moldar e liderar organizações complexas não foi fácil. As prateleiras estão abarrotadas de obras de valor variado, e líderes ocupados podem se sentir duramente criticados por conselhos contraditórios de gurus de negócios e consultores de gestão. Mas o impacto da experiência da Força-Tarefa nos levou a testar as conclusões a que chegamos, porque as implicações mais amplas para quase todas as organizações eram muito sérias.

Em primeiro lugar, embora a Força-Tarefa tenha lutado no Iraque, não podíamos alegar que éramos incompatíveis com um time de nível internacional. Honestamente avaliada, a Al Qaeda não era uma coleção de super-homens forjados por mentes brilhantes, em uma organização diabolicamente engenhosa. Eles eram duros, flexíveis e resilientes, mas, na maioria das vezes, eram mal treinados e dispunham de poucos recursos. Eles também eram dogmáticos e ofensivamente extremos em sua conduta e pontos de vista. Seus pontos fortes e capacidades foram multiplicados por uma convergência de fatores do século XXI, dos quais a AQI foi simplesmente a afortunada beneficiária. Muito parecida com uma *start-up* de garagem do Vale do Silício que desenvolve uma ideia ou produto oportunos, em vez de excepcionalmente brilhante em termos de um montante absurdo de riqueza, o que aconteceu com a AQI é que ela entrou em um elevador que estava subindo.

Em segundo lugar, e mais importante, esses fatores não eram exclusivos do Iraque ou da guerra. Eles estão afetando quase todos nós, em nossas vidas e organizações, todos os dias. Não somos mais preguiçosos ou menos inteligentes do que nossos pais ou avós, mas o que funcionou para eles simplesmente não irá bastar para nós agora. Entender e adaptar-se a esses fatores não é opcional; será o que vai diferenciar o sucesso do fracasso nos próximos anos.

---

2. As bolsas de estudo Marshall financiam jovens americanos de alta capacidade para estudar para uma pós-graduação no Reino Unido. Até cinquenta bolsistas são selecionados a cada ano para estudar em nível de pós-graduação em uma instituição do Reino Unido em qualquer área de estudo. Um aluno que recebe esta bolsa é um bolsista Marshall. Disponível em: https://www.marshallscholarship.org Acesso em 30/5/2022 (N.T.)

Este livro não diminuirá os desafios nem simplificará a complexidade do sucesso nesta nova era, mas servirá como uma lente para entendê-la, além de delinear uma abordagem que pode permitir que uma organização se adapte às novas exigências.

Para registrar o assunto de forma eficaz, nossa busca seguiu duas linhas. Na primeira, fundamos a CrossLead para trabalhar com empresas civis que enfrentam o desafio de se adaptar em ambientes complexos e em rápida mudança. Esse esforço se transformou em uma incrível coleção de talentos – jovens e adultos, civis e ex-militares ou profissionais de inteligência, acadêmicos e especialistas. Por meio de trabalho prático *in loco* com parceiros clientes, vimos, em primeira mão, o ciclone de fatores de mudança – as uma-vez-confortáveis constantes, mas hoje transformadas em variáveis que desafiam a previsibilidade e contrariam os modelos tradicionais de liderança e gestão. Para muitas organizações bem-sucedidas, coisas que antes funcionavam maravilhosamente agora parecem ineficazes.

Além do nosso envolvimento direto, também iniciamos um esforço a fim de investigar esse fenômeno em outros domínios e dimensões teóricas, para ver se aqueles que efetuavam um exame sério do assunto estavam tirando conclusões semelhantes. Em grande medida, eles estão. Revisando estudos publicados e entrevistando especialistas em uma ampla variedade de campos que generosamente compartilharam seu tempo, colocamos nossa experiência pessoal em um microscópio para validar nossas descobertas em relação à sua sabedoria. Não nos declaramos acadêmicos, mas estamos mais do que dispostos a deixar o trabalho deles nos orientar a conclusões sustentáveis.

BORBOLETAS, AGRICULTORES E SAPOS

É importante estabelecer de antemão o que este livro é e o que ele não é.

Esta não é uma história de guerra, embora nossa experiência na luta contra a Al Qaeda percorra todo o livro. Para muito além de soldados, é uma história sobre grandes e pequenos homens, borboletas, agricultores e mestres de xadrez. O leitor conhecerá sapos viscosos, bestas míticas, máquinas barulhentas e ecossistemas sensíveis.

Esperamos ajudar o leitor a entender o que há de diferente no mundo de hoje e o que devemos fazer a respeito. Vamos argumentar que a maneira conhecida de buscar eficiência deve mudar seu curso. A eficiência continua sendo importante, mas a capacidade de se adaptar à complexidade e à mudança contínua tornou-se um imperativo. Usando nossa experiência na guerra, combinada com uma série de exemplos de empresas, hospitais, organizações não governamentais, bem como das fontes mais improváveis, iremos expor os sintomas do problema, suas causas profundas e as abordagens que nós e outros consideramos eficazes. Os leitores irão entender e avaliar os desafios que enfrentam e serão capazes de identificar o que faz sentido para eles.

Não oferecemos aqui uma série de *checklists* ou um manual de "como fazer". Em vez disso, em cinco partes, o leitor vai fazer uma viagem do problema à solução.

A *Parte I: O Problema de Proteu* começa no Iraque em 2004, onde a força antiterrorista mais seleta do mundo está lutando contra um bando aparentemente desorganizado de combatentes radicais. Examinamos a revelação inesperada de que nossos maiores desafios não estão no inimigo, mas no cenário incrivelmente novo no qual estávamos operando e dentro dos atributos cuidadosamente elaborados da nossa própria organização. Para entender o desafio, vamos ao chão de fábrica com Frederick Winslow Taylor e faremos uma retrospectiva dessa busca pela eficiência que marcou os últimos 150 anos e como isso moldou nossas organizações e os homens e mulheres que as lideram e administram. Em seguida, examinamos como a velocidade acelerada e a interdependência no mundo de hoje criaram níveis de complexidade que confundem até mesmo os estabelecimentos da era industrial mais excelentemente eficientes. E descobriremos, para nossa decepção, que o *Big Data* não oferecerá trégua à demanda implacável por adaptabilidade contínua.

A *Parte II: De Muitos, Um* examina tanto a magia quanto os mitos dos times. O leitor vai se encontrar na sala de cirurgia do Brigham and Women's Hospital enquanto cirurgiões trabalham para salvar as vítimas do atentado da Maratona de Boston de 2013, e deitado no convés do USS *Bainbridge*, em águas agitadas, ao lado de atiradores SEAL, cujos tiros precisos salvaram o capitão Phillips dos piratas somalis. Dissecamos os processos que criam a *confiança* e o *propósito comum* que unem grandes times pequenos e esclarecemos a falácia de que é preciso super-homens para forjar supertimes. Depois subiremos a mais de 9 quilômetros na cabine do malfadado voo 173 da United Airlines, em dezembro de 1978, para examinar os assustadores desafios que até mesmo as tripulações bem treinadas enfrentam e estudar algumas das adaptações, tipo *Mission Critical Teams* [Times de Missão Crítica[3]], que surgiram para lidar com a crescente complexidade. Por fim, entraremos na terra imaginária de Krasnóvia

---

3. Missão crítica é um ambiente tecnológico indispensável construído para evitar a paralisação de serviços computacionais e a perda de dados importantes a um negócio. (N.E.)

a fim de verificar por que tantos times pequenos e empresas fraquejam à medida que crescem em tamanho. E descobriremos que até a Força-Tarefa de elite sofria da mesma doença.

A *Parte III: Compartilhamento* mostra como lidar com a mudança contínua e a complexidade dramaticamente crescentes que nos açoitam a uma velocidade vertiginosa. Da plataforma de lançamento do famoso projeto Apollo da NASA que colocou o primeiro homem na lua, a um helicóptero escurecido colocando um operador das Forças Especiais do Exército em um telhado em Fallujah, o leitor é apresentado à *consciência compartilhada*: a maneira como a transparência e a comunicação podem ser usadas em uma organização a fim de produzir resultados extraordinários mesmo em grandes grupos. E o Dilema do Prisioneiro e a teoria dos jogos irão ilustrar como o conceito simples de *confiança* é, em grandes organizações, tudo menos algo simples de criar.

A *Parte IV: Liberando* investiga a história, as vantagens e os imperativos da *execução* verdadeiramente *empoderada* em uma organização –, forçando a tomada de decisões e a apropriação ao nível certo para cada ação. O leitor acompanhará os gigantescos navios de guerra do comandante Perry até a costa do Japão e acordará comigo no Iraque para tomar decisões imediatas sobre quem vai e quem não vai viver. Por meio de uma maquete de plástico de aproximadamente 12 centímetros, nos aprofundaremos no modelo de liderança tipo *"eyes on-hands off"*[4]. Depois, iremos examinar os líderes que tradicionalmente procuramos e por que eles talvez sejam uma espécie ameaçada nesse novo ambiente. Por fim, o leitor vai se sentar ao meu lado para a videoconferência diária que usei com o objetivo de dar forma e conduzir os esforços da Força-Tarefa e vai viajar para as pequenas bases no Iraque e no Afeganistão, onde, finalmente, a ação será realizada. Ao fazer isso, exploraremos o novo, e cada vez mais importante, papel do líder sênior.

A *Parte V: Olhando para o Futuro* inicia com uma visão detalhada de como a confiança, o propósito comum, a consciência compartilhada e a execução empoderada impulsionaram a caçada bem-sucedida por Abu Musab al-Zarqawi, viaja com Alexis de Tocqueville enquanto ele força a América à fazer uma autoanálise e argumenta que, para ter sucesso, talvez até sobreviver, no novo ambiente, as organizações e os líderes devem mudar substancialmente. A eficiência, que um dia já foi a única preocupação, deve abrir espaço para a adaptabilidade em estruturas, processos e mentalidades o que é, muitas vezes, desagradável.

---

4. Estilo delega a tomada de decisão ao nível certo, mas assegura-se se que o líder tenha todas as informações necessárias para tomar decisões. (N.T.)

Este não é um estudo científico ou o resultado de ensaios clínicos. Não afirmamos que esses conceitos sejam originais nem oferecemos descobertas que são o produto de anos de estudo por especialistas de campo. Reconhecemos que pode haver erros ou conclusões que podem ser contestadas. Mas acreditamos que, aproveitando o pensamento de outras pessoas para ajudar a explicar a experiência pela qual transitamos, os leitores irão encontrar uma combinação útil de conhecimento prático e teórico para combater o crescente desafio que todos enfrentamos.

UM DESAFIO CONTÍNUO

No início do verão de 2014, quando este livro estava quase pronto, combatentes sunitas operando sob a bandeira do ISIS, o Estado Islâmico do Iraque e da Síria, capturaram a cidade de Mosul, no norte do Iraque, e avançaram para o sul como uma onda implacável em direção a Bagdá. O ISIS foi liderado, enquanto avançava pelo Iraque, pelo carismático Abu Bakr al-Baghdadi, uma figura que lembra o vilão que enfrentamos uma década antes e sobre quem faremos uma discussão detalhada neste livro: Abu Musab al-Zarqawi. Imagens de veículos abandonados do Exército iraquiano passando por combatentes vitoriosos do ISIS refletiram o impressionante colapso das defesas do governo do Iraque e, com isso, sua credibilidade. Veteranos de nossa guerra assistiam de longe, em uma frustração desanimadora, enquanto o terreno que havíamos tomado a pé, e metro por metro sangrento, caía para mais um movimento extremista que avançava com aparente facilidade, apesar de serem superados em números de homens e de armas pelas forças do governo.

A pergunta "Nosso sucesso contra a Al Qaeda foi uma cruel ilusão?" veio imediatamente à mente. Mas sabíamos que não. O que havíamos feito era real. Em vez disso, esse último rumo dos acontecimentos reforçou justamente algumas das mesmas lições que havíamos tirado. A primeira foi que o ambiente em constante mudança e totalmente implacável em que todos nós operamos nega a satisfação de qualquer correção permanente. A segunda foi que a organização que criamos, os processos que refinamos e os relacionamentos que estabelecemos e cultivamos não são mais duradouros do que o condicionamento físico que manteve nossos soldados em forma: uma organização deve ser constantemente liderada ou, se necessário, pressionada para acima para o que deve ser. Pare de pressionar e não avança, nem fica no lugar; rola para trás.

Antes de começarmos, uma reflexão. Todos nós temos a tentação de colocar a culpa pelas falhas em fatores fora de nosso controle: "o inimigo tinha três metros de altura", "não nos trataram de forma justa" ou "para começo de conversa, era uma tarefa impossível". Existe também um consolo em "duplicar" processos comprovados, independentemente de sua eficácia. Poucos de nós são criticados se realizarmos fielmente o que funcionou muitas vezes antes. Mas sentir-se confortável ou esquivar-se de críticas não deve ser nossa medida de sucesso. Provavelmente há um lugar no paraíso para pessoas que se esforçaram, mas o que realmente importa é ter sucesso. Se isso exige que você mude, essa é a sua missão.

PARTE I

O PROBLEMA DE PROTEU

O soldado agarrou-se firmemente à figura retorcida. A arma com a qual ele havia matado muitas vezes antes permanecia pendurada ao seu lado; ele precisava deste aqui vivo. Suas mãos, escurecidas, queimadas pelo sol, doíam enquanto ele lutava para manter um aperto firme. Depois de anos de luta em uma guerra impopular, ele faria o que fosse preciso para voltar para casa.

Menelau, rei de Esparta, o irmão feroz de Agamenon e marido da bela Helena, estava em sua jornada para casa após a Guerra de Tróia, que havia durado dez anos. Naufragado na ilha de Faros, Menelau ficou desesperado quando a deusa Eidoteia falou a ele sobre seu pai, o imortal Proteu – o Velho do Mar. Se Menelau conseguisse derrotá-lo, Proteu entregaria os segredos de que ele precisava para levar seus homens de volta a Esparta.

Derrotar Proteu seria difícil, porque o deus possuía um poder especial: ele era um metamorfo, um polimorfo. Assim, Menelau e seus homens, disfarçados em peles de foca, armaram uma emboscada na praia. Quando Proteu emergiu irritado e espumando do mar agitado, eles entraram em ação...

Primeiro ele se transformou em um grande leão barbudo
    e depois em uma serpente –
        uma pantera –
            um javali selvagem –
                uma torrente de água –
                    uma árvore com galhos altos –

Mas os gregos se agarraram firmemente. Suas armas normais tinham pouca utilidade; a cada mudança, eles mudavam, a cada novo desafio, eles mudavam, apertando as pernas em volta dos pescoços dos animais que apareciam, ou segurando com força os galhos de madeira das árvores, ou envolvendo os braços em torno de bolas de fogo mercurial[5].

O Velho do Mar foi derrotado. Por meio da adaptação, os gregos encontraram o caminho de casa.

---

5. O fogo mercurial encontra-se no "centro da terra", no ventre do dragão; trata-se do "fogo secreto do inferno". (N.T.)

*Uma história verdadeira,
1.385 quilômetros a leste de Faros,
três mil anos depois...*

CAPÍTULO 1
FILHOS DE PROTEU

Cinco silhuetas fortes, em um azul profundo em contraste com o nascer do sol cor de areia, moviam-se por uma rua vazia nos arredores do bairro El Amel, em Bagdá. A chamada matinal para a oração havia acabado de ricochetear pela expansão urbana e de desvanecer-se no calor espesso. Algumas persianas se abriram, depois rapidamente se fecharam; os moradores sabiam quando ficar escondidos. A porta de uma pequena casa na esquina se abriu, e os homens entraram a passos arrastados. Era 30 de setembro de 2004, e uma das maiores operações que eles realizariam estava prestes a começar.

O prédio parecia normal – mais uma pequena sinuosidade nas ondulações pixeladas de blocos marrom-claros de concreto que se estendiam pelo horizonte. Mas, por dentro, abrigava um centro nervoso organizacional temporário que reunia dados e disseminava instruções por toda a cidade. Mapas, fotos de alvos e *checklists* operacionais cobriam as paredes. Equipamentos pessoais – armas e roupas – estavam empilhados ordenadamente no canto. Os que faziam a segurança observavam a rua, com as armas em punho. Os combatentes recém-chegados cumprimentaram os outros membros de sua equipe – as contrapartes analítica e de inteligência de seus músculos – com abraços de urso. Perguntaram sobre as famílias, faziam piadas sobre colegas. Eles também conheceram três novas adições à equipe – que haviam acabado de sair do treinamento e recém-chegados ao Iraque. Os rostos jovens traíam o emaranhado de confusão e entusiasmo que os homens mais velhos sabiam que logo dariam lugar ao medo.

O grupo caminhou pelos corredores do seu abrigo, passando por fotos da alegre família que costumava morar ali. Homens em trajes de combate se acomodaram nos sofás de veludo cor de malva no que, uma vez, havia sido uma sala de estar. Se algum deles viu humor ou emoção nesse contraste, não o mencionou. Eles aprenderam a separar as emoções da guerra, a internalizar como "dano colateral" as mortes de circunstantes e a aceitar a selvageria do campo de batalha como um passo inevitável na busca de um futuro melhor. Eles haviam há muito esgotado qualquer valorização inconsciente pela delicadeza ou ironia.

Voltando-se para um mapa da área-alvo, o membro mais velho da unidade revisou sua abordagem. Pegando três descansos para copos e um fragmento de ladrilho que se havia se desprendido do chão durante os combates anteriores, ele demonstrou os caminhos que seus veículos seguiriam e as dezenas de minas terrestres potenciais que teriam que evitar.

Cada movimento de sua mão representava o ponto culminante de semanas de trabalho: a decodificação e conciliação da inteligência, a coleta e montagem de equipamentos especiais. Essa era a arte da guerra integrada que eles estavam começando a dominar. Embora apenas três homens estivessem escalados para puxar os gatilhos, dezenas – em todos os níveis de comando e em diferentes países – faziam contribuições vitais para a operação.

As táticas da guerra e a estratégia geral diferiam radicalmente de como eles haviam idealizado a luta. Esta não foi uma guerra de planejamento e disciplina; foi de agilidade e inovação. A sua unidade havia desenvolvido um ritmo de autonomia localizada intercalada com comunicação frequente com sua liderança; os superiores assistiam a distância, mas a operação de hoje foi ideia original dos homens na sala e eles tinham total controle sobre a missão.

Por razões de segurança, nenhum jornalista – mesmo o mais favorável – tinha permissão para integrar unidades como essa; se tivessem, teriam testemunhado um estudo de caso em design organizacional de vanguarda, uma malha de sincronização e adaptabilidade em tempo real que permeava o ecossistema institucional de sua força de combate. Embora em conflitos anteriores até mesmo uma equipe de elite desse tamanho tivesse pouco peso estratégico; em 2004, seu poder de fogo significava que suas capacidades táticas estavam impressionantes, e a tecnologia da informação significava que as notícias da operação poderiam chegar, quase instantaneamente, ao público global.

Depois de uma avaliação final e de alguns acenos de cabeça, os homens se levantaram dos sofás e foram até a cozinha para pegar os equipamentos. Quatro homens ficariam para trás; os outros sete prenderam as munições no lugar e apertaram as alças de seus pesados coletes. Eles fizeram alguns comentários sobre o estado lamentável do Iraque e como o país poderia ficar quando terminassem de libertá-lo, além de criticarem as vergonhosas táticas empregadas por seu inimigo. Os recém-chegados não falavam.

Enquanto os operadores caminhavam até a porta, o comandante sentiu o barulho de algo sendo esmagado sob a bota. No chão, uma foto emoldurada estava em meio a uma constelação de cacos de vidro: uma foto de uma garota, muito maquiada e retocada, usando um gorro e um vestido. Nacionalidade à parte, as pessoas que viveram aqui não eram diferentes das famílias de onde esses homens vieram, ou que poderiam um dia construir. Essa família não tinha feito nada para provocar isso; eles eram culpados apenas por estarem no lugar errado na hora errada. O comandante não fazia ideia de quem eram ou o que havia acontecido com eles, mas esperava que seu trabalho pudesse, de alguma maneira tortuosa e indireta, trazer-lhes paz. Ele abriu a porta da frente.

Passava pouco das nove horas, e a temperatura já havia ultrapassado os 32 graus Celsius. Eles estavam suando antes de chegarem aos seus veículos. Para esta operação, eles usavam roupas civis e dirigiam sedãs: dois Hyundais e um Volkswagen para realizar a operação, além de um Opel para monitorar pela retaguarda – carros escolhidos para se misturarem com o trânsito. Após verificarem o equipamento, os motoristas saíram.

Eles observaram com cautela cada janela, telhado e pedestre. Em uma operação semelhante há uma semana, um tiro de um *sniper* quebrou o para-brisa e atingiu a testa do motorista, encharcando o teto estofado com um teste de Rorschach de um vermelho profundo. Oito dias depois, alguns dos homens no carro não conseguiam se lembrar do rosto dele. Apesar de tais perdas, no fluxo e refluxo de bombardeios, ataques e retribuições, os operativos viram a maré virar, lenta, mas seguramente, em direção à vitória. A guerra tinha sido mais difícil do que qualquer um deles esperava, mas seus esforços não foram em vão.

A operação de hoje seria complexa e, quanto mais peças móveis, maior o risco. O fogo hostil era quase inevitável e, como sempre, faltavam informações precisas sobre o inimigo.

Os carros passavam lentamente por ruas lotadas, em meio aos gritos de vendedores em busca de clientes, de pais repreendendo as crianças e de adolescentes importunando garotas em seus *hijabs*; e em meio aos cheiros de comida fresca, comida podre e cachorros de rua. Nenhum dos homens tinha estado no Iraque antes desse rodízio, mas o tumulto começou a parecer familiar. Ao dobrarem a esquina da Thirtieth Street, viram uma multidão de moradores cercando uma estação de esgoto recém-criada, aplaudindo embaixo de faixas celebrando uma grande cerimônia de inauguração.

O local onde o Volkswagen, seu veículo principal, deveria esperar estava ocupado por um caminhão basculante. Os motoristas se adaptaram sem dizer uma palavra: os Hyundais deram a volta no quarteirão enquanto o Volkswagen encontrou um novo local próximo à 7 Nissan Street. O Opel ficou para trás enquanto o motorista fingia interesse em uma barraca de faláfel à beira da estrada, esforçando-se para disfarçar seu sotaque. O caos das ruas iraquianas disfarçou atividades que, de outra forma, poderiam parecer suspeitas.

Nessa altura, um dos Hyundais encontrou, bloqueada por uma construção, a rota que havia sido planejada para ele. O motorista entrou em uma rua alternativa, olhando para os colegas a fim de se certificar de que haviam percebido a mudança de plano. A experiência deles durante o tempo que passaram juntos havia construído uma conexão quase telepática. Doze minutos depois do previsto, todos os quatro carros estavam em posição. Nos três veículos de ataque, os homens fizeram um momento de oração e reflexão.

Uma espécie de senha, proferida com a finalidade cruel por uma voz que já havia emitido dezenas de comandos semelhantes antes, irrompeu pelos seus rádios. O primeiro motorista do Hyundai respirou profundamente e pisou fundo no acelerador.

Na cerimônia da estação de esgoto, o círculo externo da multidão consistia principalmente de crianças, mais interessadas em brincar umas com as outras do que em ouvir os políticos falarem sobre a revitalização econômica. No centro, estavam os pais e as mães. Rostos sorridentes, emoldurados por lenços pretos e cabelos escuros, brilhavam no calor.

Pequenos corpos batiam-se contra a grade e os projetores de luz enquanto o Hyundai se chocava, a toda velocidade, no grupo. O motorista murmurou orações novamente antes de apertar o detonador. Talvez, na fração de segundo que o sinal de rádio levou para sair de sua palma, passando pelo banco de trás em direção ao porta-malas, ele viu a glória jihadista ensanguentada na qual o Iraque havia afundado. Talvez, por um instante, sua raiva tenha dado lugar a uma pontada de arrependimento antes que os tanques de propano explodissem e as balas BB[6] no porta-malas rasgassem o exoesqueleto de aço do veículo e o despedaçassem.

A rua, agora um mosaico de estilhaços de carros e restos mortais ensanguentados, encheu-se de lamentos. As mães procuravam freneticamente por seus filhos e filhas. Soldados inimigos – americanos – correram para o local descendo o quarteirão. Eles começaram a estabelecer um perímetro e a fazer a triagem dos feridos.

---

6. Bearing balls (BB): esferas de rolamento. As armas BB são armas pneumáticas projetadas para disparar projéteis metálicos esféricos chamados BBs, que são aproximadamente do mesmo tamanho do "tiro número 9" ou "BB" - 4,6 mm de diâmetro. (N.E.)

Em meio aos gritos, ninguém ouviu a aproximação do Volkswagen. Acelerando em direção ao grupo de soldados e de crianças que iam aparecendo, atordoados, para recolher destroços e identificar corpos, ele detonou sua carga.

Trinta e cinco crianças[7] estavam mortas; dez americanos e 140 iraquianos, feridos. Enquanto o último carro corria por um canteiro central em direção ao local, as forças da coalizão abriram fogo e o veículo detonou bem ao sul de seu alvo.

Mas a falha do terceiro veículo não importou para os homens do quarto, que já havia desaparecido no trânsito. As operações raramente eram perfeitas. Enquanto se afastavam, o motorista guardou os três pequenos controles de porta de garagem que ele mantinha no colo. Se seus operadores tivessem mudado de ideia, ele os teria usado para acionar seus explosivos. O homem no banco da espingarda revisou a filmagem que havia feito do ataque. Em poucas horas, ela estaria online – seu valor chocante estaria recrutando dezenas de outros homens-bomba para a causa.

Para a Al Qaeda no Iraque, a operação foi um sucesso.

O MELHOR DO MELHOR

No dia do bombardeio da estação de esgoto, sentei-me em um abrigo aéreo de concreto duplo da era Saddam, na base aérea de Balad, cerca de 100 quilômetros ao norte de El Amel. *Laptops* e monitores de plasma conectados por uma rede arterial de fios e cabos cobriam as paredes de madeira compensada e mesas que havíamos construído às pressas na primavera anterior. As informações fluíam sem parar através de uma "fazenda" de antenas e antenas parabólicas em um centro de operações do tamanho de uma quadra de basquete. Especialistas examinavam a vigilância por vídeo, interceptavam comunicações, apreendiam documentos e relatórios de inteligência humana, montando um retrato em mosaico da Al Qaeda no Iraque. Os relatórios que eles organizaram foram passados para meus subcomandantes e para mim, a fim de serem usados no planejamento de ataques junto com nossos operadores

---

7. Os eventos descritos são baseados no ataque real ocorrido em El Amel, Bagdá, em 30 de setembro de 2004. Embora seja impossível conhecer alguns detalhes operacionais exatos do ataque, todos os detalhes fornecidos são comuns à forma como vimos a Al Qaeda operar no Iraque durante toda a guerra. Alguns dos elementos factuais da história são reconstruídos a partir de Borzou Daragahi."35 Small Bodies Add up to Horror: car Bomb carnage Shatters ceremony," *San Francisco Chronicle*, October 1, 2004, disponível em http://www.sfgate.com/news/article/35-small-bodies-add-up-to-horror-car-bomb-2690397.php.

especiais. Este era o quartel-general avançado da nossa *Joint Special Operations Task Force* [Força-Tarefa Conjunta de Operações Especiais].

Eu havia recentemente completado cinquenta anos e estava no comando da Força-Tarefa há quase um ano. O posto era uma honra para qualquer soldado. De 1980 a 2003, nove grandes generais altamente respeitados (classificação de duas estrelas) haviam abraçado essa responsabilidade, cinco dos quais passaram a usar quatro estrelas. Esses homens, entre os melhores planejadores, coordenadores e pensadores estratégicos do Exército dos EUA, abriram um precedente extraordinário.

Seu legado de realizações foi o motivo pelo qual fomos trazidos para combater a crescente insurgência do Iraque, especificamente a Al Qaeda no Iraque (AQI) – a mais proeminente e selvagem das muitas operações terroristas que surgiram na esteira da invasão americana. Os Estados Unidos e as forças da coalizão entraram no Iraque para depor Saddam Hussein, o que fizeram em pouco tempo. Mas a AQI representava um tipo diferente de ameaça de um exército – pequeno, ágil e disperso. Enfrentá-los exigia os conjuntos de habilidades especiais que nossas unidades possuíam.

A Força-Tarefa havia sido construída em resposta a um desastre anterior: o fracassado resgate de reféns americanos mantidos por revolucionários iranianos em 1980. Ela reuniu as melhores unidades de operações especiais das forças armadas mais poderosas do mundo em uma única organização. A Força-Tarefa havia acumulado quarenta anos de experiência e realizações surpreendentes; por qualquer padrão objetivo, éramos a melhor força de combate de operações especiais do mundo – "a melhor das melhores". Mas isso não parecia estar nos ajudando em nada agora. Havíamos acabado de fracassar em evitar a morte de 35 crianças e estávamos perdendo uma guerra para um grupo de extremistas com poucos recursos.

Em teoria, o confronto entre a AQI e nossa Força-Tarefa não deveria ter sido uma competição. Tínhamos uma força grande, bem treinada e excelentemente equipada, enquanto a AQI tinha que recrutar moradores locais e contrabandear combatentes estrangeiros um a um, por meio do deslocamento e infiltração clandestina através fronteiras perigosas e não confiáveis. Nós dispúnhamos de uma tecnologia de comunicação robusta, enquanto eles, com frequência, dependiam de reuniões presenciais e de cartas entregues por mensageiros para minimizar o risco de detecção. Nossos combatentes haviam perseverado no treinamento mais exigente da história das operações especiais; os deles haviam frequentado um punhado de madraças espalhadas pela Península

Arábica e Norte da África. Poderíamos, quando quiséssemos, acessar um poço sem precedentes de poder de fogo, veículos blindados e vigilância de ponta; sua tecnologia consistia em dispositivos explosivos improvisados (*Improvised Explosive Devices – IEDs*) de tanques de propano e morteiros soviéticos vencidos, montados em porões de abrigos.

Também éramos exemplos em nossa disciplina. Nossos recursos superiores não geraram uma atitude de acomodação; estávamos pressionando nossos ativos com mais força do que nunca. Nossos operadores acordavam no meio da manhã, passavam o dia revisando planos e informações e instruindo a cadeia de comando; então, quando o crepúsculo ia chegando, os equipamentos aparecem, as engrenagens se encaixavam e as pás do rotor começavam a zumbir. Durante as horas de escuridão, pequenas equipes iam trabalhar, atingindo dois, três, dez alvos em uma determinada noite – cada operação meticulosamente planejada e executada, cada esforço opressivamente sobrecarregando de uma maneira que apenas o risco de vida pode fazê-lo. No início da manhã, soldados cansados afundavam na cama por algumas horas de sono e depois repetiam o ciclo sem interrupção por meses a fio.

As capacidades únicas da Força-Tarefa tornaram necessário para nós que assumíssemos um papel de liderança na luta no Iraque, mas a tarefa estava em uma dimensão que nunca havíamos encontrado antes. Ao longo de nossa história de mais de vinte anos, havíamos executado com sucesso operações pequenas, precisas e cirúrgicas; agora estávamos sendo chamados para liderar uma guerra sem fim visível. A tragédia do ataque à estação de esgoto em 30 de setembro foi um lembrete indesejável de que, apesar de nosso *pedigree*, nossos dispositivos e nosso compromisso, as coisas estavam nos escapando.

À medida que as informações fluíam sobre o bombardeio, o relato sucinto do relatório SIGACT (*Significant Activity* – Atividade Significativa) foi aumentado com detalhes valiosos de oficiais de ligação da Força-Tarefa dispersos pelo Iraque – detalhes das vítimas, antecedentes e idades dos homens, mulheres e crianças que morreram, e de como os homens do Opel escaparam por entre nossos dedos. Debatemos sobre qual reação deveríamos mostrar.

Mas também tivemos que fazer uma pergunta mais profunda e mais preocupante: se éramos os melhores dos melhores, por que esses ataques não estavam desaparecendo, mas, na verdade, aumentando? Por que não conseguimos derrotar uma insurgência que tinha poucos recursos? Por que estávamos perdendo?

O TIME DE TIMES

Essa pergunta, as respostas que encontramos e suas implicações para o mundo que está para além da nossa Força-Tarefa formam a base deste livro. Com a AQI, enfrentamos um tipo de ameaça fundamentalmente novo, gerado por um tipo de ambiente fundamentalmente novo. A guerra que tivemos de travar não era apenas diferente de uma luta contra um Estado-nação; era diferente de qualquer tipo de guerra travada no século XX. Insurgência, terrorismo e radicalização são tão antigos quanto o próprio conflito, mas, em 2004, esses fenômenos foram associados a novas variáveis tecnológicas para criar um conjunto de problemas inteiramente novo. A maioria das pessoas, felizmente, nunca estará na posição de lutar contra uma insurgência violenta, mas as mudanças tecnológicas e sociais que possibilitaram o sucesso da AQI afetam a todos nós.

Em 2004, estávamos apenas começando a entender a gravidade dessa mudança, mas, nos meses que se seguiram, fomos entender que derrotar a AQI exigiria aprender com eles. Assim como os jovens nascidos nas décadas de 1990 e 2000 são considerados "nativos digitais" em contraste com seus pais "imigrantes digitais", a AQI era uma organização nativa do mundo rico em informações e densamente interconectado do século XXI. Ela operava de maneiras que divergiam radicalmente daquelas que pensávamos como "corretas" e "eficazes". Mas funcionou.

No decorrer dessa luta, tivemos que desaprender muito do que pensávamos saber sobre como a guerra – e o mundo – funcionava. Tivemos que derrubar estruturas organizacionais familiares e reconstruí-las em linhas completamente diferentes, substituindo nossa arquitetura robusta pela fluidez orgânica, porque era a única maneira de enfrentar uma maré crescente de ameaças complexas. De maneira específica, o que fizemos foi reestruturar nossa força a partir do zero, com base em princípios de compartilhamento de informações extremamente transparente (o que chamamos de "consciência compartilhada") e na descentralização da autoridade de tomada de decisão ("execução empoderada"). Dissolvemos as barreiras – as paredes de nossos silos e os pisos de nossas hierarquias – que um dia nos tornaram eficientes. Analisamos os comportamentos de nossas unidades menores e encontramos maneiras de estendê-los a uma organização de milhares, espalhada por três continentes. Nós nos tornamos o que chamamos de "Time de Times": um grande comando que capturava em amplitude os traços de agilidade normalmente limitados a times pequenos. Quase tudo o que fazíamos ia na contramão da tradição militar e da prática organizacional geral. Abandonamos muitos dos preceitos que ajudaram a estabelecer nossa eficácia no século XX, porque o século XXI é um jogo diferente com regras diferentes.

Nossa luta no Iraque, em 2004, não é uma exceção – é a nova norma. Os modelos de sucesso organizacional que dominaram o século XX têm suas raízes na Revolução Industrial, e, dito de maneira simples, o mundo mudou. A busca pela "eficiência" – obter o máximo com o menor investimento de energia, tempo ou dinheiro – já foi uma meta louvável, mas ser eficiente no mundo de hoje é menos uma questão de otimizar para um conjunto conhecido (e relativamente estável) de variáveis do que a capacidade de resposta a um ambiente em constante mudança. A adaptabilidade, não a eficiência, deve se tornar nossa competência central.

Hoje, os desafios enfrentados por nossa Força-Tarefa são compartilhados por organizações contemporâneas, que, como nós, desenvolveram tremendas competências para lidar com um mundo que não existe mais. Desde que deixei as forças armadas e fundamos a CrossLead, em 2011, meus colegas e eu temos estudado as dificuldades encontradas por uma quantidade de empresas e outros grupos que lutam para sobreviver e prosperar em um mundo que não é mais o mesmo. Nas próximas páginas, exploraremos por que a maioria das organizações hoje está mal equipada para enfrentar esses desafios e apresentaremos, passo a passo, nossa experiência no Iraque, as soluções que encontramos que funcionaram e as pesquisas que posteriormente realizamos referentes às aplicações mais amplas dessas soluções.

Em 2004, essas respostas estavam no futuro. Estávamos lutando para entender um inimigo que não tinha localização fixa, não tinha uniformes, mas tinha identidades tão imateriais e imensuráveis quanto o ciberespaço no qual eles recrutavam e distribuíam propaganda. A utilidade da inteligência que reunimos através de uma luta árdua e perigosa tinha um modo desconcertante de evaporar como o Opel que derreteu no tráfego de Bagdá em 30 de setembro. Mas tínhamos um ponto de partida – um nome: Abu Musab al-Zarqawi. Era um pseudônimo, mas o homem era real.

AHMAD AL-KHALAYLEH

Cinco anos antes, no deserto da Jordânia, 48 quilômetros a leste do Mar Morto, as portas da prisão de alta segurança de Suwaqah se abriram. Algumas dezenas de homens saíram, incluindo um homem quieto cujas vestes afegãs esvoaçantes faziam um forte contraste com as roupas de prisão daqueles que o cercavam. Ele era Ahmad al-Khalayleh, ou como ficou conhecido no mundo exterior, Abu Musab al-Zarqawi.

Criado na cidade industrial jordaniana de Zarqa, em uma família comum e modesta, Ahmad saiu dos trilhos ainda jovem, abandonando a escola e voltando-se para as drogas e o álcool. Sua mãe acabou enviando-o para uma mesquita famosa, de inclinação salafista (uma linha profundamente conservadora do islamismo sunita). Lá, encontrou sua verdadeira paixão: a guerra santa. Ele viajou para o Afeganistão e para o Paquistão em busca da glória jihadista, na esperança de desempenhar um papel glamoroso na luta contra os invasores infiéis (na época, os soviéticos), mas chegou tarde demais: os soviéticos já estavam se retirando do conflito de uma década. Ahmad retornou a Amã e fez incursões com a comunidade islâmica radical de lá. Sua participação em um complô contra o Estado levou-o a Suwaqah, onde passou cinco anos consolidando sua decisão, levantando pesos, memorizando o Alcorão e aplicando ácido para queimar as tatuagens adquiridas em sua juventude renegada. Seu tempo ali completou a transformação que sua mãe involuntariamente havia iniciado uma década antes, a de bandido apático para comandante terrorista carismático. Os companheiros de prisão passaram a reverenciá-lo; as autoridades prisionais, a temê-lo. Amedrontadas por sua influência, as autoridades da prisão permitiram que ele substituísse o traje tradicional da prisão pelo elegante drapeado do *shalwar kameez* – a camisa longa e as calças largas amarradas na cintura e nos tornozelos, tradicionais do Afeganistão. Isso fazia parte de sua nova identidade, assim como o nome que adotou – Abu Musab al-Zarqawi. Quando o homem de 33 anos saiu da prisão, estava prestes a assumir o que se tornaria um papel central nas guerras pós-11 de setembro.

Ele voltou ao Paquistão, onde um novo grupo chamado Al Qaeda – "a Base" – estava tomando forma. Inspirado, ele fundou uma organização semelhante, Tawhid w'al-Jihad (TWJ) – "o Grupo de Unidade e Jihad". Depois de algumas tentativas malsucedidas de se juntar aos conflitos no Paquistão e na Chechênia, o TWJ estabeleceu um campo de treinamento em Herat, Afeganistão, que ensinava condicionamento físico, fabricação de bombas e guerra química. A Al Qaeda se interessou, e os dois grupos se aproximaram.

A invasão do Iraque pelos EUA foi um sonho tornado realidade para Zarqawi; finalmente, ele teria a chance de provar sua coragem. O TWJ se estabeleceu na vanguarda da resistência, jogando astutamente com o medo e a frustração da minoria sunita do Iraque, subitamente despojada do poder político pela queda de Saddam. Em 2003, Zarqawi projetou uma campanha de bombardeio bem-sucedida que matou centenas e zombou da tentativa da coalizão de ocupação para proteger Bagdá. Um imenso caminhão-bomba, na sede das Nações Unidas, no hotel Canal, matou 22, incluindo Sérgio Vieira de Mello, representante especial da ONU no Iraque. Dois meses depois, em uma enxurrada de atentados suicidas coordenados que mataram 35 e feriram mais de duzentos, uma ambulância cheia de explosivos foi usada para atingir a sede da Cruz Vermelha Internacional.

Embora o ataque da estação de esgoto tenha sido horrível, não foi fora do comum para o Iraque em 2004. Em dezembro[8], houve mais ataques terroristas significativos no Iraque do que em todo o mundo em 2003[9]. Em 2005, o terrorismo no Iraque ceifaria 8.300 vidas, o equivalente a quase três 11 de setembro em um país com um décimo da população dos Estados Unidos. O Iraque, com menos de 0,5% da população global, foi responsável por quase um terço de todos os ataques terroristas em todo o mundo e pela maioria das mortes de terrorismo em 2005. E só piorou: a primavera de 2006 viu mais de mil iraquianos morrendo[10] nas ruas iraquianas a cada mês. Para famílias como os antigos proprietários em El Amel, os bombardeios locais ocorreram com a frequência da coleta de lixo nos subúrbios da América.

Saddam tinha sido deposto e julgado, mas onde um lapso de tempo de 2003 a 2005 deveria ter revelado um aumento da ordem e da democracia nas ruas iraquianas, ao invés disso, mostraria uma queda deprimente: lojas fechando, estradas se deteriorando, cada vez menos pessoas andando em público, e a incessante centelha alaranjada dos ataques suicidas. Em 2003, a economia do

---

8. De acordo com o Departamento de Estado dos EUA, houve 198 incidentes terroristas "significativos" no Iraque em 2004, em comparação com o total mundial de 175 em 2003, 22 dos quais ocorreram no Iraque.
9. As estatísticas sobre o terrorismo mundial têm sido altamente controversas, e o Departamento de Estado foi forçado a retirar seu relatório anual de Padrões de Terrorismo Global em 2003, admitindo que seu relatório inicial subestimava tremendamente o número de incidentes. A questão rapidamente se politizou, pois os democratas acusaram o governo Bush de manipular os números para inflar seu sucesso na contenção do terrorismo global. Consequentemente, a Comissão do 11 de Setembro recomendou a criação de um Centro Nacional de Contraterrorismo (National Counterterrorism Center – NCTC) em julho de 2004 para prover uma agência para uma análise padronizada do terrorismo global. Em 2005, o relatório de Padrões de Terrorismo Global do Departamento de Estado foi renomeado para Relatórios Nacionais sobre o Terrorismo, que não incluía um detalhamento estatístico de ataques terroristas. No entanto, os relatórios subsequentes do NCTC incluíram estatísticas, as quais mencionamos.
10. Das vinte mil mortes em todo o mundo por ataques terroristas, 65% ocorreram no Iraque (treze mil mortes). National Counterterrorism Center, "Report on Terrorist Incidents—2006," April 30, 2007, http://www.fbi.gov/stats-services/publications/terror_06.pdf.

Iraque, rico em petróleo, contraiu mais de 20%, colocando o PIB per capita em 449 dólares – menos de 2% do dos Estados Unidos. Os noticiários da televisão relataram a conclusão do Programa de Desenvolvimento das Nações Unidas: as condições eram "funestas".

Os iraquianos não estavam vendo isso na TV. Para eles, a experiência era visceral. Com o colapso da frágil estrutura do governo de Saddam, a falta de eletricidade[11] paralisou Bagdá, destruindo iluminação, refrigeração e ar-condicionado. Em uma cidade onde os dias de verão chegam a praticamente 52 graus Celsius, e o mero encostar da pele em um metal aquecido pelo sol pode produzir uma queimadura dolorosa, isso é uma má notícia. As estações de tratamento de água e de processamento de esgoto pararam, e os dejetos humanos se acumulavam nas ruas, produzindo um fedor onipresente e nauseante.

Um lugar com uma história tão grandiosa quanto qualquer outro na Terra — o antigo "berço da civilização" — tornou-se um verdadeiro inferno[12].

A brutalidade e o caos eram estratégicos. O objetivo de Zarqawi era uma guerra civil sectária entre as populações sunita e xiita do Iraque. Ao destruírem um ao outro, ele pensou, eles também destruiriam qualquer remanescente de um Estado real, criando assim uma janela de oportunidade para o califado islâmico de seus sonhos. Ao mirar estrategicamente nos iraquianos xiitas, Zarqawi acendeu o barril de pólvora cultural, e um banho de sangue sectário varreu o Iraque. Ele havia habilmente projetado a alavancagem: cada ataque cuidadosamente escolhido da AQI veria seu número de mortos multiplicado pela cadeia de represálias que desencadearia. As vítimas dos atentados suicidas juntaram-se àquelas que tiveram um destino sombrio nas mãos das milícias sectárias de ambos os lados da divisão

---

11. Os iraquianos que viviam em Bagdá tinham cerca de dezesseis a vinte e quatro horas de eletricidade por dia antes da invasão. Em maio de 2003, havia caído para um valor estimado de quatro a seis horas por dia. Michael O'Hanlon and Jason Campbell, "Iraq Index: Tracking Variables of Reconstruction & Security in Post-Saddam Iraq," Brookings Institution, October 13, 2009, disponível em http://www.brookings.edu/~/media/centers/saban/iraq%20index/index20091013.pdf.

12. Vale a pena mencionar que, para a maioria dos iraquianos, as coisas em 2004 foram muito piores do que durante os anos de Saddam. Embora ele tenha sido um tirano, derrubou a economia de sua nação e matou muitos de seus próprios cidadãos, o número de mortos e o estado econômico não foram tão ruins quanto sob a ira da AQI. Um ponto de comparação útil é que, durante as décadas de 1980 e 1990, o Programa de Desenvolvimento Humano das Nações Unidas classificou o Iraque em 85º lugar entre 160 países – solidamente no nível de "desenvolvimento médio", logo à frente da Jordânia, e ao lado da China e das Filipinas.

religiosa do Iraque: corpos eletrocutados e desmembrados em câmaras de tortura subterrâneas, ou descartados em becos cheios de lixo com suas cabeças ainda cobertas por sacos plásticos.

Até a Al Qaeda ficou desconfortável com o extremismo de Zarqawi[13]. Mas seus líderes não podiam negar o poder militar absoluto da organização que o jordaniano havia reunido. Se quisessem exercer influência no Iraque, teriam de trabalhar com ele. Em outubro de 2004, Zarqawi jurou *bay'ah*, lealdade[14], a Osama bin Laden e, em troca, o terrorista mais famoso do mundo emprestou formalmente sua marca ao homem que já foi Ahmad, o inútil de Zarqa. Nascia a AQI.

QUADROS BRANCOS

Como membros de uma entidade tradicionalmente focada em atacar líderes terroristas, nós, da Força-Tarefa, fomos tentados a sucumbir à "Teoria do grande homem[15]" e atribuir o sucesso da AQI a Zarqawi. Ele era inegavelmente brilhante e capaz. Sua estratégia de colocar sunitas contra xiitas tinha um brilho maligno. Mas as ideias são baratas; muitos generais de poltrona têm propostas para vencer guerras, algumas delas bastante inteligentes, mas apenas aqueles que realmente podem moldar e gerenciar uma força capaz de fazer o trabalho acabam tendo sucesso. A AQI de Zarqawi certamente lucrou com os temores sunitas, o ressentimento iraquiano em relação aos ocupantes americanos, o fervor religioso e a insanidade geral que acompanha o caos violento, mas a velocidade e a amplitude de sua ascensão ainda eram surpreendentes. O fato de Zarqawi ter sido capaz de estabelecer um pequeno grupo de indivíduos dedicados em uma organização terrorista coesa não foi surpreendente, mas sua capacidade de alavancar esse grupo relativamente minúsculo, propagando uma narrativa desagradavelmente niilista, em uma insurgência amplamente apoiada e estrategicamente eficaz exigia uma explicação mais profunda. Examinamos uma

---

13. A parte mais controversa da estratégia de Zarqawi foi o ataque irrestrito aos muçulmanos xiitas. Lawrence Wright, "the Master Plan," New Yorker, September 11, 2006.
14. A mensagem foi postada em 17 de outubro de 2004. Jeffery Pool, "Zarqawi's Pledge of Allegiance to Al-Qaeda," Terrorism Monitor, December 16, 2004.
15. Teoria do grande homem: segundo essa teoria, proposta no século XIX, pelo filósofo Thomas Carlyle, a história pode ser amplamente explicada pela influência decisiva de grandes homens, indivíduos únicos devido aos seus atributos naturais, como intelecto superior, coragem heroica ou inspiração divina. (N.T.)

litania de variáveis possíveis – a história da região, a virulência da ideologia da AQI e as táticas sem restrições que adotaram –, mas nenhuma poderia explicar adequadamente o que estávamos vendo ali.

Quando estabelecemos o quartel-general da nossa Força-Tarefa em Balad, penduramos mapas em quase todas as paredes. Os mapas são sagrados para um soldado. Nos quartéis-generais militares, os mapas são montados e mantidos com uma reverência quase religiosa. Um mapa bem marcado pode, em um rápido vislumbre, revelar as atuais situações amigas e inimigas, bem como o plano de operações futuras. As ordens podem ser transmitidas usando um mapa marcado e algumas palavras concisas. Há histórias de reformas de escritórios do Pentágono segundo as quais removia-se uma parede apenas para encontrar, atrás dela, outra parede coberta de mapas que datam de um conflito anterior. Durante a maior parte da história, a guerra era sobre terreno, território ocupado e objetivos geográficos, e um mapa era a ferramenta por excelência para ver o problema e criar soluções.

Mas os mapas em Balad não tinham como representar um campo de batalha no qual o inimigo poderia enviar, de qualquer casa, em qualquer bairro, vídeos para uma audiência de milhões ou dirigir uma bomba em qualquer carro em qualquer rua. No lugar dos mapas, quadros brancos começaram a aparecer em nossa sede. Logo eles estavam por toda parte. Em pé ao redor deles, com marcadores nas mãos, pensávamos em voz alta, diagramando o que sabíamos, o que suspeitávamos e o que não sabíamos. Cobrimos as superfícies brancas brilhantes com palavras e desenhos multicoloridos, apagamos e depois cobrimos novamente. Não desenhávamos características geográficas estáticas; desenhávamos relações mutáveis – as conexões entre as coisas, e não as coisas propriamente ditas.

Assim como meus irmãos e eu, nas longas viagens de carro, brincávamos de procurar objetos familiares escondidos em uma imagem maior; na Força-Tarefa, tentávamos localizar estruturas e padrões familiares na tapeçaria caótica que era o Iraque. Embora não pudéssemos vê-las, estávamos convictos de que deveriam estar lá. À medida que recolhíamos inteligência, diagramávamos as relações entre os membros da organização. Mas, no lugar das linhas retas e ângulos retos de um comando militar, nos encontramos desenhando redes emaranhadas que não se assemelhavam a nenhuma estrutura organizacional que já havíamos visto. Os padrões desconhecidos que brotavam em nossos quadros brancos pareciam caóticos e cheios de contradições – absorvê-los era como ler um documento técnico em um idioma estrangeiro.

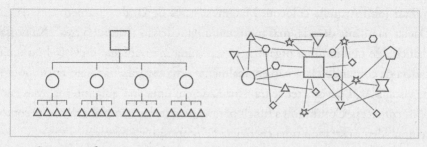

Para o que formos pensados   O que estamos enfrentando

As ações que vimos no campo de batalha categorizavam com mais precisão essas ligações instáveis do que a estrutura hierárquica mais familiar que fomos treinados para rastrear era capaz de fazê-lo. Começamos a considerar a possibilidade de que esses padrões familiares que estávamos procurando talvez não estivessem lá – que a AQI e esta guerra fossem fundamentalmente diferentes de tudo o que tínhamos visto no passado.

O uso hábil que a AQI fazia da tecnologia da informação havia multiplicado a eficácia das táticas empregadas por grupos guerrilheiros e terroristas por décadas. Isso era óbvio, mas havia uma mudança maior em jogo. O crescimento exponencial da interconectividade global significava que não estávamos apenas olhando para as mesmas estradas com tráfego mais rápido; estávamos olhando para uma paisagem totalmente diferente e em constante mudança. Ao contrário de uma estrutura de força de combate padrão de organizações subordinadas e personalidades obstinadas, a AQI exibia uma propriedade de mudança de forma. Não era a maior ou a mais forte, mas, como Proteu, a AQI era um inimigo assustador, porque podia se transformar como e quando quisesse.

Em uma profundamente tradicional e tribal Fallujah, a organização vestiu-se com os trajes do xeique e patrocinou festivais tradicionais de poesia islâmica. Os agentes exercem influência através de representantes locais no Conselho Mujahideen Shura de Fallujah, respeitadas figuras religiosas locais que a AQI conquistou ou intimidou. Mas, se um agente da AQI viajasse 120 quilômetros a leste de Bagdá, ele se confundiria com a paisagem urbana, usaria roupas locais e circularia pela cidade usando veículos com IEDs embarcados. Eles não só não tinham um *modus operandi* padrão, eles também não tinham uma hierarquia padrão. Toda vez que pensávamos que havíamos acertado um golpe debilitante na organização como um todo, removendo um líder da hierarquia cuja derrota deveria tê-la inviabilizado, eles se recuperavam. Como o teórico de rede e analista militar John Arquilla colocou: Matamos "cerca de 20 dos 'número três' da Al Qaeda na última década, mas todos em uma rede são o número três". Na nossa maneira de pensar, uma organização sem uma metodologia previsível ou uma cadeia de comando clara não era realmente uma organização – do nosso ponto de vista, a AQI deveria ter se transformado em uma anarquia interna. Mas isso não aconteceu. Continuou a funcionar tão persistente e implacavelmente como sempre, demonstrando uma coerência de propósito e estratégia.

Não vimos nenhuma evidência de que essa estrutura inexplicável fosse produto de um projeto deliberado; parecia, em vez disso, ter evoluído por meio de uma adaptação contínua. Como logo viríamos a saber, ela representava algo essencial sobre o novo mundo em que estávamos operando.

ATOR E AMBIENTE

Anos mais tarde, em 2010, assumi um cargo de professor na Universidade Yale, onde tive a oportunidade de refletir sobre essas experiências em meio a uma comunidade de pessoas assustadoramente inteligentes. Uma interação provou ser particularmente fascinante. A dra. Kristina Talbert-Slagle, uma brilhante imunologista que estuda AIDS, veio me ver, curiosa para saber se as semelhanças que ela via entre infecções no corpo humano e insurgências em um Estado tinham correlação com minhas observações. E tinham; embora nem o HIV nem a AIDS matem ninguém de imediato, o corpo humano está enfraquecido ao ponto de ficar fatalmente vulnerável a infecções que, de outra forma, não seriam ameaçadoras. Os fatores ambientais que enfraquecem o hospedeiro indiretamente fortalecem e potencializam os atacantes.

Em 2004, faltava-me esse vocabulário de imunologista, mas comecei a perceber que a aptidão de uma organização – como a de um organismo – não pode ser avaliada no vácuo; é um produto da compatibilidade com o ambiente circundante. Entender esse ambiente seria a chave para entender por que estávamos falhando e a AQI estava ganhando. Talvez tivéssemos os melhores equipamentos e as melhores unidades de operações especiais do mundo, mas não éramos – como organização – os mais adequados para aquela época e lugar.

A AQI foi bem-sucedida porque o ambiente permitiu que fosse. Uma grande parte disso foi o fracasso do Estado iraquiano, mas uma parte ainda maior foi algo que se estendeu para além das fronteiras nacionais – algo que era temporal, não geográfico.

Muito já foi escrito sobre como o mundo se tornou "mais plano" e mais rápido. As pessoas estão mais conectadas, mais móveis e se movimentam mais rápido do que nunca. Ao reduzir o que os economistas chamam de "barreiras de entrada" – custos proibitivos associados à entrada em um mercado –, essas mudanças deram início a um universo de novas possibilidades para atores que operam fora dos sistemas convencionais: Mark Zuckerberg, sem conexões familiares, capital inicial ou um diploma de graduação, mudou o mundo antes de atingir seus vinte e poucos anos; Justin Bieber postou um vídeo online em 2007 e, desde então, vendeu 15 milhões de álbuns, acumulando cerca de 200 milhões de dólares em riqueza pessoal; e Abu Musab al-Zarqawi, impulsionado por instruções on-line de fabricação de bombas e pelo poder de recrutar e disseminar propaganda em todo o mundo, incitou uma guerra. A interconectividade e a capacidade de transmitir informações instantaneamente podem conferir a pequenos grupos uma influência sem precedentes: a banda de garagem, a startup de dormitório, o blogueiro viral e a célula terrorista.

O século XXI é um ambiente operacional substancialmente diferente do século XX, e Zarqawi chegou no momento ideal. Era mais do que apenas salas de bate-papo e Youtube: a própria estrutura da AQI – em rede, e não hierárquica – incorporava esse novo mundo. De certa forma, tínhamos mais em comum com a dificuldade de uma empresa da *Fortune 500* tentando combater um enxame de startups do que com o comando aliado lutando contra a Alemanha nazista na Segunda Guerra Mundial.

Se não tínhamos como mudar o ambiente para melhor nos adequarmos, nós teríamos que mudar para nos adequarmos a ele. A questão era como. Não éramos um punhado de combatentes renegados operando fora da lei e inventando tudo na hora. A Força-Tarefa era uma máquina militar grande, institucionalizada e disciplinada. Embora mais ágeis do que a maioria das forças, ainda éramos um verdadeiro leviatã em comparação com a AQI. Como você treina um leviatã para improvisar?

GERENCIANDO O CAOS

Como muitos soldados, gosto de estudar história militar. Mesmo as batalhas mais célebres podem conter revelações com aplicações inesperadas. Em 2004, atolado em uma luta contra o mais evasivo e intratável dos inimigos, fiquei fascinado pelo *Seize the Fire: Heroism, Duty, and the Battle of Trafalgar*, de Adam Nicolson, que narra o confronto ousado do almirante britânico Horatio Nelson com uma frota franco-espanhola superior.

Em 21 de outubro de 1805, Nelson, com 1,60 m de altura e 47 anos, estava no convés de seu consorte, o *HMS Victory*, e encarava seu inimigo. Nelson, que havia perdido um olho e um braço em batalhas anteriores, sabia que a frota franco-espanhola de Napoleão esperava dizimar suas forças, neutralizando a marinha britânica e abrindo caminho para uma flotilha que lançaria uma invasão terrestre da Grã-Bretanha. Se a força de Nelson caísse, a Inglaterra cairia. Os britânicos não haviam sido tão ameaçados desde que enfrentaram a Armada Espanhola em 1588.

As chances não pareciam boas. Nelson tinha 27 navios, enquanto o inimigo ostentava 33. Mas ele tinha na manga um dos planos menos ortodoxos da história militar.

Tradicionalmente, os almirantes travavam batalhas navais organizando seus navios em uma linha paralela a do inimigo. Ambos os lados dispariariam saraivada após saraivada até que uma frota, suficientemente enfraquecida devido à perda de vidas, navios e munições, se rendesse. Esse arranjo maximizou o uso dos canhões dispostos ao longo do comprimento dos navios de guerra. E também facilitou o controle centralizado: os almirantes, posicionados no meio de sua linha, podiam monitorar toda a batalha e emitir ordens com relativa clareza por meio da sinalização de bandeira. O confronto se torna um duelo de mestres de marionetes. Nelson, no entanto, planejava se aproximar pelo lado, com duas colunas em um ângulo perpendicular e perfurar a linha franco-espanhola, dividindo-a em três partes. Ele esperava pegar a frota desprevenida, dispersar os navios de ambos os lados e criar um caos tal que os comandantes do inimigo seriam incapazes de emitir ordens coerentes.

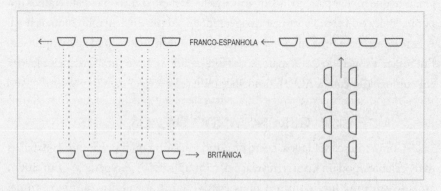

A abordagem tradicional das batalhas navais contrastava com o toque de Nelson, a abordagem disruptiva do almirante britânico Horatio Nelson para enfrentar uma frota franco-espanhola superior.

Desenhado no papel ou movido na forma de pequenos modelos em uma mesa, o movimento ousado de Nelson poderia ser executado até por um amador. Mas a diferença entre o ambiente de uma mesa de sala de estar e os mares agitados da costa da Espanha tornou a manobra um desafio. O *Victory*, de 70 metros de comprimento, era uma enorme e agitada máquina de madeira, ferro, lona e corda, tripulada por 850 marinheiros que corriam apressada e constantemente do porão abaixo da linha d'água até as vergas nos três mastros imensos. Os marinheiros usavam um labirinto de 40 quilômetros de cordas de cânhamo para levantar e ajustar os 6.510 metros quadrados de lona que compunham as 37 velas necessárias para impulsionar o navio. Gerenciar as velas ao carregar, mirar e disparar canhões maciços em sincronia cuidadosa com o movimento do navio exigia a orquestração cuidadosa de tripulações extraordinariamente treinadas. Microgerenciar a conduta de cada marinheiro em oito conveses durante a navegação de rotina teria sido difícil e, durante uma batalha, impossível. Não era um exercício de sala de estar.

Até mesmo posicionar-se para um ataque seria arriscado. Os canhões dos navios estavam voltados para bombordo e estibordo, e não podiam ser direcionados para disparar em direção à proa ou à popa. Os navios de Nelson ficariam expostos e indefesos contra o fogo inimigo durante sua aproximação. Uma vez que perfurassem a linha, no entanto, eles poderiam disparar, à queima-roupa, através da fileira de navios franceses e espanhóis, causando muito mais danos do que no confronto convencional.

Na cabine do *Victory*, em 29 de setembro, Nelson descreveu o plano para seus capitães e, em 9 de outubro, deu continuidade com um memorando secreto, em que descreve ainda mais como a frota deveria se separar em colunas para atacar o inimigo. Talvez mais importante do que ter traçado uma estratégia específica, Nelson teve o cuidado de enfatizar o papel individual dos capitães. No próprio cerne de seu plano estava o que ele mais tarde chamou de "o toque de Nelson": a ideia de que comandantes individuais deveriam agir por iniciativa própria, uma vez que a confusão tenha se instalado. Ao salientar que os planos poderiam ser facilmente frustrados, ele deu um conselho final e simples: "Nenhum capitão estará errando muito se colocar seu navio ao lado do [navio do] inimigo". Como escreveu o historiador e arqueólogo Roy Adkins, "o plano de ataque foi estabelecido, e todos os comandantes da frota sabiam o que fariam" como resultado dessas reuniões e memorandos. Nelson, explica Adkins, havia pacientemente instilado essa ideia em seus próprios comandantes durante as muitas discussões táticas nos dias anteriores à batalha. Ele permitiu e, de fato, esperava que seus subordinados usassem sua própria iniciativa, reduzindo, ao mesmo tempo, a dependência da frota de métodos incertos de comunicação, como a sinalização.

Por outro lado, a frota franco-espanhola, a poucos quilômetros de distância, estava sob um regime mais autoritário. Como observa Nicolson, Napoleão havia proibido o vice-almirante, Pierre-Charles Villeneuve, de dizer a seus capitães, em qualquer estágio, qual seria a grande estratégia para derrotar a Inglaterra. Adkins acrescenta que

> essa dependência de ordens de um comando central provou ser uma fraqueza recorrente nas marinhas francesa e espanhola, onde, por tradição, comandantes de navios individuais aguardavam ordens transmitidas em sinais de bandeira que poderiam ser ocultados pela fumaça, cortados pelo fogo inimigo ou simplesmente incompreendidos.

O sol nasceu, os enormes navios levantaram as velas, e Nelson, sua embarcação na vanguarda da formação de aríetes, liderou sua frota para a batalha. Muitas coisas poderiam ter dado errado – uma ligeira mudança de vento significaria que a vantagem de seu "medidor meteorológico" ou posição contra o vento teria sido revertida –, mas nada aconteceu. Eles romperam as linhas franco-espanholas e enviaram navios balançando em todas as direções. As coisas prosseguiram, em grande parte, de acordo com o plano – o plano era interromper todos os planos: na sequência da colisão, o comando francês e espanhol não conseguiu coordenar uma resposta eficaz. Apesar de sua superioridade técnica, o lado de Napoleão perdeu – 19 de seus navios[16] foram capturados pelos britânicos, enquanto as forças de Nelson não perderam um único navio. [Esse evento] continua sendo um dos sucessos estratégicos mais impressionantes da história naval, mas sua lição é muitas vezes mal compreendida.

Nelson era um homem brilhante com um plano engenhoso que usou um truque maravilhoso e venceu uma batalha difícil. Assim segue a história [...], mas o que permitiu que as forças de Nelson vencessem foi mais do que apenas

---

16. Os números exatos da frota franco-espanhola após a batalha podem ser debatidos. Nicolson diz em *Seize the Fire* que os britânicos capturaram dezenove de seus navios, enquanto Adkins coloca em vinte e três, acrescentando os quatro navios franceses que foram capturados semanas após o término da batalha. Todos, no entanto, concordam que os britânicos não conseguiram segurar seus prêmios por muito tempo: uma violenta tempestade ocorreu logo após a batalha, destruindo todos, exceto quatro (ou oito, segundo Adkins) dos navios capturados pelos britânicos.

surpresa. As sementes dessa vitória foram lançadas muito antes de Nelson traçar seu plano ou dizer a cada um de seus homens para "colocar seu navio ao lado do inimigo".

Na verdade, a manobra de Nelson não era nada que não tivesse sido feito antes: a mesma estratégia[17] havia sido usada muitas vezes com grande sucesso, ainda mais na marinha britânica. Enquanto as táticas de Nelson ecoavam as dos grandes almirantes antes dele, sua inovação única estava em seu estilo gerencial e na cultura que ele alimentou entre suas forças.

Em sua essência, Nelson criou uma cultura organizacional que recompensava a iniciativa individual e o pensamento crítico, em oposição à simples execução de comandos. Como explica Nicolson, "Nelson criou o mercado, mas, uma vez criado, ele dependeria do empreendimento deles. Seus capitães deveriam se ver como empreendedores da batalha". O desenvolvimento desses "empreendedores" exigiu anos de treinamento e experiência, mas, como resultado desse investimento, Nelson sabia que sua força poderia sair vitoriosa de uma situação de caos. Nicolson conclui que "os britânicos tinham uma vantagem cultural, e não técnica; dependente do conceito 'bando de irmãos[18]'". A manobra de Nelson naquele dia foi inteligente, mas era apenas a ponta do *iceberg*, e a verdadeira magia estava abaixo da linha d'água.

No centro de seu sucesso estava o paciente, embora implacável, cultivo da competência e da adaptabilidade dentro de suas tripulações. Aqui, para as organizações, está a conexão crítica entre a estratégia na teoria e a vitória concretizada – o terreno onde os teóricos doutrinários e os almirantes de poltrona falham é o tipo de solo decisivo do qual emergem os verdadeiros líderes. A verdadeira genialidade de Nelson não estava na manobra inteligente pela qual ele é lembrado, mas nos anos de gestão e liderança inovadoras que a precederam.

---

17. O almirante Edward Hawke a usou para evitar uma invasão francesa da Grã-Bretanha na Guerra dos Sete Anos em 1759, o almirante Richard Howe usou a tática contra os franceses no Glorioso Primeiro de junho de 1794, o almirante Adam Duncan empregou-a contra os holandeses para grande sucesso em Camperdown em 1797, e o próprio Nelson a usou na Batalha do Nilo em 1797. Como descreve Nicolson, esses homens já "ousaram recriar o corpo a corpo que 150 anos antes a invenção da linha de batalha havia sido projetada para evitar.

18. "Bando de irmãos" foi uma expressão usada pelo contra-almirante Horatio Nelson para se referir aos capitães sob seu comando pouco antes e durante a Batalha do Nilo em 1798. A expressão, retirada do discurso do dia de São Crispim, da peça Henrique V, de Shakespeare, mais tarde passou a ser aplicada, de maneira mais geral, ao seu relacionamento com os capitães e homens sob seu comando, como na Batalha de Trafalgar (N.T.)

LIMFAC

Em 2004, eu estava lendo sobre Nelson, mas me senti mais como o desafortunado almirante francês Villeneuve em uma hora ou mais de batalha. A AQI havia criado o caos e nos pegou desprevenidos; além disso, ela conseguiu se movimentar com coerência em meio à confusão que se seguiu, enquanto nós – com todo o nosso poder de fogo superior – fomos incapazes de usá-lo com eficácia suficiente para vencer a luta.

Tínhamos tudo em no seu devido lugar: homens, armas, aviões, munições, suprimentos médicos. Mas o sistema que unia esses elementos e os canalizava para nosso inimigo exigia o equivalente a navios em fila e um almirante que pudesse ver tudo com o objetivo de ser eficaz. Nas forças armadas, onde adoramos abreviações, temos um termo para o único elemento em uma situação que nos impede – um *limfac* (*a limiting factor* – um fator limitante). Ao olharmos para as imagens dos restos carbonizados na estação de esgoto El Amel, para as redes que enredam nossos quadros brancos e para o novo ambiente que nos cercava, percebemos que nosso poder de fogo e nosso legado estavam falhando não por falta de esforço ou insuficiência de táticas inteligentes, mas por causa de algo no DNA organizacional da nossa Força-Tarefa. Éramos uma organização excepcional do século XX, mas isso era de pouca utilidade no século XXI. Percebemos que, de todas as coisas inesperadas e incrivelmente óbvias, nosso *limfac* estava na banal arte do gerenciamento.

RECAPITULAÇÃO

- A Al Qaeda do Iraque (AQI) que nossa Força-Tarefa enfrentou em 2004 parecia, à primeira vista, uma insurgência tradicional. Mas, sob a superfície, operou de forma diferente de tudo o que havíamos visto antes. No lugar de uma hierarquia tradicional, ela tomou a forma de uma rede dispersa que se mostrou devastadoramente eficaz contra nossa força objetivamente mais qualificada.

- A estrutura pouco ortodoxa da AQI permitiu que ela prosperasse em um ambiente operacional que divergia de forma radical daqueles que nós tradicionalmente enfrentávamos: o século XXI é mais conectado, mais rápido e menos previsível do que em períodos anteriores. Embora tenhamos encontrado essa mudança no campo de batalha, mudanças semelhantes estão afetando quase todos os setores da sociedade.

- Para vencer, tivemos que mudar. Surpreendentemente, essa mudança foi menos sobre táticas ou novas tecnologias do que sobre a arquitetura interna e a cultura de nossa força – em outras palavras, nossa abordagem de gerenciamento.

CAPÍTULO 2

MECANISMO

Um ataque de paraquedas de combate é esforço difícil e perigoso. Lançar um batalhão de seiscentos homens da 82ª Divisão Aerotransportada em uma área de pouso, escura como breu, requer planejamento e coordenação intrincados. Os homens devem primeiro se reunir em uma base aérea com doze aeronaves de transporte C-17 em prontidão (seis para homens, seis para equipamentos pesados). Os paraquedistas, recém-saídos do treinamento de atualização de última hora, vestem os paraquedas e, sobrecarregados por seu pesado equipamento, entram nos aviões em uma sequência cuidadosa. Companhias subordinadas e pelotões são "transportados" através da aeronave para que, ao chegarem ao espaço aéreo acima do início da zona de lançamento, eles possam saltar em estágios sincronizados, esperando pousar próximos aos seus companheiros e equipamentos. Paraquedistas, fardos de munição e veículos a serem "largados" em estrados sob enormes paraquedas são marcados para permitir um rápido reconhecimento no escuro.

Para os soldados, é um processo familiar. Eles passam milhares de horas em exercícios enfatizando a precisão e a uniformidade para que, em combate, possam se reunir no solo no menor tempo possível, repelir ataques inimigos e atingir seu objetivo. A busca por ordem é implacável. No entanto, reiteradamente, os paraquedistas em combate se encontram espalhados pelos campos, sem seus veículos e munições, e forçados a se auto-organizar em LGOPs (*little groups of paratroopers*/pequenos grupos de paraquedistas) que cumprem a missão da melhor maneira possível. Mesmo quando desembarcam juntos, os batalhões de paraquedistas ainda estão isolados dentro do território inimigo, sem o luxo de reforço imediato, e, mais ou menos, limitados aos suprimentos que conseguem carregar. Para terem qualquer chance de sucesso, eles devem aprender a tirar o máximo proveito do pouco que têm; devem ser implacavelmente eficientes.

O paraquedismo de combate oferece um microcosmo do paradoxo inerente às operações militares. A busca pela previsibilidade – instruções cuidadosamente delineadas, procedimentos facilmente replicáveis, padronização meticulosa e foco incansável na eficiência – é fundamental para a luta dos militares contra o caos que sempre ameaça engolir as operações de combate. De uma perspectiva histórica, essa busca pela ordem produziu resultados impressionantes. No entanto, estávamos aprendendo em 2004 que a eficiência já não era suficiente. Um olhar sobre as origens dessa doutrina revela por que ela foi eficaz para enfrentar as ameaças dos anos 1900, mas se mostrou cada vez mais inadequada para combater o caos em rede do século XXI.

Desde que a guerra existe, os teóricos militares têm se esforçado para reduzir sua prática a um conjunto de princípios. Sun Tzu, Maquiavel, Napoleão e Clausewitz contribuíram para esse esforço, juntamente com milhares de nomes menos familiares. Embora não exista uma única "teoria de tudo" aceita, meus professores em West Point constantemente reforçavam a importância de um conjunto de princípios comumente aceitos. Um dos mais convincentes estabelece que os comandantes devem concentrar os efeitos do poder de combate avassalador no local e no momento decisivos.

Concentrar poder de combate geralmente significava concentrar forças em formações altamente compactas que mantinham a coesão enquanto golpeavam, com porrete, lança, espada, rifle ou canhão, seu inimigo de configuração semelhante. Normalmente, o lado cuja linha "defendia" a posição era o que vencia. Disciplina férrea e exercícios bem ensaiados preparavam os soldados para resistirem ou se movimentarem diante de flechas, cavalaria em investida ou fogo devastador de mosquete. Manuais de treinamento tornaram-se bíblias; e o campo de treinamento, solo sagrado.

O exército romano era um empregador precoce e eficaz do tipo de ordem orientada por treinamento, como a que vemos em um salto de paraquedas. Disciplina e exercícios incessantes eram marcas da vida nas legiões. O soldado que se tornou historiador, Josefo, teria descrito os exercícios do exército romano como "batalhas sem sangue"[19], e suas batalhas bem-sucedidas como "exercícios sangrentos".

Regras rígidas governavam tudo o que os soldados romanos faziam, até mesmo a construção de suas casas. Independentemente de o projeto ser um acampamento temporário ou uma fortificação permanente nos confins distantes do império, os esquemas seguiam o mesmo plano. Cada homem tinha uma

---

19. Esta citação é atribuída a Flávio Josefo em sua obra *Bellum Judaicum (The Jewish War)*. Quoted in Nic Fields, *The Roman Army of the Principate 27 BC–AD 117* (oxford, UK: Osprey Publishing, 2009), 44.

tarefa de construção específica e cada barraca tinha seu lugar. Essa padronização permitiu aos romanos construírem defesas de acampamento de forma rápida e eficiente. Os soldados podiam se mover entre as unidades e ainda participar da construção sem interromper o fluxo ordenado de trabalho. Os mensageiros podiam chegar aos acampamentos e fortes e saber imediatamente onde encontrar o comandante. Mais importante, no caos e confusão de um ataque inimigo, os defensores poderiam se organizar de forma rápida e eficaz.

No inverno de 1778, o exército esfarrapado de George Washington renasceu por meio de um foco semelhante em disciplina e uniformidade. Friedrich Wilhelm August Heinrich Ferdinand von Steuben (frequentemente referido como Barão von Steuben), um oficial profano nascido na Prússia que se juntou às tropas em Valley Forge, introduziu um programa de treinamento para exercícios que foi reconhecido por transformar a eficiência e eficácia do campo de batalha do incipiente exército continental.

Para alcançar eficiência e previsibilidade, os exércitos há muito tempo vestem, treinam e disciplinam os homens para que se tornem partes intercambiáveis de uma máquina militar. Começando no alistamento, no recrutamento ou, às vezes, no *impressment*[20], os soldados são preparados e equipados para ficarem o mais parecidos possível. Os uniformes, além de permitirem fácil identificação no campo de batalha, também impactam no comportamento. Frederico, o Grande, afixou botões inúteis nas mangas dos casacos dos uniformes para impedir que seus soldados limpassem o nariz com eles. Os uniformes de hoje reforçam a postura ereta e o porte. Mais sutilmente, eles ajudam a incutir lealdade, orgulho e inclusão – tudo parte da "soldierização".

Quando entrei para o regimento de combatentes como um jovem capitão, os Procedimentos Operacionais Padrão (POPs) que eu seguia eram quase risivelmente detalhados. Minha mochila tinha que ser arrumada exatamente com o mesmo equipamento que todos os outros combatentes, e esse equipamento tinha que estar exatamente no mesmo bolso da "mochila". Uma ferramenta de entrincheiramento dobrada (uma pequena pá) ficava presa ao lado esquerdo e segura também por uma corda de paraquedas amarrada com nós conforme previamente determinado. A falha em seguir os POPs acarretava uma correção

---

20. *Impressment* consistia na prática (ato ou política) de fazer os homens servirem nas forças armadas contra sua vontade, especialmente nas forças navais. Foi mais frequentemente empregado pela Marinha britânica; esse recrutamento, muitas vezes, envolvia violência. (N.T.)

imediata e, às vezes, a punição era de uma marcha de 20 quilômetros no sábado – carregando o equipamento agora corretamente organizado.

Tal rigor arrogante pode parecer ridículo. Com certeza deu ao termo "disciplina militar" uma reputação de uma forma simplificada para fazer referência a qualquer exercício arbitrário de esmagamento da individualidade. Mas a maioria dessas regulamentações foi desenvolvida por um motivo. Sob fogo e, muitas vezes, no escuro, os combatentes devem ser capazes de localizar água, gaze e munição em segundos. Uma mochila bem feita pode significar a diferença entre a vida e a morte. Quando um operador especial salta de um avião de transporte C-130 a 3,7 quilômetros acima do solo, é muito importante que seu paraquedas tenha sido embalado seguindo os passos apropriados, com atenção meticulosa aos detalhes.

Assim como o caminho para dominar o cálculo começa com o aprendizado da adição básica, a meticulosidade mecanizada que garante que todas as tiras do paraquedas estejam no lugar certo começa com a atenção obsessiva às pequenas coisas, como os nós que prendem as ferramentas de entrincheiramento. A maioria das tarefas – como arrumar uma mochila, como conduzir um lançamento aéreo, como remover um inimigo de uma sala – foi estudada e suas soluções testadas e, depois, colocadas em prática por milhares de homens e mulheres. A padronização e a uniformidade permitiram que os líderes e planejadores militares trouxessem uma aparência de previsibilidade e ordem ao ambiente insano que é uma guerra. Tais padrões tornam-se ainda mais importantes à medida que uma força cresce em tamanho. Na escala das forças armadas dos EUA, a padronização é uma necessidade.

Os riscos para as organizações militares são particularmente visíveis e dramáticos – guerras são vencidas ou perdidas, pessoas vivem ou morrem –, mas as organizações civis também lutam com as questões básicas de individualidade, padronização e previsibilidade de resultados. Empresas individuais e economias inteiras dependem do conhecimento dos líderes empresariais sobre a melhor forma de gerenciar para o sucesso. Embora as forças de combate tenham desenvolvido tais protocolos desde Esparta, a noção "científica" de gerenciamento de comportamento rigidamente predeterminado de cima para baixo no setor civil é, em grande parte, o legado do quaker Frederick Winslow Taylor, do século XIX. Sua influência na maneira como pensamos sobre como fazer as coisas – desde administrar empresas até posicionar utensílios de cozinha – é profunda e abrangente. Para nossa Força-Tarefa e para outros empreendimentos organizacionais do século XXI, o legado das ideias de Taylor é tanto parte da solução quanto do problema.

O PASSO PERFEITO

O que o Taylor de 44 anos revelou na Exposição Universal de Paris de 1900 era tão bonito que inspirou as pessoas a dedicarem suas vidas à sua visão. Em uma pequena barraca nas proximidades daquela famosa feira mundial, ele recriou um fragmento da siderúrgica que operava a 5,8 mil quilômetros de distância em Bethlehem, na Pensilvânia: um punhado de tornos e alguns trabalhadores, incansavelmente, produzindo cavacos de metal em série. Para o público da exposição do *fin de siècle*, a velocidade com que seu sistema fazia isso era nada menos do que milagrosa: o habitual era 2,8 metros de aço por minuto; o sistema de Taylor podia cortar 15 metros. A fabricação industrial era a tecnologia sexy da época, e a exibição de Taylor era semelhante à apresentação que Steve Jobs fez do primeiro iPhone.

As pessoas viajaram pela Europa e passaram horas na longa fila do lado de fora da barraca de Taylor antes de terem concedidos alguns minutos para observarem seu sistema. O metalúrgico francês Henri-Louis Le Châtelier escreveu: "ninguém, a princípio, realmente acreditou no resultado prodigioso [...], mas tivemos que aceitar a evidência que estavam diante de nós". Um engenheiro britânico comparou a inovação de Taylor à criação da luz elétrica. Um proeminente engenheiro de projeto definiu a demonstração como nada menos do que "um marco na história da humanidade".

Mas então, o que ele havia criado? Uma nova máquina de corte de aço? Uma nova maneira de aquecer ou resfriar o metal? O brilhantismo da criação de Taylor não foi tecnológico – suas máquinas eram muito parecidas com as usadas por outras empresas. Sua genialidade estava na regularidade de seus procedimentos, regularidade muito parecida com o intrincado procedimento de um ataque de paraquedas. Através de uma série de experimentos, Taylor havia determinado a temperatura ideal para cortar cavacos de aço, a distância ideal entre o operador de máquina e suas ferramentas, a maneira ideal para a água resfriar o torno e a velocidade ideal para correias transportadoras internas. Quando tudo foi reunido, não houve um segundo de tempo perdido, nem um grama de material extraviado, nem um momento de esforço humano improdutivo.

Taylor fez *mais*, *mais rápido*, com *menos*. Embora não fosse um engenheiro por formação, ele era um otimizador habitual por natureza. Um amigo de infância observou que, quando menino, andando pela cidade, Taylor "se esforçava para descobrir o degrau que cobriria a maior distância com o menor gasto de energia; ou o método mais fácil de saltar uma cerca; o comprimento e as proporções certas de uma bengala". Essa mentalidade, aplicada a questões de organização humana, precipitou a doutrina mais influente da história da administração.

Aos dezessete anos, Taylor recusou Harvard para trabalhar em uma fábrica. Um filho de privilégios intelectualmente dotado, ele frequentou o internato na Academia Phillips Exeter, onde se dedicou rigorosamente aos estudos e era reiteradamente classificado como o melhor aluno de sua turma. Uma carreira lucrativa em Direito, seguindo os passos de seu pai, parecia virtualmente inevitável, em especial, depois de ser admitido na universidade no início de seu último ano. Mas, nessa época, uma onda de dores de cabeça e a deterioração da visão convenceram seus amorosos pais de que ele sofria de "estudo em demasia". (Provavelmente era apenas hipermetropia.) Assim, no final de 1874, ele tomou um trem e voltou para sua tranquila casa na Pensilvânia. Depois de alguns meses sem ter o que fazer, Taylor ansiava por algo – qualquer coisa – que o mantivesse ocupado. Ele se inscreveu como aprendiz na Enterprise Hydraulic Works, uma pequena empresa no centro da Filadélfia que fabricava bombas a vapor e máquinas hidráulicas.

Na Enterprise, Taylor apaixonou-se pela nada ideal agitação da indústria. Pela primeira vez, conheceu pessoas que trabalhavam com as mãos para ganhar a vida. Ele aprendeu como eram feitas as engenhocas que enchiam sua casa, aprendeu como era a vida no chão de fábrica e até fez tentativas de falar palavrões (de acordo com todos, muito desajeitadamente). Essa esfera da sociedade estava muito distante de sua educação em Cícero e George Fox, mas Taylor conseguia perceber que a indústria estava remodelando o mundo. Ele escreveu, mais tarde, que seus seis meses no chão de fábrica representaram "a parte mais valiosa da minha educação".

Taylor ficou fascinado com o contraste entre a precisão científica das máquinas na fábrica e os processos notavelmente *não* científicos que ligavam os humanos a essas belas engenhocas. Embora a Revolução Industrial tenha dado início a uma nova era da tecnologia, as estruturas de gestão que mantinham tudo no lugar não haviam mudado desde os dias dos artesãos, das pequenas lojas e das guildas: o conhecimento era, em grande parte, uma regra prática, adquirida por meio de dicas e truques que chegavam aos aspirantes a artesãos no decurso de longos aprendizados. Um operador de máquinas veterano escreveu que "operadores de máquinas, via de regra, não eram muito liberais com as boas informações. De vez em quando, alguém dava alguma dica boa, mas essa era a exceção, e não a regra".

No primeiro dia de trabalho de Taylor, um capataz enfiou uma régua não marcada debaixo de seu nariz, colocou o dedo aleatoriamente ao longo de seu comprimento e exigiu que Taylor lhe dissesse a medida exata. Um truque interessante, pensou Taylor, mas por que apenas não colocar números na régua? Ao moldar uma broca de ferramenta, Taylor foi ensinado a aquecer o metal e a batê-lo em uma ponta em forma de diamante. Mas por que essa forma? Não havia explicação. "Era uma tradição", escreveu. "Não tinha base científica". Cada trabalhador havia desenvolvido seu próprio sistema de martelar, derreter e temperar[21]; de trabalho e pausas, etc., que cada um acreditava ser superior ao de seus colegas. Como não havia uma discussão para comparar seus resultados, cada um podia continuar a operar sob a crença de que o seu próprio sistema era o melhor. Nem todos podem estar certos, pensou Taylor – deve haver *uma maneira melhor* [*one best way*][22].

Embora Taylor tenha afirmado que "havia aprendido a apreciar, respeitar e admirar o mecânico que realiza aquele trabalho comum", também desenvolveu um desdém intelectual pela natureza casual e intuitiva do trabalho desses trabalhadores comuns. Ele passou a acreditar que o protecionismo que demonstravam sobre a troca de conhecimento impedia que a indústria alcançasse seu potencial de eficiência em escala. A tecnologia havia dado um salto para frente e agora a gestão era o *limfac*.

Na sua próxima posição, na Midvale Steel Works, ele foi encarregado do chão de fábrica. Para onde quer que olhasse, via folgas que podiam ser apertadas, gordura que podia ser aparada, segundos que podiam ser eliminados de processos falhos.

Confiante de que os homens poderiam fazer mais, ele aumentou as taxas mínimas de produção. Em resposta, os trabalhadores, que o viam como um arrivista arrogante, sabotaram as máquinas e entraram em greve; Taylor os fez pagar pelos reparos, cortou seus salários e os demitiu.

Após dois anos de luta, que Taylor mais tarde relembrou como os mais miseráveis de sua vida, ele teve uma epifania: ele não iria *fazê-los* trabalhar mais – *mostraria* a eles que isso poderia ser feito. Ele estudaria rigorosamente as práticas que, por séculos, haviam se consagrado como regras de ouro; ele encontraria "a melhor maneira" de cortar aço, provar a supremacia desse método e então fazer com que todos fizessem exatamente isso. Assim começou um conjunto de experimentos que mudariam o mundo do trabalho por gerações.

---

21. Refere-se ao processo de resfriamento brusco do aço após ele ter sido aquecido. (N.T.)
22. Apropriadamente, *The One Best Way* é o título da excelente e muito completa biografia de Taylor de Robert Kanigel (da qual extraímos grande parte deste pequeno esboço literário).

O MECANISMO DE RELÓGIO

Armado com uma caneta, um livro de registros e um cronômetro, Taylor perambulava em meio aos trabalhadores do chão de fábrica, cronometrando cada procedimento, ajustando suas ações e cronometrando novamente. Ele contratou um assistente para catalogar a duração de cada variante de cada procedimento. Determinado a ser o mais "científico" possível em sua otimização, ele seguiu os impulsos reducionistas da mecânica clássica, decompondo cada trabalho em seus elementos mais elementares, analisando o trabalho fabril com ferramentas intelectuais semelhantes às usadas por Isaac Newton para desconstruir e compreender as forças do mundo físico. No caso dos trabalhadores da Midvale, tratava-se de uma série de movimentos discretos, que ele mediu, comparou e depois reconstruiu, calculando a maneira mais rápida possível para executar cada etapa. Os pequenos ganhos obtidos pela otimização de cada pequeno elemento se uniram para fazer uma diferença substancial na eficiência.

Com base em suas descobertas, Taylor produziu cartões de instruções prescritivas: em vez de serem encarregados do objetivo geral de "vulcanizar um pneu", os trabalhadores agora eram instruídos a:

> *Colocar o pneu na máquina pronto para girar*
> *Desbastar a superfície da borda frontal*
> *Polir a superfície da borda frontal*
> *Desbaste o furo frontal*
> *Polir o furo frontal*

Havia uma expectativa de tempo para cada um desses movimentos.

Embora a noção de uma "melhor prática" seja agora comum, naquela época, os métodos de um trabalhador faziam parte de sua arte: variável, personalizada e uma questão de orgulho. Para as pessoas que se percebiam como trabalhadores qualificados, serem remodelados como engrenagens sem mente em uma máquina maior era degradante: eles entravam em greve e pediam demissão. Em uma petição contra o sistema "humilhante" de Taylor, os trabalhadores concordaram que "qualquer homem sobre quem o cronômetro foi acionado deve se recusar a continuar trabalhando". Infelizmente para os trabalhadores em greve, isso não teve o impacto que teria tido alguns anos antes: o sistema de Taylor significava que – uma vez pesquisados, avaliados e formalizados – seus trabalhos qualificados se tornavam simples etapas executáveis por qualquer pessoa. Ele poderia encontrar novos trabalhadores que cooperariam e, com os aumentos maciços na produção obtidos por seu sistema eficiente, poderia pagar mais. Taylor não tinha medo que os trabalhadores se demitissem; ele demitia qualquer um que não conseguisse acompanhar o que ele calculou ser um dia de trabalho duro.

Os métodos de Taylor eram cruéis, mas, para os empresários, seus resultados eram inegáveis. O custo da revisão de caldeiras caiu de 62 dólares (cerca de 2 mil dólares hoje) para 11 dólares; a usinagem de um pneu agora podia ser feita em um quinto do tempo anterior; fazer um projétil de canhão agora levava apenas 90 minutos em vez de 10 horas; 1.200 pessoas agora poderiam fazer um trabalho que precisaria de 2 mil em qualquer outra empresa.

Os dados vindicaram a crença de Taylor na incompatibilidade entre os recursos da tecnologia e a forma como as organizações eram administradas e confirmaram o tremendo potencial de melhoria do desempenho por meio de otimização e padronização rigorosas e reducionistas. Ele realizava mais e mais medições, revelando gargalos no fluxo de materiais e ineficiências dentro das próprias máquinas. A disposição física da sala, os detalhes de varrer o chão, os métodos de emissão de ordens e os protocolos de devolução de materiais, todos recaíam sob a autoritária coreografia de seus cartões de instrução. Até para aparafusar o eixo de uma cabeça de *popper*, ele encontrou uma solução ideal para cada torção e contratempo da vida no local de trabalho, cortando frações de segundo aqui, centavos de dólar ali.

Em uma pequena loja, essa economia poderia ter sido insignificante, e é por isso que a regra geral funcionava bem e o gerenciamento intrusivo teria sido contraproducente. Mas, na escala da produção industrial, onde esses ganhos eram multiplicados por centenas de máquinas idênticas e milhares de trabalhadores, pequenas economias somavam diferenças significativas em produtividade e lucros.

Em 1890, a Midvale tornou-se líder do setor, e Taylor partiu para buscar o potencial mais amplo de "um local de trabalho governado pela ciência". Os esforços de Taylor se encaixaram muito bem com o pensamento científico contemporâneo, fortemente influenciado pela simplicidade elegante de pensadores mais antigos, como Newton e "o Newton francês", Pierre-Simon Laplace. A ciência da época era dominada pelo determinismo – a ideia de que, dada qualquer condição inicial, ela tem apenas um e inevitável resultado: uma bola lançada a uma certa velocidade terá uma trajetória previsível, assim como um planeta em órbita. Ao longo do século XIX, fenômenos que uma vez foram considerados como obra de Deus caíram sob o domínio humano. A visão era de um "universo mecânico" no qual todas as leis eram coerentes e todas as causas e efeitos previsíveis. Se você conhecesse as regras e os recursos, poderia prever e, às vezes, manipular os resultados. O desafio era desmontar o mecanismo de um relógio para ver como tudo se encaixava.

Taylor criou a fábrica como um mecanismo de relógio, eliminando sistematicamente a variação, estudando todo o trabalho até entendê-lo por dentro e por fora, aprimorando-o até a eficiência máxima e garantindo que esses procedimentos precisos fossem seguidos em escala. Porque ele podia estudar e prever, ele podia controlar. Ele apelidou sua doutrina de "administração científica".

Taylor tornou-se o primeiro guru de gestão do mundo. Em uma fábrica de papel em Wisconsin, disseram-lhe que a arte de despolpar e secar não podia ser reduzida a uma ciência. Ele instituiu seu sistema, e os custos de material caíram de 75 dólares para 35 dólares por tonelada, enquanto os custos de mão de obra caíram de 30 dólares por tonelada para 8 dólares. Em uma fábrica de rolamentos de esferas, ele fez experiência com tudo, desde níveis de iluminação a durações de pausas para descanso, e supervisionou um aumento na quantidade e qualidade da produção, reduzindo o número de funcionários de 120 para 35; em uma fábrica de ferro-gusa, ele aumentou a produção dos trabalhadores de 12,5 para 47 toneladas de aço por dia e diminuiu o número de trabalhadores de 600 para 140.

Quando a barraca parisiense de Taylor mostrou ao mundo como a Bethlehem Steel podia produzir 15 metros de metal por minuto, a doutrina que ele havia desenvolvido para resolver uma briga no chão de fábrica em Midvale era o evangelho dos industriais de visão de futuro.

"TEMOS OUTROS HOMENS PAGOS PARA PENSAR"

As ideias de Taylor se espalharam de empresa para empresa, de indústria para indústria, e de colarinhos azuis para brancos (havia uma maneira melhor de inserir papel em uma máquina de escrever, sentar em uma mesa, juntar páginas). Elas se infiltraram nos corredores do governo. Sua filosofia de substituir a intuição da pessoa que realiza o trabalho por eficiências reducionistas projetadas por um grupo separado de pessoas marcou um novo modo de organizar os empreendimentos humanos. Era a alma gêmea [no âmbito] comportamental para os avanços técnicos [no âmbito] da engenharia industrial.

O sucesso de Taylor representou a legitimação da "gestão" como disciplina. Anteriormente, as funções gerenciais eram recompensas por anos de serviço na forma de salários mais altos e trabalho menos extenuante. A principal função do gerente era manter as coisas em ordem e manter o moral. Sob a formulação de Taylor, os gestores eram cientistas pesquisadores e arquitetos da eficiência.

Isso traçou uma linha rígida e rápida entre pensamento e ação: os gestores pensavam e planejavam, enquanto os trabalhadores executavam. Já não se esperava que os trabalhadores entendessem como ou por que as coisas funcionavam – na verdade, os gestores viam ensinar isso a eles ou pagar uma bonificação por sua experiência como uma forma de desperdício. Na fábrica de papel, Taylor encontrou um sistema em que os trabalhadores enviavam, em intervalos regulares, amostras de fluido digestor a um químico. Taylor substituiu o químico por uma estante com tubos de ensaio cheios de fluido digestor em condições padrão variadas. Os trabalhadores simplesmente tinham que determinar qual tubo melhor combinava com a sua amostra e proceder de acordo. Como resultado, um trabalhador qualificado e caro poderia ser substituído por um adolescente barato e sem instrução. Ao conceber instruções incrivelmente exatas e imprimir alguns gráficos, Taylor pôde novamente se dar ao luxo de perder trabalhadores caros com décadas de experiência, substituindo-os por trabalhadores jovens que eram inquestionavelmente leais a um processo projetado de forma centralizada.

Taylor disse aos trabalhadores: "Eu tenho vocês por sua força e habilidade mecânica. Temos outros homens pagos para pensar". No livro que se tornou a bíblia de seu movimento, *Princípios da administração científica*, ele retratou os trabalhadores como idiotas, zombando de sua sintaxe e descrevendo-os como "mentalmente lentos". Em uma passagem ele escreveu:

> [Um trabalhador] é tão estúpido e tão fleumático que, em sua constituição mental, ele mais se assemelha ao boi do que qualquer outro tipo [...] o operário mais apto para manusear ferro-gusa é incapaz de compreender a verdadeira ciência de fazer esse tipo de trabalho. Ele é tão estúpido que a palavra "porcentagem" não tem significado para ele e deve, consequentemente, ser treinado por um homem mais inteligente do que ele no hábito de trabalhar de acordo com as leis desta ciência antes que possa ser bem-sucedido.

A declaração de Taylor é ofensiva e imprecisa, mas ele estava certo ao apontar que muitas pessoas fazem as coisas de maneira ineficiente, e que pequenas ineficiências multiplicadas em escala industrial reduzem a produtividade. O mundo havia se tornado muito mais complicado desde a época dos aprendizes e das pequenas empresas familiares. O nível de complicação havia ultrapassado um limite a partir do qual a improvisação e a intuição localizadas não podiam suportar a magnitude dos empreendimentos industriais. O escopo e a complexidade dos processos de produção haviam se expandido a ponto de exigirem planejadores e coordenadores para garantir que todas as peças se encaixassem de forma eficiente e eficaz. A ascensão dos gestores como os pensadores que conceberiam tais projetos – e a redução dos trabalhadores a instrumentos de implementação – parecia se seguir como uma consequência natural.

O reducionismo estava no centro desse impulso para a eficiência. A abordagem de Taylor dividiu o trabalho em seus elementos mais simples – a colocação de tijolos tornou-se uma série de cinco movimentos discretos; a usinagem de um pneu, uma sequência de doze. Apenas os gestores – os planejadores e coordenadores – precisavam entender como tudo se encaixava. Tal sistema aproveitou os ganhos da especialização extrema, defendida de maneira abstrata por Adam Smith e David Ricardo séculos antes. A famosa linha de montagem de Henry Ford, que, em 1913, comprimiu a produção de um carro de dias para apenas 93 minutos, dividindo o processo de montagem em um conjunto de funções especializadas, foi uma extensão natural da linha de pensamento de Taylor[23].

Os projetistas militares basearam-se em muitas das estratégias de Taylor – a separação entre planejamento e execução, padronização e ênfase na eficiência – por séculos antes de Taylor nascer. Mas as ideias de Taylor inspiraram muitos líderes militares a encontrar novas maneiras de criar uma força de combate mais eficiente. Nos anos que antecederam a Primeira Guerra Mundial, os militares europeus elaboraram planos complicados para a mobilização e implantação de seus massivos exércitos, construídos a partir de movimentos ferroviários precisamente cronometrados. Os mestres projetistas reducionistas detalharam as ofensivas no número de centímetros e milímetros que cada brigada deveria avançar a cada hora. Aqueles mais abaixo na cadeia de comando receberiam ordens semelhantes aos cartões de instruções de Taylor. O historiador A. J. P. Taylor apelidou essa abordagem de "guerra por cronograma".

Quando os Estados Unidos entraram na Primeira Guerra Mundial, o país recorreu a sistemas reducionistas para aumentar a produção de armas, bombas e botas a níveis sem precedentes. O historiador Samuel Haber escreveu que "a eficiência tornou-se um dever patriótico [...]. A defesa de Taylor pela produção desenfreada tornou-se senso comum". Quando a Segunda Guerra Mundial estourou, apenas vinte anos depois, os sistemas reducionistas permitiram que dezenas de milhares de meeiros não treinados se tornassem soldadores e construtores

---

23. Vale a pena notar que Ford negou a influência da administração científica sobre ele. Não entanto, é claro que as abordagens dos dois homens derivam da crença fundamental na eficiência.

navais no espaço de alguns meses. Um ano depois de Pearl Harbor, o "arsenal da democracia" da América estava produzindo material de guerra (incluindo o navio de 7 mil toneladas, o *SS Frederick W. Taylor*) em uma escala que surpreendeu o mundo. Em 1945, as fábricas dos EUA produziram 310 mil aeronaves, 124 mil navios, 60.973 tanques (contra 19.326 da Alemanha) e quantidades desenfreadas de caminhões, rifles, uniformes e munições. Peter Drucker, o sábio da gestão moderna, argumentou que, sem as inovações de Taylor, os Estados Unidos não teriam conseguido derrotar os nazistas.

Para Taylor, a eficiência era muito mais do que um mero conjunto de práticas de negócios – era uma "revolução mental" aplicável ao mundano (ele persistentemente fez experiências a fim de encontrar a maneira mais eficiente de fazer ovos mexidos), ao trivial (um ávido jogador de tênis, ele passou anos otimizando o ângulo de sua raquete e acabou vencendo o torneio precursor do *US Open*), e à geopolítica. Em suas palavras,

> Os mesmos princípios [da administração científica] podem ser aplicados com igual força a todas as atividades sociais: à gestão de nossas casas; à gestão de nossas fazendas; à gestão dos negócios de nossos comerciantes, grandes e pequenos; de nossas igrejas, nossas instituições filantrópicas, nossas universidades e nossos departamentos governamentais.

Na frente doméstica, bem como na guerra, o governo teve um papel ativo na promoção da doutrina de Taylor. Em 1910, quando um grupo poderoso de ferrovias solicitou ao governo um aumento de tarifa, a Suprema Corte determinou que elas não precisavam disso: se as ferrovias apenas adotassem a administração científica de Taylor, poderiam economizar até um milhão de dólares por dia – mais do que eles teriam ganhado com o aumento da tarifa. O advogado que representou "o consumidor" no caso, Louis Brandeis (que mais tarde seria nomeado para a Suprema Corte), escreveu: "de todos os movimentos sociais e econômicos aos quais estive ligado, nenhum me parece igual à [administração científica] em sua importância e inspiração".

O historiador Glenn Porter explica: "A administração científica assumiu algumas das armadilhas de uma espécie de religião secular; Taylor era o messias, e seus seguidores, que espalhavam a palavra, eram (e ainda são) comumente chamados de 'discípulos'". Na década de 1910, esses discípulos invadiram usinas e fábricas em toda a América, inaugurando uma nova era de otimização mensurável. Um deles, Robert Kent, escreveu: "nenhum grupo de cruzados jamais lutou por sua causa com maior energia e fé do que os homens desse movimento lutaram naqueles primeiros dias pela administração científica".

Esses acólitos reduziam todos os tipos de domínios a conjuntos cuidadosamente definidos de "princípios científicos". Henri Fayol, engenheiro de minas, escreveu uma dissertação chamada *Administração industrial e geral*, na qual reduzia a gestão a cinco elementos: planejamento, organização, comando, coordenação e controle. Os cientistas sociais Luther Gulick e Lyndall Urwick determinaram que as responsabilidades da liderança do governo eram planejar, organizar, dirigir pessoal, coordenar, relatar e orçar.

Taylor elogiou seus avanços como uma panaceia universal. "Na minha opinião", escreveu Taylor, "a melhor medida possível da altura na escala de civilização a que qualquer povo chegou é sua produtividade". Ele acreditava que sua "revolução mental" levaria

> à substituição da guerra pela paz; a substituição da contenda e do conflito pela cooperação fraterna; de ambos puxando com força na mesma direção em vez de cada um para um lado; de substituírem a vigilância suspeita pela confiança mútua; ou tornarem-se amigos em vez de inimigos.

O biógrafo e historiador Robert Kanigel escreve que "no final da década de 1920, poderia parecer que toda a sociedade moderna estava sob o domínio de uma única ideia dominante: que o desperdício era errado; e a eficiência, o bem maior; e que eliminar um e alcançar o outro era melhor ser deixado para os especialistas". A jornalista Ida Tarbell chegou ao ponto de argumentar que "nenhum homem na história da indústria americana fez uma contribuição maior para a cooperação genuína e relações humanas mais justas do que Frederick Winslow Taylor. Ele é um dos poucos gênios criativos do nosso tempo".

Nas décadas seguintes, a estrela de Taylor diminuiu. O seu tratamento dos trabalhadores foi amplamente criticado, assim como sua concepção de indivíduos como entidades mecanicistas a serem manipuladas. Na década de 1960, a "Teoria X" e a "Teoria Y" de gestão de recursos humanos do professor do MIT Douglas McGregor ofereceram uma famosa crítica aos princípios tayloristas: na visão de McGregor, a abordagem (X) de Taylor via os humanos como fundamentalmente preguiçosos e necessitados de incentivos financeiros e monitoramento rigoroso para fazer seu trabalho, enquanto a própria Teoria Y de McGregor entendia as pessoas como capazes de automotivação e autocontrole, e argumentava que os gestores alcançariam melhores resultados tratando seus funcionários com respeito.

No entanto, a crença *fundadora* de Taylor – a noção de que uma empresa eficaz é criada pelo compromisso com a eficiência e que o papel do administrador é separar as coisas e planejar "da melhor maneira" – permanece relativamente inquestionável. A questão do tratamento do trabalho é uma discussão sobre os meios apropriados acordados para esse fim. Podemos recuar hoje diante das consequências brutais da guerra mecanizada e das conotações desumanizantes da linha de montagem, mas os princípios que sustentam esses sistemas permanecem firmemente embutidos na maneira como organizações de todos os tipos abordam o gerenciamento e a liderança. Ainda buscamos sinceramente a melhor maneira de fazer as coisas; ainda pensamos nos líderes organizacionais como planejadores, sincronizadores e coordenadores – estrategistas enxadristas responsáveis por supervisionar movimentos de tropas interligados, iniciativas de marketing ou cadeias de suprimentos globais.

As estruturas de nossas organizações refletem esse ideal. Independentemente de estarem imbuídos de uma disposição para a teoria X do "trabalhador preguiçoso" ou para a teoria Y do "trabalhador motivado", os "quadros organizacionais" da maioria dos empreendimentos multipessoais parecem bastante semelhantes: uma combinação de colunas verticais especializadas (departamentos ou divisões) e camadas horizontais que denotam níveis de autoridade, com o mais poderoso literalmente no topo – o único nível que pode acessar todas as colunas. No topo, visualizamos a tomada de decisões estratégicas. Na parte inferior, imaginamos a ação daqueles que seguem as instruções. A eficiência, força e lógica que estamos inclinados a ver em tal gráfico é uma extensão natural da separação entre planejamento e execução. Desde nossa concepção de liderança até a forma de nossas organizações, o reducionismo lançou as bases da gestão contemporânea.

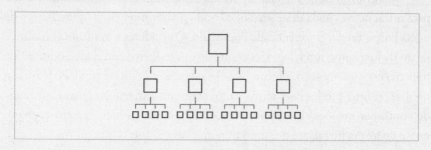

O sistema de planejamento reducionista de Taylor naturalmente prestou-se a uma nova geração de hierarquias elegantes e organizadas. Em cada nível, os gestores examinavam os objetivos, dividiam-nos em tarefas separadas e os distribuíam em pacotes distintos.

Não dizemos mais às secretárias como juntar páginas usando clipes, mas lemos dezenas de artigos on-line que prometem "cinco maneiras de tornar seu dia mais eficiente" ou "sete dicas para maximizar sua produtividade". Acreditamos que a soma reducionista de todos estando em seus estados "mais produtivos" levará aos melhores resultados gerais. Adoramos a ideia de uma "melhor prática". Os historiadores atribuem ao taylorismo o advento da consciência moderna de tempo, a transformação do lazer de tempo livre não estruturado em recreação organizada e a abordagem de gestão da burocracia federal defendida pelo governo Reagan. O crítico Christopher Lasch argumentou que o taylorismo inaugurou "uma nova interpretação do sonho americano".

Um discípulo de Taylor escrevendo na década de 1940 reconheceu que, apesar de todo o esforço que despenderam em sua cruzada, ele e seus colegas jamais "sonhariam que, em menos de um quarto de século, os princípios da administração científica estariam tão entrelaçados no tecido da nossa vida industrial que seriam aceitos como um lugar-comum, que as fábricas estariam operando sob os princípios da administração científica sem saber, fábricas que talvez nunca tivessem ouvido falar de Taylor". Peter Drucker sustentou que Taylor, mais do que Karl Marx, merece um lugar no panteão do pensamento intelectual moderno ao lado de Darwin e Freud.

Taylor mudou não apenas a maneira como nosso mundo está organizado, mas a maneira como pensamos em resolver problemas. O historiador Jeremy Rifkin acredita que "[Taylor] provavelmente teve um efeito maior na vida privada e pública dos homens e mulheres do século XX do que qualquer outro indivíduo".

A MÁQUINA INCRÍVEL

Se Taylor pudesse ter sido arrancado da virada do século passado, trazido para o Iraque na virada deste século, e levado a fazer uma visita às instalações de nossa Força-Tarefa, ele teria ficado encantado. Operadores e unidades entravam e saíam da luta como um relógio. Na noite de um rodízio de unidades, centenas de militares chegariam para o combate, aqueles que eles estavam substituindo partiriam no dia seguinte, e todos esses movimentos ocorriam sem reduzir nossa capacidade de continuar missões em campo. Helicópteros e outros meios aéreos voariam, quase de forma literal, até o último minuto possível antes de exigir manutenção, e viajariam de volta para os Estados Unidos na mesma aeronave de transporte que, apenas algumas horas antes, havia trazido helicópteros que recém haviam passado por manutenção para combate. Os pilotos passavam de uma cabine para outra, sem perder o ritmo. As armas e os equipamentos pessoais dos operadores ficavam em fileiras dispostas de forma precisa no caminho entre seus dormitórios e o ponto de partida para missões, permitindo que eles fossem lançados a qualquer momento e criando uma área comum para atualizações a serem dadas à equipe. Do equipamento principal à colocação da aparelhagem no operador individual, tudo em nosso sistema gritava eficiência e precisão. Era, como costumamos dizer, "uma máquina incrível" – uma linha de montagem para o contraterrorismo.

Essa sincronização meticulosa entre as forças foi aprendida da maneira mais difícil, através do fracasso humilhante da operação Garra de Águia, a tentativa de 1980 de resgatar reféns mantidos em nossa embaixada em Teerã. Na primeira etapa de uma operação tortuosamente complicada para alcançar, proteger e extrair os americanos que haviam sido mantidos em cativeiro no complexo da embaixada ocupada por cinco meses – a calamidade aconteceu. Em uma parte remota do deserto iraniano, um helicóptero da Marinha, pilotado por um piloto da Marinha, colidiu com um avião de carga da Força Aérea carregado com soldados do Exército, condenando a missão antes que a força chegasse a 320 quilômetros de seu alvo. Na sequência, a comissão Holloway, nomeada pelos chefes do Estado-Maior Conjunto para avaliar o fracasso, recomendou a criação de uma Força-Tarefa Conjunta especialmente focada na coordenação e planejamento das operações especiais americanas. Era uma mentalidade do "nunca mais". Precisávamos de um novo nível de gerenciamento no topo – um novo nível de arquitetos de processo reducionistas para garantir que as coisas se encaixassem com a precisão do chão de fábrica de Taylor em Midvale. Nossa Força-Tarefa, reunindo os times de elite dos diferentes ramos militares sob um comando, foi o resultado.

Quando assumi o comando em 2003, a Força-Tarefa estava profundamente envolvida no que foi chamado de Guerra Global ao Terror (*Global War on Terrorism* – GWOT). As operações abrangeram uma ampla faixa da África, Oriente Médio e Sudoeste da Ásia, mas o maior empenho foi focado no Iraque. No rescaldo da invasão inicial, assumimos a responsabilidade primária de atacar antigos líderes do governo caído de Saddam Hussein, que ficou famoso pelo "baralho de cartas" revelado em março de 2003 – uma coleção de cartas do tamanho de uma carta de baralho com o nomes e fotografias de cinquenta e cinco líderes baathistas[24] designados para serem capturados.

---

24. Baathismo: ideologia política árabe (compilação de socialismo, nacionalismo e pan-arabismo), majoritariamente secular, difere de outros governos árabes do Oriente Médio, que se caracterizam mais pelo fundamentalismo islâmico e pela teocracia. (N.T.)

A princípio, parecia simples: tivemos pouca dificuldade em reunir os homens barrigudos e fumantes inveterados que aparentemente haviam servido como leais capangas de um ditador odioso. Mas a insurgência de Zarqawi – um tipo diferente de ameaça – já estava crescendo em tamanho e sofisticação. Em 2003, ainda não estava claro se a AQI era o principal agente coalescente de resistência, mas os estrondos podiam ser sentidos como trovões distantes em uma tarde de verão – uma tempestade se aproximava. Nossa precisão planejada e reducionista até podia ter sido uma excelente solução organizacional para os problemas do século XX, mas agora estávamos lutando em uma nova era.

No início da primavera de 2004, entendemos que o Iraque seria diferente. As forças de operações especiais haviam sido projetadas para empregar operadores excepcionalmente habilidosos, em pequenos números, para ataques cuidadosamente cronometrados, executados com exatidão semelhante a de um florete. Realizadas corretamente, tais operações eram o símbolo máximo de eficiência e deveriam ser moderadamente usadas. Mas, à medida que o escopo e a complexidade da luta cresciam, ficava claro que a surpreendente amplitude e agilidade da AQI exigiam maior dependência da flexibilidade tática que apenas as unidades de operações especiais poderiam fornecer. O sucesso da missão maior no Iraque exigiu que assumíssemos um papel em uma escala e constante intensidade sem precedentes – sem nenhum fim discernível à vista.

Não apenas a escala da luta era nova; as ferramentas também. O desenvolvimento de novas tecnologias de informação, armas de precisão, GPS, visão noturna e outros avanços também estavam mudando a forma como lutávamos. Descendo de helicópteros escurecidos que podiam localizar com precisão um telhado específico em um mar de prédios, os operadores se comunicavam, por meio de fones de ouvido, com pilotos que controlavam veículos aéreos não tripulados que forneciam constante vigilância por vídeo e, após capturarem seu alvo, empregavam a coleta de dados biométricos para confirmar sua identidade.

O processo que conduziu nossas operações no Iraque foi uma sequência que ficou conhecida como *F3EA: Find–Fix–Finish–Exploit–Analyze* [Encontrar–Definir–Finalizar–Explorar–Analisar]. Era simples no conceito, e muito dele era tão antigo quanto a própria guerra. Primeiro, o alvo precisava ser *encontrado*; então sua posição precisaria ser *definida* para que pudéssemos saber onde estava em tempo real; os operadores então *finalizariam* o alvo, removendo a ameaça do campo de batalha; em seguida, o alvo seria *explorado* por qualquer inteligência (uma casa poderia ser revistada, uma pessoa interrogada); e, finalmente, a inteligência seria *analisada*. Então, o ciclo recomeçaria. Ele é derivado de processos semelhantes de direcionamento e tomada de decisão (como o conhecido ciclo *OODA: Observe–Orient–Decide–Assess* [Observar—Orientar—Decidir—Avaliar] que ficou associado a pilotos de caça) que buscavam aumentar a eficácia das operações refinando continuamente a compreensão da situação.

No começo, tivemos que nos ajustar à velocidade e escala dessa luta. Tradicionalmente, tínhamos funcionado em um ritmo mais lento, realizando ataques cirúrgicos ocasionais e primorosamente planejados, mas agora estávamos realizando operações quase todos os dias, muitas vezes fazendo várias incursões de modo simultâneo. De forma rápida, nós nos atualizamos. Esse tipo de trabalho não era fundamentalmente novo – apenas a mesma coisa antiga em uma magnitude maior. Em poucos meses, construímos nossa "máquina incrível".

Mas havia sinais de alerta. Estavam nos pedindo que assumíssemos um novo papel, com ferramentas desconhecidas, em um ambiente que não compreendíamos completamente[25]. Embora eficientes em uma escala que os adversários que enfrentamos nunca poderiam imaginar, estávamos começando a entender que o novo mundo não era apenas gradualmente diferente do antigo de uma forma que poderia ser corrigida com um novo, ainda mais intrincado, conjunto de instruções precisas entregues do alto. Nossos sistemas eficientes nos forneceram uma base sólida, mas não nos trouxeram a vitória.

Esse novo mundo exigia uma reescrita fundamental das regras do jogo. Para vencer, teríamos que deixar de lado muitas das lições que milênios de procedimento militar e um século de eficiência otimizada haviam nos ensinado.

LIÇÕES DA ÚLTIMA GUERRA

Em 1930, a França iniciou a construção de sua famosa Linha Maginot, nomeada em homenagem ao ministro da Guerra e veterano da Primeira Guerra Mundial André Maginot. Como milhões de seus compatriotas, Maginot viu, em primeira mão, a morte, a doença e o sofrimento da estática guerra de trincheiras. Como a comissão Holloway faria décadas depois, ele aplicou o pensamento "nunca mais" para evitar repetir os horrores do passado.

Construída ao longo de dez anos, a Linha Maginot era uma versão moderna da Grande Muralha da China: um sistema impenetrável de túneis, rotas

---

25. Apreciar a magnitude do que não se sabe, como o leitor verá, revela-se um tema importante neste livro. Em 2004, ainda não entendíamos essa máxima.

de reabastecimento e campos de fogo interligados para soldados individuais e grande artilharia. Seus vários andares subterrâneos incluíam não apenas quartéis de soldados, mas hospitais, agências telefônicas e até um metrô. Percorrendo a extensão da fronteira franco-alemã e estendendo-se de dezesseis a dezenove quilômetros abaixo do solo, era uma maravilha de planejamento militar e um intimidante dissuasor para qualquer invasor vindo do leste.

Em 1940, os alemães se aproximaram da linha e pararam – sua manobra foi uma simulação. Simultaneamente, as divisões Panzer cravaram uma faca na Bélgica, na Holanda e em Luxemburgo – países neutros que não podiam oferecer defesa substancial. Ajudados por melhorias na tecnologia de tanques, as forças alemãs agora podiam se mover muito mais rápido do que as colunas de tropas na Primeira Guerra Mundial. Eles atravessaram as Terras Baixas e atacaram a França pelo norte, em uma manobra de flanco ao redor da impenetrável (mas imóvel) Linha Maginot. A Luftwaffe simplesmente a sobrevoou. Flanqueada e atordoada, a França se rendeu em menos de dois meses.

Hoje, a Linha Maginot é frequentemente usada como uma metáfora para a estupidez, mas a realidade é complicada. A linha funcionou em grande parte como planejado – as trincheiras lamacentas e a carnificina da Primeira Guerra Mundial não reapareceram, e a Alemanha não conseguiu montar uma invasão terrestre pela fronteira franco-alemã. Indiscutivelmente, se a linha não tivesse sido construída, os alemães poderiam ter tomado uma rota mais direta para a França e alcançado a vitória ainda mais rapidamente. Mas, apesar de sua magnitude, a criação de André Maginot foi insuficiente para um novo ambiente de tanques, aviões e um comando inimigo que optou por não jogar pelas regras. Em vez de impedir um ataque alemão, ela ajudou a estimular um novo tipo de guerra.

Em 2004, enquanto planejávamos incursões mecânicas destinadas a aproveitar ao máximo cada gota de combustível, estávamos operando uma Linha Maginot gerencial: nossos procedimentos e planos extraordinariamente eficientes eram bem elaborados e necessários, mas não suficientes.

Como o famoso general sempre lutando a última guerra, os franceses haviam elaborado uma solução para evitar a dor da Primeira Guerra Mundial, e nós havíamos projetado uma organização que poderia evitar repetir o embaraço da Garra de Águia. E, assim como o desenvolvimento do tanque mudou as realidades da defesa militar, a proliferação de novas tecnologias da era da informação tornou a eficiência taylorista um paradigma gerencial ultrapassado.

Ao longo do século passado, o tipo de medidas organizacionais que garantem o sucesso dos ataques de paraquedas de combate proliferaram nas forças armadas, na indústria e nos negócios. No ambiente de hoje, no entanto, essas soluções são equivalentes aos modelos provinciais de aprendizado que Taylor encontrou em 1874. No Iraque, o sucesso inexplicável e em rede de nosso inimigo com poucos recursos indicava que eles haviam faturado antes de nós. Do ponto de vista da gestão, a AQI estava nos flanqueando.

RECAPITULAÇÃO

- A estrutura e a cultura de reducionismo disciplinado e estratificado de nossa Força-Tarefa têm raízes profundas na história organizacional militar.

- Essa cultura organizacional não é exclusiva dos militares; desde a Revolução Industrial, a maioria das indústrias aderiu a doutrinas de administração orientadas por ou semelhantes à "administração científica" de Frederick Taylor, um sistema excelente para alcançar a execução altamente eficiente de processos conhecidos e repetíveis em escala.

- Estávamos percebendo, em 2004, que, apesar do sucesso dessa abordagem ao longo do século XX, ela tinha seus limites. Como a Linha Maginot, ela foi insuficiente para enfrentar uma nova geração de ameaças. A eficiência não é mais suficiente.

CAPÍTULO 3

DE COMPLICADO A COMPLEXO

O ano é 1882. Do outro lado do mundo de Taylor e de suas fábricas, o governador otomano de Damasco decidiu implementar grandes reformas educacionais. Tarek, um muçulmano pobre e piedoso que se ressente das reformas, desce à praça da cidade, sobe em um caixote de madeira e começa agitações contra o governo. As autoridades precisam se preocupar com ele? Talvez. Muito provavelmente, o regime otomano não sabe quase nada sobre ele pessoalmente, porque ele não está bem conectado ou alinhado com nenhum de seus inimigos institucionais. Mas, mesmo sem conhecimento sobre Tarek como indivíduo, o regime pode prever que o número de pessoas que podem vir a vê-lo protestar é pequeno — apenas as pessoas que estão dentro do raio de comunicação diário de seu caixote de madeira estarão cientes de seu protesto. Além disso, a praça da cidade está sob o controle do governo. Se as coisas saírem do controle, eles podem encerrar a operação quase instantaneamente. Talvez eles o prendam, ou talvez o deixem dizer o que tem a dizer e o deixem ir embora. De qualquer forma, eles podem prever com alguma precisão que ele não representa uma ameaça ao Estado.

Avançando para 2010 e Tarek está parado na rua em Sidi Bouzid, na Tunísia. Ele está gritando a plenos pulmões sobre a corrupção da polícia local. Com acesso à sua trilha de dados, as autoridades tunisianas do século XXI podem saber muito sobre Tarek: onde ele faz compras, o que gosta de comprar, quais sites visita no cibercafé, quem são seus amigos no Facebook, que tipo de crenças religiosas e políticas que ele tem. Com um estudo simples e um computador básico, eles podem chegar a conclusões muito mais refinadas sobre ele do que o governador otomano em 1882. Mas, em 2010, a gama de resultados que esse Tarek pode gerar é muito maior do que seu governo pode prever, porque ele vive em um mundo muito mais complexo.

O primeiro Tarek é fictício. O segundo é o vendedor de frutas da Tunísia Tarek al-Tayeb Mohamed Bouazizi, e, quando ele se encharca com gasolina e se autoimola, os eventos saem do controle a uma velocidade vertiginosa: uma multidão protesta contra sua morte, e seu primo grava a cena em seu iPhone. Vídeos aparecem no Youtube dentro de dois dias, junto com uma foto de Tarek, em chamas e morrendo. Mais protestos irrompem. Vídeos desses protestos acabam no Facebook. Árabes em todos os lugares veem seus irmãos tunisianos nas ruas. Não só a Al Jazeera, mas o *The New York Times* e o *The Guardian* fazem viagens à pequena cidade de Sidi Bouzid. Dentro de três meses, o reinado de trinta anos de Hosni Mubarak chega ao fim a cerca de 2.253 quilômetros de distância no Cairo, Muammar Gaddafi começa a perder o controle da Líbia depois de quatro décadas no poder, e a Síria começa sua queda em uma guerra civil obstinada.

Apesar de ter mais dados sobre as sociedades árabes – e sobre indivíduos como Tarek – do que em qualquer momento da história, nenhum governo, mecanismo de busca ou plataforma de mídia social previu a autoimolação de Tarek ou o impacto que isso teria.

Os dois Tareks ilustram a contradição entre o tremendo progresso tecnológico testemunhado durante o século passado e a nossa aparentemente diminuída capacidade de saber o que acontecerá a seguir. Embora saibamos muito mais a respeito de tudo nele, o mundo tornou-se, em muitos aspectos, menos previsível.

Tal imprevisibilidade aconteceu não *apesar* do progresso tecnológico, mas *por causa* dele. Os desenvolvimentos tecnológicos das últimas décadas são de uma variedade fundamentalmente diferente daquela da era de Taylor. Embora possamos pensar que nossa maior capacidade de rastrear, medir e de nos comunicarmos com pessoas como Tarek melhoraria nosso gerenciamento preciso do "universo mecânico", a realidade é o oposto: essas mudanças produzem um clima radicalmente diferente – de complexidade imprevisível – que impede organizações baseadas na eficiência taylorista. É por causa dessas mudanças que a "máquina incrível" da Força-Tarefa, excelente por todos os parâmetros do século XX, estava falhando.

Entender especificamente o que mudou, por que a previsibilidade diminuiu e como isso afetou a gestão seria fundamental para resolver nosso problema. E não estávamos sozinhos. Em nossas análises posteriores, descobrimos que os fenômenos que testemunhamos no terreno no Iraque foram observados em uma ampla variedade de domínios, da agronomia à economia.

COMETAS E FRENTES FRIAS

Entender o problema dos dois Tareks começa com a história de um matemático e meteorologista eclético que trabalhava no MIT, em 1961. Edward Lorenz vinha, por cerca de um ano, usando computadores de última geração para tentar decifrar o clima. O clima era um problema complicado. Embora eventos como o retorno do cometa de Halley pudessem ser calculados, de forma precisa, com décadas de antecedência, e as marés e eclipses tivessem se rendido há muito tempo à previsão científica, o clima permanecia indefinido. Lorenz esperava que a nova tecnologia fosse lhe permitir encontrar um nível semelhante de determinismo mecânico no clima da Terra. Ele executou simulações de computador, criou gráficos rudimentares para visualizar melhor as tendências em seus dados e esperava discernir algum tipo de padrão.

Um dia, Lorenz pegou um atalho para reexaminar uma simulação específica. Em vez de executar toda a sequência desde o início (os computadores eram muito mais lentos), começou a partir da metade. Ele mesmo digitou os números de uma cópia impressa anterior para se certificar de que as condições iniciais eram exatamente as mesmas, depois foi pegar uma xícara de café, dando tempo à máquina para cuspir suas novas previsões. A nova rodada deveria ter duplicado exatamente a anterior, pois Lorenz não havia feito nenhuma alteração e havia, ele mesmo, verificado todas as entradas. Mas, quando viu a nova impressão, ficou surpreso: divergiu tão descontroladamente da anterior que o par parecia ser "duas condições climáticas aleatórias tiradas de um chapéu".

Lorenz debruçou-se sobre seus resultados, procurando por um *bug* em algum lugar no código ou em seu computador. Após semanas de análise, ele encontrou o culpado. Não estava no código ou na máquina; estava nos dados. As duas simulações "idênticas" que ele havia executado eram, na verdade, *muito* ligeiramente diferentes. A sequência original que chamou a atenção de Lorenz foi produzida pelo algoritmo. A memória do computador armazenava seis casas decimais para qualquer valor, mas Lorenz havia inserido a sequência reproduzida da impressão, que exibia apenas três. Ele não previu um problema na digitação dos números arredondados da impressão, supondo que a diferença entre 0,506127 e 0,506 não teria consequências.

Em um universo mecânico, *teria* sido irrelevante. Os cálculos que, com sucesso, haviam previsto eclipses, marés e cometas se comportam de maneira simples; um pequeno erro nos dados de entrada levaria a um pequeno erro na previsão – prever um eclipse alguns minutos antes ou depois.

Mas com o clima é diferente. O minúsculo "erro de arredondamento" de Lorenz encontrava-se em um cenário mais interdependente e volátil do que o vazio pelo qual orbita o cometa Halley. Pequenos redemoinhos de ar podem ser influenciados por um evento quase imensamente pequeno – algo como o bater das asas de uma borboleta –, e esses redemoinhos podem afetar correntes maiores, que, por sua vez, alteram a forma como as frentes frias e quentes se formam – uma cadeia de eventos que pode ampliar a perturbação inicial de forma exponencial, prejudicando completamente as tentativas de se fazer previsões confiáveis. O programa de Lorenz estava correto.

Quando, vários anos depois, Lorenz apresentou um artigo sobre suas descobertas, ele intitulou "O bater das asas de uma borboleta no Brasil desencadeia um tornado no Texas?" A expressão "o efeito borboleta" entrou no mundo[26].

O efeito borboleta de Lorenz é uma manifestação física do fenômeno da *complexidade* – não "complexidade" no sentido em que usamos o termo na vida cotidiana, um reservatório para coisas que não são simples ou intuitivas, mas complexidade em um sentido mais restritivo, técnico e desconcertante. Esse tipo de complexidade é difícil de definir; aqueles que o estudam, muitas vezes, recorrem ao comentário do juiz da Suprema Corte Potter Stewart sobre obscenidade: "Eu sei o que é quando vejo". Coisas que são complexas – organismos vivos, ecossistemas, economias nacionais – têm um conjunto diversificado de elementos conectados que interagem com frequência. Devido a essa densidade de ligações, sistemas complexos flutuam de modo extremo e exibem imprevisibilidade. No caso do clima, uma pequena perturbação em um lugar pode desencadear uma série de respostas que se transformam em resultados inesperados e severos em outro lugar, por causa dos bilhões de pequenas interações que ligam a origem e

---

26. Ao contrário da crença popular, as origens do conceito não estão no conto de 1952 de Ray Bradbury, *A Sound of Thunder*. No entanto, a história de fato registra uma versão do mesmo fenômeno. Nele, a humanidade do futuro próximo usa uma máquina do tempo para voltar milhares de anos e caçar dinossauros. Os caçadores não podem trazer sua presa de volta ao século XX, nem mesmo pisar no solo pré-histórico enquanto caçam (eles construíram caminhos levitantes) por causa do perigo de que, adulterar o passado, poderia influenciar negativamente o presente. Uma caçada dá errado e o caçador escorrega, saindo brevemente do caminho e esmagando uma borboleta, antes de voltar. Quando ele e seus guias retornam aos dias atuais, "havia algo no ar, uma mancha química tão sutil, tão leve que apenas um débil grito de seus sentidos subliminares alertaram-no de que estava lá". A linguagem é usada de forma diferente; um homem diferente foi eleito presidente. A morte de uma borboleta, retransmitida e ampliada por eras de voltas e reviravoltas no ecossistema, resultou em uma sociedade diferente.

o resultado. Em um ecossistema, um vírus levemente mutado pode se espalhar como um incêndio, causando um enorme esgotamento populacional que, por sua vez, se propaga pela cadeia alimentar, transformando a ordem biológica local. No caso das economias, a virada de um único banco pode não ter nenhum efeito ou causar falhas em cascata em todo o sistema.

Ser *complexo* é diferente de ser *complicado*. Coisas complicadas podem ter muitas partes, mas essas partes são unidas, uma à outra, de maneiras relativamente simples: uma engrenagem gira, fazendo com que a próxima gire também, e assim por diante. O funcionamento de um dispositivo complicado, como um motor de combustão interna, pode ser confuso, mas, em última análise, *pode* ser dividido em uma série de relações determinísticas elegantes e organizadas; no final, você poderá prever com relativa certeza o que acontecerá quando uma parte do dispositivo for ativada ou alterada.

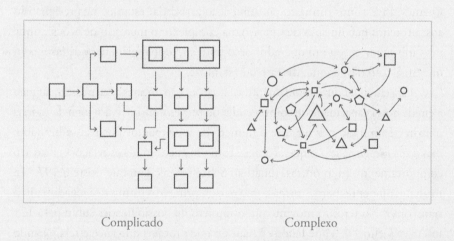

Complicado　　　　　　　　Complexo

A complexidade, por outro lado, ocorre quando o número de interações entre os componentes aumenta drasticamente – as interdependências que permitem que vírus e corridas a bancos se espalhem; é aqui que as coisas rapidamente se tornam imprevisíveis. Pense no "break" em um jogo de sinuca – a primeira tacada forte das bolas coloridas com a bola branca. Embora haja apenas dezesseis bolas na mesa e a física seja de mecânica simples, é quase impossível prever onde tudo vai parar. Em um mundo perfeito, com uma mesa incrivelmente nivelada, bolas idênticas até o mícron e um jogador que poderia golpear com a precisão de um milionésimo de grau, um computador poderia prever onde as bolas iriam parar. No entanto, introduza até o menor desvio na trajetória de uma única bola, e rapidamente *todas* as bolas que ela toca e todas as bolas que elas tocam irão se desviar. A densidade de interações significa que mesmo um número relativamente pequeno de elementos pode desafiar rapidamente a previsão.

Por causa dessas interações densas, os sistemas complexos exibem mudanças *não lineares*. Fenômenos lineares são aqueles cujo resultado é proporcional à entrada: você pode colocar 100 dólares ou 200 dólares em um conjunto de títulos que lhe dará um retorno de 5% em cinco anos; dobrar sua entrada dobrará seu lucro eventual de 5 dólares para 10 dólares. A mudança no resultado é proporcional à mudança no investimento. Tal função poderia ser matematicamente representada como: $Y = 1,05x$. As mentes humanas se sentem em casa com funções lineares. As funções *não* lineares, por outro lado, nos deixam desconfortáveis. Elas vêm em muitas formas, incluindo funções exponenciais como $Y = 5x$, e rapidamente desafiam nosso entendimento intuitivo de crescimento e escala. Diferenças iniciais na base ou pequenos aumentos ou diminuições em x têm consequências massivas. Quando investimos dinheiro em uma ação arriscada, estamos nos resignando aos caprichos não lineares de um sistema complexo (o mercado de ações), onde uma única notícia ou um operador desonesto em todo o planeta pode fazer com que uma ação despenque, dispare ou estabilize.

Para entender quão rapidamente as situações não lineares podem espiralar para além de nossa capacidade de compreender ou prever, considere um jogo de xadrez: o xadrez é limitado por regras e o número de movimentos possíveis é limitado, mas é *interdependente* – o que acontece com uma peça muda as relações entre, e o comportamento, [d]as outras. Jonathan Schaeffer calculou que existem 197.742 maneiras diferentes para a forma como os dois primeiros turnos dos jogadores irão transcorrer. No terceiro movimento, o número de possibilidades subiu para 121 milhões. Dentro de vinte lances, é mais do que provável que você esteja jogando um jogo que nunca foi jogado antes. Ninguém sabe exatamente quantos jogos de xadrez existem potencialmente porque, segundo Schaeffer, o número "é tão grande que ninguém vai investir o esforço para calcular o número exato". Uma pequena mudança no início de um jogo de xadrez – digamos, o movimento de um peão para A3 em vez de A4 – pode levar a um resultado completamente diferente, assim como o agitar de uma das borboletas de Lorenz pode criar um caos enorme e não linear mais para a frente. Um cartão de instruções reducionista seria inútil para jogar xadrez – as interações geram muitas possibilidades.

O significado do efeito borboleta de Lorenz não é, entretanto, apenas a escalada não linear de uma entrada menor em uma saída maior. Há o fator incerteza envolvido; a amplificação da perturbação não é o produto de um fator de ampliação *único, constante* e *identificável* – qualquer número de entradas aparentemente insignificantes pode – ou não – resultar em uma escalada não linear. Se o agitar de cada borboleta *sempre* levasse a um furacão do outro lado do mundo dois dias depois, o clima seria previsível (mesmo insano). A agitação da borboleta só leva a uma tempestade se milhares de outras condições menores estiverem corretas. E essas condições são tão precisas a ponto de serem praticamente imensuráveis, tornando o resultado imprevisível.

De acordo com a ideia de eficiência de Taylor, uma compreensão das condições iniciais de um sistema e das forças em jogo dentro dele permite que os gestores calculem o resultado final. Mas, em um sistema complexo com interconexões densas (mesmo um aparentemente tão "mecânico" quanto um jogo de xadrez), seria necessária uma resolução impossível de dados para fazer previsões confiáveis de médio a longo prazo. *Existem* causas para os eventos em um sistema complexo, mas existem tantas causas e tantos eventos ligados uns aos outros por tantos caminhos diretos e indiretos que o resultado é *praticamente* imprevisível, mesmo que teoricamente seja determinístico.

Como explicou Lorenz, "se um pequeno abalo pudesse levar a um tornado que, de outra forma, não teria acontecido, ele poderia igualmente evitar um tornado que, de outra forma, teria se formado". O clima em seu exemplo depende de uma miríade de outras variáveis interdependentes com as quais aquela asa batendo – direta e indiretamente – interagiria. Como resultado, comparado com algo como a trajetória de um cometa, o desenvolvimento do clima tem uma gama muito maior de resultados potenciais.

Na cultura popular, o termo "efeito borboleta" quase sempre é mal utilizado. Tornou-se sinônimo de "alavancagem" – a ideia de uma pequena coisa que tem um grande impacto, com a implicação de que, da mesma forma que uma alavanca, *pode ser manipulada para um fim desejado*. Isso não percebe o *insight* de Lorenz. A realidade é que pequenas coisas em um sistema complexo podem não ter efeito ou ter um efeito massivo, e é praticamente *impossível saber qual será o caso*.

Esse amplo espectro de resultados possíveis cria dificuldades para o mecanismo conceitual do relógio. Na Força-Tarefa, como na maioria das grandes organizações, nossas ações eram produto de nosso planejamento, e nosso planejamento era baseado em nossa capacidade de fazer previsões. (Ou mais precisamente, nossa percepção de nossa capacidade de fazer previsões – nossa crença de que entendíamos o funcionamento do relógio.) Mas, em 2004, nosso campo de batalha se comportou muito mais como os movimentos caprichosos de uma frente fria do que como com a trajetória constante do cometa Halley. Novas tecnologias de comunicação haviam unido indivíduos como Tarek a milhões de outros em um denso emaranhado de interconexões. Esses eventos e atores não só eram mais interdependentes do que nas guerras anteriores, mas também mais rápidos. O ambiente não era apenas complicado, era *complexo*.

O REDEMOINHO VOLUNTARIOSO DE EMMYLOU

Minha neta, Emmylou, nasceu em 4 de junho de 2014. Ela crescerá em um mundo definido pela transmissão quase instantânea de informações e transporte rápido de pessoas, bens e serviços. Ela é uma "nativa digital", enquanto eu sempre permanecerei, na melhor das hipóteses, como portador de um *green card*. Não sei como ela vai compreender as diferenças entre presença real e virtual, mas sei que ela navegará nessas esferas convergentes de maneira diferente e muito mais habilidosa do que as gerações anteriores. O próprio tecido social de seu mundo está sendo tecido com os cabos de fibra ótica das mídias sociais – uma mudança cujas consequências não podemos começar a prever. O mundo de Emmylou é um mundo que muitos mal poderiam imaginar vinte anos atrás.

Produtos, eventos, nações, fenômenos e indivíduos tornaram-se mais conectados, dependentes e influenciados uns pelos outros do que nunca. A montagem primária do *Boing* 787 *Dreamliner*, por exemplo, requer cerca de mil trabalhadores em sua fábrica em Everett, Washington. Mas depende de asas de Nagoya, Japão; estabilizadores horizontais de Foggia, Itália; portas de carga e acesso da Suécia; pontas das asas da Coréia; e trem de pouso de Gloucester, Reino Unido. Como a maior parte do que compramos ou usamos, qualquer *Dreamliner* é produto de uma vasta rede de fontes.

O aumento da interdependência na criação de nossos produtos físicos não é nada comparado aos saltos na conectividade digital testemunhados nos últimos anos. O surgimento de campanhas de arrecadação de fundos de colaboração coletiva, tendências virais online e sistemas de pagamento móvel atesta que a disseminação da tecnologia trouxe quase todos nós para uma rede de conectividade muito mais ampla daquela em que estávamos há uma ou duas décadas.

No Iraque, vimos esse aumento da interdependência se manifestar quase diariamente. Uma operação em uma cidade levaria quase instantaneamente a uma reação em cadeia de ações da AQI e a respostas civis em todo o país. Os menores rumores – às vezes verdadeiros, às vezes não – se espalhavam como fogo em fóruns online.

Ao mesmo tempo, quase todos os processos se tornaram muito, muito mais rápidos. Pequenos aumentos de tempo agora significam a diferença entre sucesso e fracasso. Acompanhar o ritmo acelerado das notícias era um problema não apenas para nossa Força-Tarefa; representava um desafio para quase todas as organizações, especialmente aquelas que estão realmente no ramo de notícias. Há um século, nas redações dos jornais, os repórteres especializados escreviam sobre os tópicos designados, os editores revisavam as matérias e o editor-chefe examinava o produto final antes de enviá-lo à imprensa. Publicar uma história de última hora significava lançá-la um dia inteiro antes da competição. Avance rapidamente para 17 de março de 2014, quando o *Los Angeles Times* foi a primeira empresa de notícias a divulgar uma história sobre um terremoto próximo. Sua vantagem? O artigo foi escrito inteiramente por um robô – um programa de computador que escaneia fluxos de dados, como os do Serviço Geológico dos Estados Unidos, e reúne trechos curtos mais rapidamente do que qualquer cadeia de comando de uma redação. Esse programa rendeu ao jornal alguns minutos de antecedência no máximo, mas hoje esses minutos são críticos.

Em Nova York, os corretores de imóveis comerciais cobram uma tarifa superior por imóveis financeiros "coalugados" que colocam os corretores mais próximos dos servidores, permitindo que eles reduzam microssegundos em transações próximas à velocidade da luz. Por razões semelhantes, um grupo de empresas comerciais americanas e europeias gastou recentemente 300 milhões de dólares em um novo cabo transatlântico que reduzirá o tempo de negociação em 5,2 milissegundos. Um jovem banqueiro resumiu a lógica por trás de se ir tão longe para a obtenção de vantagens aparentemente minúsculas: "Velocidade é dinheiro".

A velocidade sempre foi importante para os exércitos, mas, durante a maior parte da história, foi limitada ao que um cavalo ou um humano poderia fazer. Os romanos construíram excelentes estradas para facilitar o movimento militar, mas, mesmo uma legião de elite, só conseguia percorrer cerca de 32 quilômetros por dia. Durante a guerra civil, as tropas do general confederado Thomas Jonathan "Stonewall" Jackson ganharam o apelido de "cavalaria a pé" depois de percorrerem mais 1040 quilômetros em um período de 48 dias, mas a velocidade mais rápida que alcançaram foi a de 10 quilômetros por hora, e isso foi para uma marcha forçada de duração limitada[27]. No século XX, automóveis, tanques e,

---

27. A maioria das pessoas (sem carregar uma arma e mochila) anda confortavelmente a cerca de 5 km/h. Para os soldados marcharem 10 km/h é necessária uma corrida lenta/caminhada desconfortável (e insustentável para a maioria das pessoas).

eventualmente, aviões, jatos e foguetes mudaram drasticamente a velocidade da guerra, mas os uns e os zeros do mundo digital voam ainda mais rápido.

Quando lemos sobre novas tecnologias ou ouvimos sobre a promessa de um mundo globalizado e interconectado, tendemos a supor que os avanços tecnológicos nos permitirão fazer o que sempre fizemos, só que melhor. Mas há o outro lado dessa moeda. As mesmas tecnologias que forneceram a organizações como a Força-Tarefa capacidades aprimoradas de transporte, comunicação e dados simultaneamente imbuem nosso ambiente operacional com crescente não linearidade, complexidade e imprevisibilidade. Velocidade e interdependência juntas significam que qualquer ação em qualquer período de tempo está agora ligada a resultados muito mais potenciais do que a mesma ação de um século ou mesmo de algumas décadas atrás: empreendimentos que antes eram semelhantes a um problema de bilhar de duas ou três bolas agora envolvem centenas de colisões.

A Boeing pode ganhar em eficiência terceirizando seus processos de produção, mas essa terceirização também significa que eventos em uma dúzia de países em três continentes têm o poder de interromper suas operações. A montagem bem-sucedida de um avião agora depende não apenas da manutenção de algumas fábricas intactas, mas da passagem segura pelos oceanos, condições de trabalho aceitáveis no Japão, ausência de desastres naturais na Suécia, taxas de câmbio estáveis e gerenciamento flexível da cadeia de suprimentos.

No Iraque, encontramos níveis de disrupção sem precedentes. Uma operação de um lado do país incitaria espontaneamente reações de uma célula no outro que nem sabíamos existir; um passo em falso nosso ou um trecho de propaganda eficaz da AQI poderia fazer a mídia social girar e provocar tumultos em questão de horas; um vídeo de um ataque militante teria um efeito imediato no número de recrutamento de insurgentes e represálias sectárias, e todos esses eventos aconteciam quase todos os dias.

Na verdade, os desenvolvimentos dos últimos anos levaram a um mundo completamente diferente – e menos previsível. Devido à velocidade e à interdependência, o vendedor de rua Tarek al-Tayeb Mohamed Bouazizi pôde provocar uma cadeia de eventos que derrubou vários governos mais rápido do que o resto do mundo poderia processar as notícias. É claro, houve revolucionários bem-sucedidos e fenômenos de efeito borboleta antes da era da informação, mas as novas tecnologias criaram uma proliferação sem precedentes de oportunidades para pequenos atores que historicamente não tiveram o privilégio de ter um efeito borboleta. Parte disso tem consequências positivas, como o sucesso empresarial. Outras manifestações são devastadoras: terroristas, insurgentes e cibercriminosos aproveitaram a velocidade e a interdependência para causar a morte e espalhar o caos. Mas *tudo* isso exibe a imprevisibilidade que é uma marca registrada da complexidade; hoje, todos nos encontramos cercados por furacões. Na Força-Tarefa, vimos isso nos efeitos das insurgências em bola de neve, mas essas mudanças deixaram sua marca não apenas no campo de batalha, mas em quase todos os lugares.

Quando *hackers* se infiltraram na conta do Twitter da Associated Press, em 2013, e enviaram uma mensagem alegando que a Casa Branca havia sido atingida por duas explosões e o presidente Obama ficado ferido, o Dow Jones caiu 143 pontos em um instante, mas espalhou pânico generalizado no mercado. O tweet foi excluído assim que apareceu, mas sua presença momentânea foi suficiente para desencadear tanto o comportamento humano impulsivo quanto os algoritmos de negociação de alta frequência agora usados em todos os mercados, que "leem" as notícias e realizam negócios em resposta em meros nanossegundos. Um investidor viu a queda repentina induzida pela Associated Press como "um comentário sobre a vulnerabilidade dos mercados a informações aleatórias".

Um exemplo mais leve: quando a guitarra do músico Dave Carroll foi quebrada por operadores de bagagens da United Airlines, ele passou nove meses navegando pelo labirinto da lista telefônica da empresa de representantes de atendimento ao cliente sem sucesso, então ele escreveu uma música chamada "United Breaks Guitars" [A United Quebra Guitarras] e postou o vídeo no Youtube. Em um dia, o vídeo acumulou 150 mil acessos e Carroll recebeu um telefonema de um envergonhado diretor de soluções para clientes da United. Em três dias, o vídeo teve mais de um milhão de acessos e o preço das ações da United caiu 10%, custando aos acionistas 180 milhões de dólares em valores – 600 mil vezes o valor da guitarra. Dentro de uma semana, a música alcançou o primeiro lugar em downloads no iTunes, e a empresa fez uma demonstração pública da doação de 3 mil dólares (o custo de uma guitarra nova) para o Thelonious Monk Institute of Jazz a pedido de Carroll (os fabricantes de seu instrumento quebrado, a Taylor Guitars, enviaram-lhe duas de graça depois de assistir a seu vídeo).

Tudo isso cria desafios para sistemas construídos para uma era mais simples. O sistema de ajuda global, por exemplo, que antes dependia de conectar governos doadores individuais a governos receptores individuais, passou, nas últimas décadas, de "poucos para poucos" para um mercado de "muitos para muitos", no qual milhares de ONGs tentam se conectar com milhões de destinatários.

O sistema agora inclui cerca de 15 mil missões de doadores em 54 países beneficiários todos os anos. O resultado é que os profissionais de saúde em alguns Estados da África subsaariana passam tanto tempo reunidos com delegações ocidentais que só conseguem fazer seu trabalho real à noite. O mundo de "muitos para muitos" produziu enormes ganhos em alguns setores, mas esses ganhos vieram a um alto custo em outros – especificamente aqueles que exigem coordenação em escala.

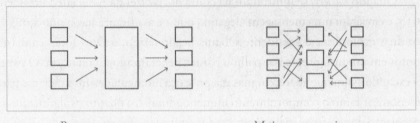

Poucos para poucos   Muitos para muitos

Desafios como aqueles enfrentados por agências de ajuda e uma infinidade de outras organizações presas ao que o autor e consultor de desenvolvimento Ben Ramalingam chama de "o redemoinho emergente e rebelde gerado pelas mídias sociais" criam questionamentos sobre como enfrentamos domínios que antes eram previsíveis, mas não são mais. Os especialistas que lutam com essas questões usam uma terminologia ligeiramente diferente do otimista "interconectado". Eles usam expressões como "descontinuidade", "interrupção" ou o acrônimo militar recentemente cunhado VUCA (*volatility, uncertainty, complexity, ambiguity*/volatilidade, incerteza, complexidade e ambiguidade). Eles sabem que o mundo em que Emmylou crescerá não é apenas marginalmente diferente daquele das gerações anteriores; é muito mais rápido e mais interdependente e, portanto, essencialmente complexo de maneiras inteiramente novas. Ela vive no redemoinho voluntarioso – um lugar totalmente diferente do universo mecânico. Temos problemas quando tentamos usar ferramentas projetadas para o último a fim de mexer com o primeiro.

PINO QUADRADO, BURACO REDONDO

Muitos grandes pensadores – mais notavelmente o polímata do século XIX Henri Poincaré – observaram aspectos do fenômeno que agora chamamos de "complexidade", mas a festa de lançamento do conceito foi dada em um artigo de 1948, na *American Science*. "Ciência e complexidade", de Warren Weaver, tinha apenas oito páginas, e não envolvia nenhuma pesquisa original – era um ensaio sobre a natureza e os objetivos do pensamento científico –, mas deixou uma marca duradoura.

Weaver argumentou que a ciência, até o século XIX, se preocupava com questões de "simplicidade organizada": problemas envolvendo uma ou duas variáveis, como a atração entre dois ímãs ou a rotação da Terra ao redor do Sol[28]. Mas, observou Weaver, não era assim que funcionava o mundo real. Os organismos vivos, por exemplo, "são mais propensos a apresentar situações em que meia dúzia ou, mesmo, várias dezenas de quantidades variam de forma simultânea e de maneiras sutilmente interconectadas". Tais traços, comentou ele, são encontrados em ecossistemas, economias e sistemas políticos. Em outras palavras, o mundo real está cheio das interdependências emaranhadas da complexidade, e a ciência não estava equipada para lidar com isso – na verdade, a ciência ativamente evitou essas verdades desagradáveis, preferindo simplificar as coisas para se ajustarem ao universo mecânico. Tais esforços, sustentou Weaver, são inúteis. Você não pode forçar um pino quadrado em um buraco redondo, e você não pode forçar o complexo a obedecer às regras destinadas ao meramente complicado.

Uma mesa de bilhar com dezesseis bolas, argumentou ele, apresenta um tipo de problema fundamentalmente diferente de uma mesa de bilhar com apenas duas ou três bolas (assim como as frentes frias são fundamentalmente diferentes dos cometas). A mesa com dezesseis bolas confunde a previsão. "De que depende o preço do trigo?" é muito mais complexo ainda. Problemas de complexidade organizada envolvem "um número considerável de fatores que estão inter-relacionados em um todo orgânico". Esses problemas são complexos demais[29], escreveu ele, "para ceder às velhas técnicas do século XIX, que foram tão dramaticamente bem-sucedidas em problemas de simplicidade de duas, três ou quatro variáveis".

---

28. Weaver também observou que a primeira metade do século XX se preocupou predominantemente com questões de complexidade desorganizada – problemas como o comportamento de um gás, onde o tamanho da amostra de moléculas é tão alto que pode ser aproximado com médias. Este também é um desafio muito mais simples do que o da complexidade organizada, mas é menos relevante para o nosso argumento.
29. Weaver realmente usou a palavra "complicado", que ele empregou de forma intercambiável com "complexo" ao longo de seu trabalho (distinguindo-os de coisas que são "simples"). Na época em que escreveu, a terminologia no campo era muito menos nítida do que se tornou desde que seu artigo deu início à disciplina. Mas as ideias que ele estava tentando transmitir são melhor apreendidas pelo que hoje chamamos de "complexo".

A partir do momento que cientistas, historiadores e jornalistas passaram a procurar, evidências em apoio à observação de Weaver estavam por toda parte, talvez da forma mais visível na história de como o homem mexeu nos complexos ecossistemas da natureza. A tentativa para definir o problema do besouro cinzento em Queensland, na Austrália, é um caso famoso. Quando uma infestação de larvas de besouros arrasou os campos de cana-de-açúcar na década de 1930, os agrônomos ficaram muito felizes ao tomar conhecimento da *Rhinella marina*, ou sapo-cururu, cujo apetite por besouros cinzas havia mantido a praga sob controle no Havaí. O governo australiano importou 102 dessas criaturas milagrosas em junho de 1935 e as liberou no rio Little Mulgrave.

Hoje, se você passar uma rede pelas águas do rio Little Mulgrave – ou por qualquer rio, lago, lagoa ou estuário próximo – ela ficará cheia do que parece lama, mas, na verdade, é uma massa brilhante de girinos de sapo-cururu preto. Dada a abundância de lagoas tranquilas e a ausência de predadores havaianos, uma proporção inesperadamente grande dos 40 mil ovos que uma fêmea pode botar em um verão sobrevive até a idade adulta na Austrália. As projeções dos agrônomos para a sobrevivência dos sapos estavam baseadas em um número menor. Isso era o equivalente a estimar incorretamente o número "base" na função exponencial do crescimento populacional – o tipo de diferença incremental que não teria sido um problema para prever o retorno do cometa Halley, mas acabaria sendo um grande, grande problema para a vida selvagem australiana.

Os sapos se multiplicaram e se multiplicaram. Eles se espalharam para parques, jardins, rodovias e lagoas. Eles comiam peixes, sapos, pequenos pássaros e caranguejos, além de espécies raras como o rato marsupial pigmeu. Um pesquisador descobriu que os sapos-cururu atacavam e comiam bolas de pingue-pongue. As únicas coisas que eles não comem, aparentemente, são besouros australianos: diferenças nos ciclos de vida das espécies australianas e havaianas significam que os besouros e os sapos nunca estiveram nos campos ao mesmo tempo. Além disso, os sapos podem matar não apenas comendo outros animais, mas também sendo comidos: suas peles venenosas significavam que cães, patos e cobras morriam em massa depois de mordê-los. Cercas, armadilhas e outras barreiras caíram como Linhas Maginot em miniatura ao ataque anfíbio dos sapos. A espécie agora cobre 40% de Queensland e se mudou para outros estados. Um ecologista americano resumiu-o como "clássico desastre humano [...] um ecossistema está ameaçado por ser cortado na base, e isso terá repercussões em toda a cadeia alimentar na qual o sapo se inseriu".

A lista de tentativas catastróficas de intervenção ecológica vai do sapo-cururu às trepadeiras kudzu, que se espalharam por cerca de 7 milhões de acres de terras americanas, aos bandos de milhões de estorninhos que escurecem os céus americanos (um entusiasta de Shakespeare que queria trazer para o Novo Mundo todas as espécies mencionadas pelo dramaturgo introduziu 60 estorninhos no Central Park, de Nova York, em 1890; desde então, eles se espalharam geograficamente e agora empoleiram-se em bandos que podem devorar 20 toneladas de batatas por dia).

Assim como as borboletas e o clima, a lição aqui não é que *todas* as espécies introduzidas se espalharão como loucas. Qualquer um desses animais poderia facilmente ter morrido em poucas semanas, se apenas algumas pequenas características do ambiente tivessem interagido de forma diferente ou se o número base tivesse sido ligeiramente diferente. Sistemas complexos são inconstantes e voláteis, apresentando uma ampla gama de resultados possíveis; *o tipo e o impressionante número de interações nos impedem de fazer previsões precisas.* Como resultado, tratar um ecossistema como se fosse uma máquina com trajetórias previsíveis da entrada à saída é uma insensatez perigosa.

Da mesma forma, os sistemas econômicos – produtos de complexos nós de fatores humanos – confundem as tentativas lineares de previsão e controle. É por causa dessa complexidade que o economista e filósofo Friedrich Hayek argumentou contra o planejamento econômico estatal. Em seu ensaio de referência "A teoria dos fenômenos complexos", ele traçou uma distinção entre "o grau de complexidade característico de um *tipo* peculiar de fenômeno" e "o grau de complexidade ao qual, por uma combinação de elementos, qualquer tipo de fenômeno pode ser edificado". Em outras palavras, alguns sistemas são *essencialmente complexos* (como o cérebro humano ou a sociedade), enquanto outros sistemas (como uma grande máquina ou uma fábrica) podem parecer complexos porque têm muitas partes móveis, mas são essencialmente complicados.

Ele argumentou que as economias nacionais, ao contrário da produção industrial, nunca poderiam ser transformadas em sistemas mecânicos com soluções reducionistas: seu comportamento resulta da tomada de decisões de milhões de pessoas, e todas essas decisões influenciam umas às outras, tornando impossível prever como os mercados irão se movimentar – como em um jogo de xadrez, existem muitas possibilidades para um cartão de instruções prescritivas. Os efeitos borboleta na economia, desencadeados por pequenas perturbações iniciais, são comuns.

Essa complexidade só se tornou mais densa à medida que as economias se globalizaram. O ataque de *hackers* ao AP demonstra que essas perturbações não lineares estão se tornando mais prováveis. Nas palavras do sociólogo britânico John Urry, "quando a China pega um resfriado [...], os EUA espirram"[30]. Para estender a metáfora da borboleta de Lorenz, parece que, cada vez mais, vivemos em um mundo de furacões.

Uma arrogância preditiva, talvez gerada por séculos de sucesso na aplicação de modelos newtonianos a problemas complicados, nos enganou a fim de nos fez acreditar que, com dados suficientes e muito trabalho, os complexos enigmas das economias podem ser decodificados. Mas, como apontou Weaver, você não pode forçar o pino quadrado da complexidade no buraco redondo do complicado. O *erro* médio de previsão na comunidade de analistas dos EUA entre 2001 e 2006 foi de 47% em 12 meses e de 93% em 24 meses. Como o escritor e investidor James Montier afirma, "a evidência sobre a loucura da previsão é esmagadora [...] francamente, os três ratos cegos têm mais credibilidade do que qualquer macroprevisor para ver o que está por vir". Em novembro de 2007, os economistas do Survey of Professional Forecasters – examinando cerca de 45 mil séries de dados econômicos – previam menos de uma em quinhentas chances de um colapso econômico tão severo quanto o que começaria um mês depois.

Ainda há debates inflamados sobre se entendemos a economia bem o suficiente para exercer até mesmo pequenas intervenções, como ajustar as taxas de desconto, mas o cemitério de economias centralmente planejadas, como a da União Soviética – bem como a necrópole de intervenções planejadas em ecossistemas – parece validar a ideia de que algumas coisas não podem caber em uma camisa de força reducionista. As tentativas de controlar sistemas complexos usando o tipo de pensamento mecânico e reducionista defendido por pensadores de Newton a Taylor – quebrar tudo nas partes componentes ou otimizar elementos individuais – tendem a ser inúteis, na melhor das hipóteses ou destrutivas na pior.

---

30. Esta citação tem uma história complicada: acredita-se que a declaração original, da qual agora existem muitas variações populares, tenha se originado com o príncipe austríaco Klemens von Metternich: "Quando a França espirra, a Europa pega um resfriado". Metternich estava fazendo referência à propagação das revoluções populares pela Europa no século XIX, e certamente nunca imaginou que sua citação seria modificada para se aplicar às economias da China e dos Estados Unidos.

DE VOLTA À ADMINISTRAÇÃO

As soluções administrativas de Frederick Taylor foram inequivocamente projetadas para problemas complicados, ao invés de problemas complexos. O chão de fábrica da Midvale Steel Works pode ter sido um circo cacofônico de engrenagens giratórias e ferro em brasa, mas as máquinas funcionavam de modo constante e as estruturas administrativas criadas por eles funcionavam como análogos organizacionais desses dispositivos mecânicos: as tarefas eram transferidas de um trabalhador para outro, de um canto da fábrica para outro. A mudança foi linear. Problemas com uma máquina não podiam se espalhar organicamente para outras. Inversamente, uma única inovação não poderia "viralizar" e transformar donos de fábricas em bilionários da noite para o dia. Ao longo dos anos, as empresas continuamente abririam caminho em direção ao sucesso ou ao fracasso.

A previsibilidade desse ambiente permitiu a Taylor decompor processos complicados em ações independentes e repetíveis e, em uma escala maior, dividir organizações inteiras em departamentos independentes. Como ele podia prever que o dia seguinte traria as mesmas oito variedades de celulose que hoje, ele podia reduzir a química da fabricação de papel a um gráfico simples; como ele sabia que as mesmas máquinas estariam nos seus devidos lugares com o mesmo fluxo de água, ele podia dar aos trabalhadores cartões de instruções precisos para suas ações. O mundo industrial, onde quase tudo podia ser medido e mecanizado – onde as variáveis individuais podiam ser isoladas, testadas e otimizadas –, prestou-se para esse modelo. Por mais complicado que fosse, quase tudo estava sob a capacidade de cálculo, previsão e controle do administrador. A eficiência planejada tornou-se a força vital da "boa administração". Tudo mais, do design físico à estrutura organizacional e ao comportamento da liderança, era uma extensão natural desse objetivo.

À medida que nos aproximamos do ambiente de complexidade "muitos para muitos", projetamos soluções cada vez mais *complicadas*: administradores talentosos desenvolveram protocolos intrincados e hierarquias organizacionais para cobrir todas as probabilidades. A crença básica de que qualquer problema pode ser conhecido em sua totalidade nunca desapareceu. Qualquer pessoa que, por algumas décadas, tenha trabalhado com negócios ou no governo pode testemunhar o aumento aparentemente interminável de regras e trâmites burocráticos. Em nenhum lugar isso foi mais visível do que no Pentágono, onde o crescimento do departamento de defesa se manifestou em um conjunto cada vez maior de códigos e procedimentos.

No Iraque, estávamos usando soluções complicadas para atacar um problema complexo. Por décadas, fomos capazes de executar nossa abordagem linear mais rápido do que o ambiente externo poderia mudar e, como resultado, acreditávamos estar fazendo algo diferente de outras organizações. Na verdade, éramos tão burocráticos quanto qualquer outro; fomos apenas mais eficientes em nossa execução. A eficiência era a excelência definidora de nossa "máquina incrível" e permitiu que nossa linha de montagem de contraterrorismo continuasse funcionando. Mas, em 2004, o mundo nos ultrapassou. No intervalo de tempo que levamos para mover um plano da criação à aprovação, o campo de batalha para o qual o plano foi concebido mudaria. No momento em que podia ser implementado, o plano – por mais engenhoso que fosse em seu design inicial –, com frequência, já estava irrelevante. Não tínhamos como prever onde o inimigo atacaria, e não podíamos responder rápido o suficiente quando eles o fizessem.

É difícil, se não impossível, traçar uma linha segura separando o complicado do complexo. Os diferentes domínios que lidam com complexidade usam várias taxonomias para diferenciação[31]. Para nossos propósitos, a capacidade de *prever* é o critério mais relevante, e determinar exatamente quando as coisas se tornam imprevisíveis é delicado. Todos os fenômenos que discutimos são previsíveis em alguns níveis: podemos prever as chuvas em uma determinada cidade amanhã com relativa precisão, mas não em seis meses. Podemos prever com segurança que a inflação fará com que os lojistas aumentem seus preços este mês, mas não se isso poderá desencadear uma recessão em um ano.

É útil enquadrar as coisas em termos de uma escala temporal: para nossos propósitos, podemos pensar em um fenômeno como exibindo complexidade *em um determinado período de tempo* se houver tantas interações que não se possa razoavelmente prever os resultados com base nos dados de entrada. Por essa definição, o clima seria complexo ao longo do período de um dia, mas não de um mês. É por isso que é relevante não apenas que as coisas tenham se tornado mais interconectadas, mas também que os processos tenham se tornado *mais rápidos*. Essas duas variáveis combinadas significam que a quantidade de complexidade interativa anteriormente contida em muitos meses de, digamos, conversa local e troca de cartas pode agora ser espremida em algumas horas de escalada explosiva de mídia social.

---

31. Algumas taxonomias de "complexo" incluem sistemas que se ajustam automaticamente em resposta à perturbação – sistemas "resilientes" – que abordaremos mais adiante.

Saber o resultado de uma guerra em seu início sempre foi impossível (caso contrário, não teríamos que combatê-las), e ninguém que trabalhasse na Ford em 1915 poderia prever como seriam os automóveis e os processos de produção em 1950. Mas, em horizontes de tempo mais imediatos, durante grande parte do século passado, as coisas permaneceram administráveis: as tropas inimigas só podiam se mover até certo ponto durante a noite; um automóvel concorrente só poderia ser lançado no mercado apenas com relativa rapidez. O pensamento militar sempre teve que acomodar a imprevisibilidade – ou o "atrito": a divergência da realidade para o plano – mas os estrategistas podiam, de forma segura, prever eventos mais distantes do que podemos agora. No Iraque, cada dia trazia consigo a imprevisibilidade de uma guerra inteira. Os atentados suicidas pareciam taticamente caprichosos, e qualquer pessoa com acesso à Internet, a produtos de limpeza e a rolamentos de esferas poderia se tornar uma ameaça da noite para o dia. Monitorar e desenvolver planos de contingência para lidar com quinze submarinos inimigos é uma coisa; fazer o mesmo para uma população de 30 milhões de pessoas é praticamente impossível (para não mencionar potencialmente antiético). Assim como as borboletas de Lorenz, era impossível dizer quais eventos levariam a quais tipos de resultados.

Esse é o novo mundo que todos nós compartilhamos. Há muitos eventos acontecendo simultaneamente para qualquer entidade – mesmo uma equipada com os recursos de vigilância da nossa Força-Tarefa – para monitorar; e com a capacidade de indivíduos e pequenos grupos se comunicarem com milhões de pessoas, não há como ter certeza de qual desses eventos irá se transformar em uma ameaça.

Eventos como a divulgação no Youtube do protesto de Tarek al-Tayeb Mohamed Bouazizi, o ataque de *hackers* à AP e a balada explosivamente popular de Dave Carroll – junto com toda a família de rupturas "virais" que caracterizam a vida contemporânea – eram impensáveis trinta anos atrás. Até mesmo a palavra "viral" sugere o fato de que o ambiente de hoje se assemelha a um organismo ou ecossistema – o tipo de sistema interconectado cujos caminhos cruzados permitem aos fenômenos se espalharem. Esse é um ambiente muito diferente da conexão linear, um-para-o-próximo, de itens no chão de fábrica meramente complicado de Taylor. A quantidade de mudança não linear que antes levava meses para se desenrolar agora pode acontecer no tempo necessário para se digitar 140 caracteres.

O *BIG DATA* NÃO VAI NOS SALVAR

No Iraque, a tecnologia de ponta nos forneceu o santo graal das operações militares: uma "consciência situacional" quase perfeita ou COP (*common operational picture*/"quadro operacional comum"). Essa foi a primeira guerra em que pudemos ver todas as nossas operações se desenrolando em tempo real. Os feeds de vídeo de veículos aéreos não tripulados (VANTs ou drones) nos forneciam imagens ao vivo das missões, enquanto os microfones transportados por nossos operadores forneciam áudio. Tivemos acesso a dados sobre população, atividade econômica, exportações de petróleo, geração de eletricidade e atitudes (por meio de pesquisas); estávamos conectados às nossas organizações parceiras em tempo real. Uma tecnologia chamada rastreador Blue Force marcava todos os nossos veículos com monitoramento por GPS, de modo que nossos mapas sempre mostravam o posicionamento exato de nossas forças. Embora essa profusão de informações tenha se mostrado de grande valor, nunca foi muito útil para previsões. Em um mundo mais simples, nossos avanços nos dados teriam sido de grande valor preditivo, mas a realidade do aumento da complexidade significava que, quando se tratava de previsão, estávamos essencialmente perseguindo nosso próprio rabo – e ele estava se afastando de nós.

Os meteorologistas que procuram prever o tempo podem pensar que as previsões poderiam ser aperfeiçoadas se conseguissem obter informações suficientes sobre as asas das borboletas. O historiador da ciência James Gleick explica a loucura em buscar por isso. Mesmo que cobríssemos a Terra com uma rede de sensores com a distância de um pé entre si, e mesmo que cada um desses sensores fornecesse leituras perfeitas, ainda não saberíamos se choveria em um mês, porque os pequenos espaços entre esses sensores escondem minúsculos desvios que podem ter consequências massivas. Nosso esforço hercúleo produziria, na melhor das hipóteses, uma capacidade preditiva ligeiramente melhorada, assim como as informações em tempo real da Força-Tarefa eram uma ferramenta poderosa, mas não nos permitiam prever ataques terroristas.

Ouvimos muito sobre as maravilhas do *Big Data*, que certamente avançou nossa compreensão do mundo de maneira dramática. Os varejistas podem rastrear quem comprou o quê e onde comprou. Os sociólogos podem esquadrinhar vastas quantidades de informações políticas, econômicas e sociais em busca de padrões. Há um tremendo potencial para essa tecnologia, mas, como acontece com o rastreador Blue Force e as outras ferramentas à nossa disposição no Iraque, é improvável que ela permita uma previsão efetiva de longo prazo do tipo que desejamos. Registros ricos em dados podem ser maravilhosos para explicar *como* fenômenos complexos *aconteceram* e como eles *podem* acontecer, mas eles não podem nos dizer quando e onde eles *vão* acontecer. Por exemplo, os dados sobre a propagação de um vírus podem fornecer uma visão de como os padrões de contágio se parecem em nosso mundo em rede, mas isso é muito diferente de saber exatamente onde o próximo surto ocorrerá, quem exatamente acabará adoecendo e para onde eles vão em seguida. Obter entendimento nem sempre é o mesmo que prever.

Os dados podem determinar resultados "médios" com grande precisão: quanto tempo uma pessoa em uma determinada faixa etária provavelmente passará no Facebook todos os dias, ou mesmo, com base nos hábitos de um indivíduo, o que ele provavelmente fará em um determinado dia. Um amigo que trabalha em uma empresa que usa *Big Data* para gerar esses tipos de *insights* uma vez brincou que poderia me dizer o que eu ia comer no almoço. Mas é claro que ele não podia; ele só podia me dizer o que era provável que eu fosse comer no almoço, e uma característica da complexidade é que pequenos desvios ocasionais podem ter um impacto enorme.

Os dados podem ter permitido às autoridades tunisinas determinar o que Bouazizi muito provavelmente faria no dia em que se autoimolou, mas isso não teria feito nada para prever o que ele realmente fez ou a calamidade que se seguiu. Se você está tentando rastrear cem, mil ou dez mil Bouazizis, é inevitável que, pelo menos, alguns deles saiam da expectativa, tornando inúteis os planos baseados em "resultados esperados". E, graças ao redemoinho rebelde de um ambiente interconectado, complexo e não linear, quando Bouazizi divergiu da expectativa, o impacto foi exponencial.

O *Big Data* não nos salvará, porque os mesmos avanços tecnológicos que nos trouxeram essas montanhas de informações e os recursos digitais para analisá-las criaram, ao mesmo tempo, redes de comunicação e plataformas de mídia voláteis, tomando aspectos da sociedade que antes pareciam cometas e transformando-os em frentes frias. Passamos de configurações pobres em dados, mas bastante previsíveis, para configurações incertas e ricas em dados.

Como a maioria das organizações, nossa Força-Tarefa entendia muito pouco sobre isso em 2004. Então continuamos tentando prever e planejar melhor porque aprendemos que isso era "boa administração".

As organizações civis estão enfrentando o mesmo problema. As práticas de administração são incapazes de ajudar as empresas a lidarem com a volatilidade.

Isso é evidenciado pelo tempo de vida cada vez mais curto das empresas – cinquenta anos atrás, uma empresa da *Fortune 500* deveria durar cerca de 65 anos. Hoje, essa expectativa de vida é inferior a 15 anos e está em constante declínio. A lista da *Fortune 500* de 2011 apresentava apenas 67 empresas que apareceram na lista de 1955, o que significa que apenas 13,4% das empresas da *Fortune 500* em 1955 ainda estavam na lista 56 anos depois. Oitenta e sete por cento das empresas simplesmente não conseguiam acompanhar; elas faliram, fundiram-se com outras empresas, foram forçadas a fechar o capital ou saíram completamente da lista. A rotatividade foi tão incrível que as empresas da lista em 1955 seriam irreconhecíveis para os leitores de hoje.

Como o estrategista corporativo e professor Robert Grant explica:

> No último quarto do século XX, o desequilíbrio macroeconômico, a volatilidade da taxa de câmbio, a revolução da microeletrônica e o surgimento de países recém-industrializados marcaram o fim da estabilidade econômica do pós-guerra. Uma vez que as previsões econômicas e de mercado forneceram a base para o planejamento estratégico, a incapacidade de prever demanda, preços, taxas de câmbio e taxas de juros representou um desafio fundamental para a capacidade de planejamento das empresas.

Da mesma forma, o pensador de gestão Gary Hamel escreve que as empresas agora se encontram em "ecossistemas" e "teias de valor" sobre os quais exercem quase nenhum controle, dando-lhes pouca capacidade de prever ou planejar seus próprios destinos. Nesses ambientes, o ritual do planejamento estratégico, que pressupõe que "o futuro será mais ou menos parecido com o presente", é mais obstáculo do que ajuda. Era exatamente isso o que estávamos descobrindo com as restrições institucionais – rotinas de planejamento e uma estrutura e cultura organizacionais firmemente incorporadas na noção de domínio preditivo – que governavam a Força-Tarefa. Nossas soluções complicadas estavam se debatendo em um ambiente recém-complexo. O resultado inevitável dessa abordagem talvez seja mais bem resumido por Henry Mintzberg, autor de *The Rise and Fall of Strategic Planning*: "Colocar-se em um curso predeterminado em águas desconhecidas é a maneira perfeita de navegar direto para um *iceberg*".

> ## RECAPITULAÇÃO
>
> - As mudanças tecnológicas das últimas décadas levaram a um mundo mais interdependente e acelerado. Isso cria um estado de complexidade.
>
> - A complexidade produz uma situação fundamentalmente diferente dos complicados desafios do passado; problemas complicados exigiam grande esforço, mas, no final, cediam à previsão. Complexidade significa que, apesar do aumento de nossas habilidades para rastrear e medir, o mundo se tornou, de muitas maneiras, muito menos previsível.
>
> - Essa imprevisibilidade é fundamentalmente incompatível com modelos gerenciais reducionistas baseados em planejamento e previsão. O novo ambiente exige uma nova abordagem.

CAPÍTULO 4
FAZENDO A COISA CERTA

Que a AQI foi bem-sucedida era óbvio. Eles se afastavam da maioria dos *icebergs* e – mais notavelmente –, mesmo quando atingiam um deles, não afundavam; eles remendavam o buraco e construíam um barco melhor. Era essa capacidade que mais nos frustrou e intrigou.

Como eles foram tão bem sucedidos era menos claro. A rede da AQI era orgânica e associativa, unida por uma propriedade que não conseguimos identificar. As redes caóticas desenhadas em nossos quadros brancos não mostravam uma estrutura "adequada", e, sem uma estrutura, a lógica ditava que a organização deveria ter entrado em colapso por conta própria. Mas isso não aconteceu. Eles eram descentralizados, mas também coerentes. A abrangência de ataques como o bombardeio da estação de esgoto em 30 de setembro exigia diretivas bem coordenadas, contabilidade rigorosa e ampla troca de informações do tipo que estávamos acostumados a ver apenas nas unidades militares mais disciplinadas. Suas missões mortais excediam em muito o que poderia ser alcançado pela distribuição de um manual e alguma propaganda na Internet para um punhado informal de acólitos.

Mesmo com a AQI metastizada por todo o Iraque, crescendo em escala e alcance, eles, de alguma forma, preservaram sua agilidade. Na primeira fase de nossa luta, nossa Força-Tarefa se concentrou em caçar ex-associados de Saddam Hussein. A maior parte dessa atividade estava concentrada na área entre Bagdá e Tikrit, onde os oficiais de Saddam e os oficiais de alta patente tinham propriedades ao longo das margens férteis do Tigre. (Foi em uma dessas fazendas, nos arredores de Tikrit, que capturamos Saddam em dezembro de 2003.) Usando nossos melhores procedimentos de invasão noturna – nosso "único melhor caminho" cuidadosamente aperfeiçoado para caçar bandidos –, fizemos um trabalho relativamente curto com os *apparatchiks* de Saddam: usamos nossas habilidades de corda rápida; nós "compensamos" nossos ataques aos alvos reais com marchas a pé a fim de maximizarmos a surpresa; implantamos táticas de "batalha a curta distância" quando entrávamos nas casas, limpando-as, cômodo por cômodo, e andar por andar.

Quando a guerra passou de derrotar Saddam para combater a insurgência liderada pela AQI, aplicamos essas mesmas táticas –, mas foi muito mais difícil. Embora o centro de gravidade da AQI ficasse longe dos elegantes recintos onde encontramos o pessoal de Saddam, eles estavam observando. Eles sabiam que preferíamos operar à noite por causa de nossa vantagem de visão noturna, então saíam de suas casas seguras ao anoitecer, dispersando-se e dormindo nos campos ao redor. Eles viram como nós atacamos e limpamos as casas, então começaram a colocar metralhadoras em *pill boxes*[32] no topo das escadas à espreita. Eles sabiam que procurávamos capturar seus líderes para obter informações, então muitos deles passaram a dormir em coletes suicidas.

Não importava se eles perdessem tiroteios, falhassem nos procedimentos e colocassem em campo combatentes menos capazes. Não importava que não houvesse um único processo que eles pudessem executar, nem de perto, tão bem quanto nós. AQI poderia se ajustar e sobreviver.

Éramos fortes, mais eficientes, mais robustos. Mas a AQI era ágil e resiliente. Em ambientes complexos, a resiliência geralmente significa sucesso, ao passo que, mesmo as soluções fixas mais brilhantemente projetadas, costumam ser insuficientes ou contraproducentes.

O cientista Brian Walker e o escritor David Salt, em seu livro sobre o assunto, descrevem a resiliência como "a capacidade de um sistema de absorver perturbações e ainda manter sua função e estrutura básicas". Em um mundo complexo, as perturbações são inevitáveis, tornando cada vez mais importante essa capacidade de absorver choques. Como resultado, a resiliência está sendo progressivamente mais estudada em uma ampla variedade de disciplinas, da psicologia à hidrologia. Poucos exemplos do conceito são mais dramáticos do que a mudança na abordagem holandesa da água.

---

32. *Pillboxes* ou *blockhouses* eram fortes em miniatura desenvolvidos pelo exército alemão para dar força extra às suas linhas de trincheiras. O termo *pillbox* foi usado pelos soldados britânicos porque a construção de concreto armado tinha o mesmo formato das caixas nas quais os químicos forneciam comprimidos durante a guerra. Disponível em: https://spartacus-educational.com/FWWposts.htm: Acesso em 20 jun. de 2022. (N.T.)

A AMEAÇA POR TRÁS

No último dia de janeiro de 1953, uma tempestade de vento no Mar do Norte e uma lua cheia uniram forças para criar uma enorme maré de tempestade que inundou áreas baixas no leste da Inglaterra e da Escócia. Do outro lado do Mar do Norte, no canto sudoeste da Holanda, onde o rio Reno se divide em um emaranhado de estuários e ilhas baixas, a maré varreu os diques e jorrou na província apropriadamente chamada de Zelândia (Sealand). Ela engoliu casas, escolas e hospitais, ceifando mais de 1.800 vidas. Para esse país pequeno, desenvolvido, próspero e conhecedor de água, foi uma calamidade chocante.

A água moldou tudo na Holanda, desde os lindos canais de cartão-postal de Amsterdã até a famosa política consensual do país, um legado da cooperação necessária para drenar grandes extensões de terra. Legislar para onde vai a água é um impulso holandês quase instintivo, e isso os segurou bem no passado. Na esteira da tragédia, o governo respondeu com uma urgência de "nunca mais". Os holandeses construíram muros contra o mar por um milênio, mas agora eles construiriam um muro mais poderoso, mais forte e mais longo do que qualquer outro que o mundo já havia visto.

O Delta Works, concluído em 1997, foi um enorme projeto de construção de 40 anos de duração que liga barragens, barreiras contra tempestades e eclusas, e efetivamente encurta a linha costeira que precisa de proteção por diques. A Sociedade Americana de Engenheiros Civis considerou o Delta Works uma das "Sete Maravilhas do Mundo Moderno". Se o sistema estivesse em vigor em 1953, teria protegido a Zelândia da inundação do Mar do Norte. No entanto, como na Linha Maginot, uma proteção robusta contra uma ameaça conhecida nem sempre é suficiente; em sistemas complexos, as ameaças podem fluir de muitos lugares.

Em 1993 e 1995, o derretimento da neve nos Alpes suíços encontrou fortes chuvas a jusante e o Reno inchou, subindo da Suíça através da Alemanha até a Holanda. Como os tanques alemães que haviam atravessado parte do mesmo território meio século antes, as águas ignoraram a defesa engenhosamente construída agora voltada para o caminho errado. Desta vez, o dilúvio "veio de trás". Embora não tenha sido tão catastrófico quanto o evento de 1953, a Zelândia inundou, 250 mil pessoas foram evacuadas e centenas de milhões de dólares em danos foram registrados.

Assim como a disseminação tóxica do sapo-cururu por toda a Austrália, o problema foi em parte da criação humana: as pessoas vêm "melhorando" o funcionamento dos rios há milhares de anos – endireitando seus cursos irregulares e cercando-os com diques para proteger as terras ao redor contra previsíveis calamidades Esse design preditivo é bom em ambientes complicados, mas frequentemente perigoso em ambientes complexos. Embora uma abordagem de "comando e controle" de barragens altas e comportas diminuísse o risco de pequenas inundações, na verdade, aumentava os riscos de inundações maiores e mais devastadoras, porque estreitava os canais dos rios, forçando a água a subir mais alto e a fluir mais rápido. Ao mesmo tempo, devido à subsidência, a terra atrás dos diques afundou, e um número cada vez maior de pessoas se mudou para áreas que antes eram planícies de inundação, perdendo a noção da dinâmica natural dos rios. O departamento holandês de gestão da água estima que uma inundação de rio na Zelândia hoje pode colocar quatro milhões de pessoas em risco. O impulso para otimizar criou um novo tipo de ameaça.

Desta vez, no entanto, os holandeses estão adotando uma abordagem diferente. "Espaço para o rio", o novo plano de gestão da água para a região, reverte séculos de respostas de "comando e controle" à natureza. Ele inclui medidas como a criação de novos desvios e rebaixamento de diques para que as terras agrícolas ao longo dos rios possam servir como planícies de inundação para o inevitável transbordamento dos rios. Essas medidas reduzirão os altos níveis de água nos rios Reno, Meuse e Waal e aumentarão sua resiliência às inundações.

É, nas palavras de um jornalista, "uma noção radical e até herética em uma terra onde os diques foram empilhados cada vez mais alto por mais de um milênio". Mas, como explicou um especialista em uma grande instalação de tempestades: "Se você lutar contra a natureza, a natureza vai revidar. A água precisa de espaço." O espaço para o rio aceita a realidade de que as inundações são inevitáveis, representando uma mudança na mentalidade de tornar a Holanda à prova de inundações para torná-la *resiliente* a inundações.

Na Holanda, as pessoas estão começando a entender que "a abordagem inicial de comando e controle não estava funcionando". Outros países e organizações estão agora seguindo o exemplo, afastando-se da previsibilidade e concentrando-se, ao invés, no aumento da resiliência.

"Pensamento resiliente" é um campo em expansão que tenta lidar de novas maneiras com os novos desafios da complexidade. Em um paradigma de resiliência, os gestores aceitam a realidade de que inevitavelmente enfrentarão ameaças imprevistas; em vez de estabelecer defesas fortes e especializadas, eles criam sistemas que visam acompanhar os golpes, ou até mesmo se beneficiar deles. Sistemas resilientes são aqueles que podem enfrentar ameaças imprevistas e, quando necessário, se recomporem. O investidor e escritor Nassim Taleb captura um conceito semelhante com o termo "sistemas antifrágeis". Sistemas frágeis, ele argumenta, são aqueles que são danificados por choques; choques climáticos de sistemas robustos; e sistemas antifrágeis, como o sistema imunológico, podem se beneficiar de choques.

Embora a popularidade do conceito tenha aumentado nos últimos anos, muitas técnicas de resiliência não são novas. Na infraestrutura ambiental, muitas vezes elas marcam um retorno ao tipo de coexistência cautelosa com a natureza que definiu grande parte da história humana. Os pensadores da resiliência argumentam que inadvertidamente "temos fragilizado" muitos dos sistemas que nos cercam. Nossa insistência em nos especializarmos, colhermos eficiências e impormos nossas demandas por previsibilidade não natural, como o redirecionamento do Reno, criou novas ameaças e prejudicou nossa capacidade de nos recuperarmos.

Como explicam os ambientalistas David Salt e Brian Walker em seu livro *Resilience Thinking*,

> Os humanos são ótimos otimizadores. Olhamos para tudo ao nosso redor, seja uma vaca, uma casa ou uma carteira de ações, e nos perguntamos como podemos gerenciá-los para obter o melhor retorno. Nosso *modus operandi* é dividir as coisas que estamos gerenciando em suas partes componentes e entender como cada parte funciona e quais entradas produzirão os melhores resultados [...], [mas], quanto mais você otimiza os elementos de um sistema complexo de humanos e da natureza para algum objetivo específico, mais você diminui a resiliência desse sistema. Um impulso para um resultado de estado de eficiência ótima tem o efeito de tornar o sistema total mais vulnerável a choques e distúrbios.

O pensamento resiliente é o inverso da arrogância preditiva. Baseia-se em uma humilde disposição de "saber que não sabemos" e "esperar o inesperado" – velhas alegorias que, muitas vezes, recebem elogios da boca para fora, mas geralmente são desconsideradas em favor da otimização.

Na maioria das vezes, nosso instinto é nos protegermos por meio de previsões e pelo acúmulo de forças contra a ameaça prevista. John Doyle, um professor de engenharia da Caltech, descreve esses tipos de sistemas como "robustos, porém frágeis": feitos de engenharia realizados pelo homem, como o Delta Works, que são brilhantemente projetados, ambiciosos em escala, mas, em última análise, mais simples, mais mecanicistas e mais rígidos do que o ambiente que tentam regular. Suas respostas robustas a uma única ameaça os tornam frágeis, e não resilientes.

Andrew Zolli, pensador e escritor de resiliência, usa as pirâmides egípcias como exemplo de robustez. O fato de ainda estarem de pé prova que as pirâmides são extremamente robustas – elas resistiram com sucesso a todos os fatores de estresse que os arquitetos tinham em mente ao construí-las: vento, chuva e outras degradações previstas do tempo. Mas, se um fator de estresse inesperado – digamos, uma bomba – explodisse uma pirâmide, a estrutura não seria capaz de se recompor. Um recife de coral, por outro lado, sobrevive a furacões não por ser robusto, mas por ser resiliente. As tempestades destruirão uma certa proporção de corais, mas, se o recife estiver em um tamanho saudável, ele se regenerará em pouco tempo. (Uma razão pela qual os recifes de coral estão falhando agora é porque os danos infligidos por humanos – ao contrário das tempestades periódicas – são muito rápidos e implacáveis para permitir a massa crítica de rebrota necessária para a resiliência. Mesmo um sistema resiliente pode ser quebrado quando muito acontece a ele de forma muito rápida.)

A robustez é alcançada pelo *fortalecimento das partes* do sistema (a pirâmide); a resiliência é o resultado de elementos de *ligação* que lhes permitem reconfigurarem-se ou adaptarem-se em resposta a mudanças ou danos (o recife de coral). Nossa abordagem para muitos ambientes – do chão de fábrica ao campo de batalha – concentrou-se na construção e fortalecimento de estruturas robustas para resistir a perigos específicos previstos. Mas todos esses ambientes são, como discutimos no capítulo anterior, cada vez mais suscetíveis a interrupções imprevistas e imprevisíveis. Para sobreviver a eles, precisamos nos tornar robustos *e* resilientes.

Os *insights* do pensamento de resiliência são aplicáveis a muitos domínios nos quais as pessoas estão procurando um caminho a seguir diante da incerteza. A chave está em mudar nosso foco da previsão para a reconfiguração. Em abraçando a humildade – reconhecendo a inevitabilidade de surpresas e incógnitas – e nos concentrando em sistemas que podem sobreviver e, de fato, se beneficiarem de tais surpresas, podemos triunfar sobre a volatilidade. Como diz Zolli, "se não podemos controlar as marés voláteis da mudança, podemos aprender a construir barcos melhores".

EFICIÊNCIA E ADAPTABILIDADE

O foco da gestão, por um século, foi a *eficiência*: obter o máximo de um resultado desejado (podemos chamar essa variável de y) com o mínimo de entrada disponível (x). Na siderúrgica de Taylor, y eram metros de aço cortado e x eram horas de uso da máquina; para nossa Força-Tarefa – pelo menos inicialmente – y eram operações e x eram homens e *matériel*.

O problema, como discutimos, é que você só pode otimizar a eficiência se puder identificar *x* e *y* com antecedência suficiente a fim de construir um sistema confiável para converter um no outro; a busca pela eficiência é baseada na previsão. Se você sabe que sua empresa estará produzindo carros, e apenas carros, no futuro próximo, então construir uma linha de montagem otimizada para eixos e *airbags*, e que possa converter um pouco de trabalho humano e aço em muitos carros, faz sentido. Mas tal sistema torna-se inútil quando, de repente, você não precisa de carros e, ao invés disso, precisa de helicópteros até o final da semana; toda a eficiência do mundo não tem valor se permanecer estática em um ambiente volátil.

Tínhamos construído uma "máquina incrível" – uma linha de montagem militar eficiente –, mas ela era muito lenta, muito estática e muito especializada – muito eficiente – para lidar com essa volatilidade. Era o equivalente do Delta Works ou da Linha Maginot: robusta em fazer coisas específicas, planejadas há muito tempo, mas incapaz de respostas rápidas e eficazes ao inesperado. Éramos robustos, mas não resilientes.

Quando percebemos que a AQI estava nos superando, fizemos o que a maioria das grandes organizações faz quando se vê ficando para trás da concorrência: trabalhamos mais arduamente. Implantamos mais recursos, colocamos mais pessoas para trabalhar e nos esforçamos para criar uma eficiência cada vez maior dentro do modelo operacional existente. Como turistas detestáveis tentando se fazer entender em um país estrangeiro, persistindo em falar sua língua nativa cada vez mais alto, estávamos aumentando o volume para nada.

Se a presença da AQI em Bagdá tivesse sido estática, e *se* seus movimentos tivessem sido restringidos pela velocidade dos tanques ou marchas, poderíamos ter construído um plano mestre engenhoso para remover seus caças enquanto defendíamos nossas posições e rotacionamos eficientemente pessoal e equipamentos para dentro e fora da luta. Teria sido um problema de matemática, embora complicado e repleto de perigos. Assim como nas guerras mundiais, quanto mais eficiência pudéssemos acrescentar à solução, mais rápido o conflito terminaria.

Aquelas certezas, no entanto, não existiam. Esse plano mestre de longo alcance é de pouca utilidade quando um escândalo de queima do Alcorão em uma cidade desencadeia um furor global nas salas de bate-papo da Internet e, da noite para o dia, uma célula implacável em outro lugar é ativada e implanta táticas que nunca vimos antes. Ou, quando informações coletadas em Mossul indicam que um grande ataque a civis ocorrerá em Basra, a menos que uma equipe SEAL lance um ataque naquela noite – um ataque para o qual não há tempo para planejar, muito menos para receber e enviar dados de Washington. Conectar todos esses pontos rapidamente exigiria uma flexibilidade que nossa Força-Tarefa simplesmente não tinha.

Peter Drucker tinha uma frase famosa: "Eficiência é fazer as coisas direito; *eficácia* é fazer a coisa certa". Se você tem previsão suficiente para, com antecedência, saber com certeza qual é a "coisa certa", então a eficiência é um substituto adequado para a eficácia. No redemoinho rebelde, no entanto, a correlação entre eficiência e eficácia se desfaz. A Força-Tarefa construiu sistemas que eram muito bons em fazer as coisas direito, mas inflexíveis demais para fazer a coisa certa.

Seguindo o conselho de Taylor, trabalhamos para obter muito *y* com pouco *x*, *y* sendo operações e *x* sendo homens e *matériel*, mas uma conversão eficiente de *x* em *y* não era do que precisávamos. Precisávamos colocar as coisas certas no lugar certo com velocidade e precisão, para que pudéssemos aproveitar as oportunidades que poderiam evaporar em apenas alguns minutos. Com efeito, precisávamos de um sistema que, *sem saber* de antemão o que seria necessário, pudesse se adaptar aos desafios que se apresentavam; um sistema que, em vez de converter um *x* conhecido em um *y* conhecido, seria capaz de criar uma saída desconhecida a partir de uma entrada imprevisível.

Assim como os sistemas de proteção contra inundações podem ser robustos, mas não resilientes (e o primeiro geralmente vem ao custo do segundo), os sistemas de gerenciamento podem ser eficientes, mas não adaptáveis. Em 2004, não tivemos problema de eficiência; tivemos um problema de *adaptabilidade*.

Como os hidro engenheiros holandeses, nossa Força-Tarefa precisava recuperar um pouco da velha sabedoria que havia sido deixada de lado na busca pela eficiência: os mecânicos competentes que se viram substituídos pelo reducionismo eram sem dúvida mais adaptáveis do que os trabalhadores não treinados seguindo cartões de instruções que os substituíram. Eles tinham uma compreensão contextual do quadro maior, não apenas de um único parafuso. Mas não podíamos simplesmente voltar ao passado. Precisávamos de flexibilidade, mas também precisávamos das vantagens de escala que acompanham a eficiência. Tivemos que encontrar uma maneira de criar essa adaptabilidade, preservando muitos de nossos pontos fortes tradicionais. Isso provar-se-ia difícil – muitas das práticas que são mais eficientes limitam diretamente a adaptabilidade.

EM REDE

Os níveis de patente são um componente essencial de toda grande força de combate. A patente é usada para atribuir autoridade e responsabilidade proporcional à habilidade e experiência demonstradas. Espera-se que os líderes de patentes mais altas possuam as habilidades e o discernimento necessários para mobilizar suas forças e cuidar de seus soldados. Em grandes exércitos, a clareza do poder sempre foi essencial para impor a ordem necessária a fim de manobrar milhares de fazendeiros e lojistas recém-recrutados ou recrutados no terreno confuso de um campo de batalha letal. Mesmo no acampamento ou nas marchas de rotina, líderes como Frederico, o Grande, da Prússia, impunham punições severas por transgressões, enforcando qualquer soldado pego saqueando. Frederico sabia que eram necessários oficiais fortes para impedir que o exército se degenerasse em uma multidão indisciplinada e perigosa que assassinava, roubava e estuprava ao passar pelo interior.

O respeito aos líderes é necessário, e rigorosamente exigido. Os soldados são ensinados a ficar em posição de sentido quando abordados por um sargento sênior ou oficial comissionado; "Sim, primeiro-sargento" ou "Sim, senhor" refletem a deferência esperada ao posto. Na batalha, a recusa ou hesitação em seguir ordens pode significar um desastre. Mas, ao mesmo tempo, a hierarquia rígida e o poder absoluto dos oficiais retardam a execução e sufocam a rápida adaptação dos soldados mais próximos da luta. Quando um subordinado precisa gastar tempo buscando orientação detalhada de um oficial distante para responder a uma oportunidade em rápida evolução, o preço da ordem e disciplina tradicionais se torna muito alto.

A velocidade e a interdependência tornaram nosso ambiente no Iraque incompatível com a estratificação vertical e horizontal que manteve a ordem militar por séculos. A distância que a informação cuidadosamente regulada tinha que percorrer, e os postigos[33] pelos quais as decisões tinham que passar, tornavam até mesmo a manifestação mais eficiente de nosso sistema inaceitavelmente lenta. As cadeias de comando que antes garantiam confiabilidade agora limitavam nosso ritmo; os divisores departamentais e as autorizações de segurança que mantinham nossos dados seguros agora inibiam as trocas das quais precisávamos para combater um inimigo ágil; a competitiva cultura interna que costumava

---

33. Pequena porta secundária aberta em uma muralha, fortificação, etc. (N.T.)

nos manter vigilantes agora nos torna disfuncionais; as regras e limitações que antes evitavam acidentes agora impedem a criatividade.

A rígida estrutura de cima para baixo de nossa Força-Tarefa era um produto da história militar e da cultura militar, e encontrar maneiras de reverter o fluxo de informações – para garantir que, quando a base falasse, a cúpula ouviria – era um dos desafios que, por fim, teríamos que superar. Mais difícil, porém, foi romper as paredes verticais que separavam as divisões do nosso empreendimento. A interdependência significava que os silos não eram mais um reflexo preciso do ambiente: os eventos que aconteciam por toda parte agora eram relevantes para todos. Isolar entidades institucionais separadas só funciona se suas salas de operação não estiverem intrinsecamente ligadas; manter os SEALs da Marinha e os operadores das Forças Especiais do Exército separados era bom, desde que os problemas para os quais foram enviados fossem desvinculados. Voar com uma pequena equipe ao redor do mundo, em curto prazo, para resgatar um refém pode ser feito sem colaboração multifuncional – a interação que ocorre entre as equipes, como a transferência de civis resgatados ou a troca de aeronaves, pode ser prevista e planejada pelos comandantes como eu. Essa foi a mentalidade que impulsionou o pensamento da Força-Tarefa por duas décadas, mas que não funcionava mais.

Para vencer a AQI, teríamos que nos transformar em um tipo de força que os Estados Unidos nunca havia colocado em campo. Não havia manual para essa transformação, e tivemos que realizá-la no meio de uma guerra. Costumávamos dizer que estávamos "redesenhando o avião em pleno voo".

Não havia manual, mas havia um diagrama. Tínhamos visto isso tomar forma em nossos quadros brancos. A alternativa aos nossos gráficos de linha e de barras já havia sido desenvolvida e testada por Abu Musab al-Zarqawi.

A AQI não estava preocupada com a eficiência. Por tentativa e erro, eles desenvolveram uma estrutura militar que não era eficiente, mas era adaptável – uma rede que, diferentemente da estrutura de nosso comando, podia se espremer, espalhar-se e escorrer, assumindo qualquer forma necessária. Havia espaço entre nossas forças – tanto geograficamente quanto em nosso compartilhamento de comunicações – que criavam bolsões seguros nos quais o inimigo podia se aninhar e junções em meio às quais eles podiam se expandir. A AQI aprendeu a viver e a operar nas lacunas do nosso sistema.

Assim como a AQI havia observado e aprendido conosco no início da guerra, teríamos que engolir nosso orgulho e aprender com eles. Os diagramas confusos em nossos quadros brancos não eram falhas – eram vislumbres da futura organização de equipes adaptáveis. Em pouco tempo, nosso quadro branco trazia a observação "É preciso uma rede para derrotar uma rede". Com isso, demos o primeiro passo para uma conversa inteiramente nova.

> ### RECAPITULAÇÃO
>
> • A previsão não é a única forma de enfrentar ameaças; desenvolver resiliência, aprender a reconfigurar para enfrentar o desconhecido, é uma maneira muito mais eficaz de responder a um ambiente complexo.
>
> • Como a busca pela eficiência pode limitar a flexibilidade e a resiliência, a Força-Tarefa teria que se afastar de ver a eficiência como o santo graal gerencial. Para enfrentar uma ameaça em constante mudança em um cenário complexo, teríamos que buscar a adaptabilidade.
>
> • Nosso inimigo, a AQI, parecia conseguir essa adaptabilidade por meio de sua estrutura em rede, que podia se reconfigurar organicamente com surpreendente agilidade e resiliência. Percebemos que, a fim de prevalecer, nossa Força-Tarefa precisaria se tornar uma verdadeira rede.

PARTE II

DE MUITOS, UM

Em 1989, a Federação Internacional de Basquete (FIBA) revogou uma regra que impedia os jogadores profissionais da NBA de participar das Olimpíadas. O time de basquete masculino americano, que já ostentava um dos recordes de vitórias mais fortes da história olímpica, saltou de grande para lendário. A primeira equipe a se beneficiar dessa legislação veio como um rolo compressor pelas quadras de Barcelona em 1992. Sua menor margem de vitória, no jogo pela medalha de ouro, foi de 32 pontos. O técnico Chuck Daly não precisou pedir um único tempo em todo o torneio. Dez dos doze jogadores da equipe mais tarde seriam nomeados para uma lista dos cinquenta maiores jogadores da história da NBA. Como disse Patrick Ewing: "Era algo como, o [time não-NBA dos E.U.A] perdeu em 1988, e então eles enviaram os Navy SEALs [...]. Nós éramos as forças de elite.". Eles ficaram conhecidos como "o Dream Team [o time dos sonhos]".

Isso definiu o tom para os próximos anos. O time do Campeonato Mundial de 1994 foi o "Dream Team II", seguido pelo "Dream Team III" em 1996, ambos conquistando o ouro, invictos. Os jogadores dos times adversários costumavam pedir para tirar fotos e pegar autógrafos de seus heróis no banco americano antes dos jogos – relacionamentos de mestre e aprendiz, não colegas.

Em 2004, o time, uma combinação de veteranos e talentos em ascensão, contou com nomes como LeBron James, Dwyane Wade, Carmelo Anthony, Tim Duncan e Allen Iverson. Massimo Bulleri, um italiano jogando contra eles em um amistoso, lembrou: "Eu pisei na quadra e disse a mim mesmo: 'Estou apenas sonhando. Estou jogando contra meus ídolos'".

Mas, em seu jogo de abertura – agora uma das viradas mais famosas da história do atletismo –, eles perderam para Porto Rico. Como disse a CNN, eles foram "humilhados por [...] peixinhos". A derrota de 92 a 73 para a ilha de quatro milhões foi a maior na história internacional do basquete dos EUA (incluindo as competições em que os jogadores da NBA foram barrados). Os Estados Unidos, então, superaram a Austrália e a Grécia por margens mínimas e perderam para a Lituânia, mal se *classificando para as semifinais. Lá, eles caíram para a Argentina antes de passarem apertados pela Espanha para ganhar a partida pelo terceiro lugar. Antes de 2004, os Estados Unidos haviam perdido apenas dois jogos no total em todos os torneios olímpicos; apenas neste, eles perderam três. Na cerimônia de premiação, Bulleri (o armador do time italiano) olhou para eles da plataforma da medalha de prata. A Argentina ganhou o ouro.*

O que foi embaraçoso para a América foi a defesa dos treinadores de todo o mundo que passaram anos dizendo "Não há eu em time"; o que provou que os times podem ser muito menos ou muito mais do que a soma de suas escalações.

CAPÍTULO 5

DO COMANDO AO TIME

Em 28 de dezembro de 1978, o voo 173 da United decolou do Aeroporto Internacional John F. Kennedy, em Nova York, com destino a Portland, Oregon. No percurso, faria uma parada em Denver. O DC-8, um avião a jato de quatro motores, de longo alcance e corpo estreito, é mais delgado do que a maioria dos grandes jatos de passageiros. Assemelha-se a uma caneta de aço com asas. Com apenas dez anos e recentemente revisado, estava no auge de sua vida de voo.

Antes da decolagem, os oito membros da tripulação realizaram a enxurrada padrão de verificações de segurança – eles inspecionaram visualmente as cavas das rodas, verificaram a pressão nos sistemas hidráulicos e testaram as luzes de emergência. O capitão Malburn A. McBroom havia trabalhado para a United por mais de quinze anos e registrava mais de 27 mil horas de voo sem incidentes, 5 mil dessas horas no comando de um DC-8.

O avião pousou em Denver com 181 passageiros a bordo, conforme programado e sem complicações. Parado na pista, pesava mais de 112 toneladas. Quando decolou às 14h47, começou a perder cerca de um quinto desse peso quando seus motores começaram a queimar as mais de 20 toneladas de combustível em seus três tanques: o suficiente para o voo, mais o combustível de reserva para 45 minutos adicionais regulamentados pela FAA e mais 20 minutos regulamentados pela empresa. Juntos, os quatro motores Pratt & Whitney JT3D pendurados em suas asas consumiam cerca de cinco toneladas de combustível – o peso de um pequeno ônibus escolar – a cada hora.

Às 17h, o voo se aproximou de Portland em condições ideais de pouso: quase 50 quilômetros de visibilidade, virtualmente sem vento, nuvens dispersas e ar frio. McBroom transmitiu pelo rádio Portland Approach: "Indo para a pista 28. Temos o campo à vista".

Então o menor dos problemas surgiu: uma luz indicadora não acendeu. Um pistão no trem de pouso principal direito cedeu ao ser baixado para a posição de pouso e danificou o sistema indicador. Como resultado, a luz não acendeu, embora o trem de pouso estivesse abaixado e travado no lugar.

Quando o pistão escorregou, o trem de pouso caiu mais rapidamente do que o normal, e os membros da tripulação entrevistados mais tarde lembraram "um baque [...] e uma guinada para a direita". O avião passou um rádio para a torre para relatar seu problema e informar que entraria em um padrão de espera a fim de diagnosticar. No espectro de coisas que podem dar errado com um avião, isso era relativamente menor. Verificações visuais podiam ser realizadas para verificar se o trem de pouso havia baixado e, mesmo que não tivesse, o pior cenário envolvia parar na pista, danificando uma asa, mas quase certamente deixando os passageiros vivos e intactos. Um capitão de folga viajando a bordo e prestando consultoria na cabine brincou: "A menos de três semanas para a aposentadoria, é melhor você me tirar daqui". McBroom respondeu: "O que temos de nos lembrar é não se preocupar".

O avião inclinou e entrou em um padrão de espera. A tripulação discutiu longamente o assunto e consultou o grosso manual que continha instruções para tais situações. A atmosfera era agitada, com perguntas sendo disparadas de um lado para o outro, muitas delas ignoradas. McBroom manteve o foco consistente no problema em questão: planos de contingência para um pouso difícil.

A tripulação debateu o significado de vários medidores e leituras. Eles determinaram que a marcha estava baixa, mas expressaram preocupação de que algumas funcionalidades antiderrapantes e suspensão pneumática pudessem estar comprometidas. Os comissários de bordo informaram aos passageiros que o pouso poderia ser acidentado, prepararam-nos para assumir a posição de apoio e asseguraram-se de que todos soubessem como usar as saídas de emergência caso não conseguissem pousar adequadamente. O capitão fez malabarismos para se comunicar com sua tripulação, com a torre de controle e com a empresa que fez o avião.

Depois de cobrir os principais itens de sua *checklist*, a tripulação voltou-se para pequenas falhas potenciais. O engenheiro de voo lembrou-lhes de que, após o pouso, a "última pessoa a sair tem que desligar o interruptor externo da bateria". O capitão de folga desapareceu por alguns minutos para pegar uma lanterna sobressalente, caso perdessem energia no solo.

O avião se aproximou do aeroporto uma segunda vez, às 17h48, mas havia outro voo de chegada, então o voo 173 deu passagem. Na cabine, o capitão e o engenheiro de voo discutiam o posicionamento e as competências relativas de cada comissário de bordo. Alguns minutos depois, eles fizeram nova verificação com a torre; havia outro avião circulando, e McBroom novamente deu ao outro avião o direito de passagem.

Enquanto circulavam novamente, a tripulação mergulhou em uma discussão detalhada de como seriam as coisas na pista. Após o desembarque, disse o capitão, ele ligaria para a manutenção em São Francisco a fim de entregar um relatório sobre o ocorrido. Eles se certificariam de que a torre conheceria seus planos para que pudessem sair do avião rapidamente e evitar "um milhão de intrometidos". O capitão McBroom perguntou ao seu copiloto: "Por que você não coloca todos os seus livros em sua bolsa ali, Roc", para evitar bagunçar a cabine.

McBroom fez o engenheiro de voo percorrer a cabine para verificar os passageiros. Os comissários de bordo já haviam feito isso várias vezes, mas o pensamento era que uma voz extra tranquilizadora não faria mal. Ele disse: "Eu não quero apressá-los [...] [Eu vou pousar] em outros, o que, dez minutos ou algo assim". "Eles estão muito calmos e relaxados", relatou o engenheiro de voo.

Às 18h02, o capitão McBroom disse à torre: "a nossa intenção é, em cerca de cinco minutos, pousar [...] gostaríamos que o equipamento estivesse pronto, nossas indicações são de que o trem de pouso está abaixado e travado, temos nosso pessoal preparado para uma evacuação no caso de se tornar necessário".

McBroom então percebeu que eles haviam esquecido de verificar a buzina de aviso de marcha, então eles testaram o disjuntor, e McBroom enviou o capitão de folga de volta à cabine para realizar uma verificação final dos passageiros. Às 6:06, o primeiro comissário de bordo entrou na cabine. "Bem", disse ela, "acho que estamos prontos". McBroom contatou a torre novamente: "Ok, estamos nos aproximando, devemos aterrissar em cerca de cinco minutos". Ele estava confiante de que a tripulação havia se preparado o mais detalhadamente possível.

Na verdade, eles passaram setenta minutos inteiros se preparando – cinco minutos além de sua capacidade de reserva de combustível. McBroom estava tão concentrado em suavizar uma aterrissagem difícil que perdeu a noção de um dos instrumentos mais básicos e importantes à sua frente: o medidor de combustível.

Quando McBroom fez contato visual com a pista e jogou o manche para baixo, o primeiro oficial o informou: "Acho que você acabou de perder o [motor] número quatro, amigo".

McBroom passou um rádio para a torre solicitando aproximação imediata. Em seguida, eles perderam outro motor, deixando apenas dois funcionando. Às 18h11, eles fizeram planos de contingência.

CAPITÃO: Há uma espécie de estrada interestadual ao longo daquela margem do rio, caso sejamos *short*.

PRIMEIRO OFICIAL: Ok.

Dois minutos depois, eles perderam os dois motores restantes, o que deixou a estrada fora de alcance.

CAPITÃO: Ok, declare um *mayday*.

CAPITÃO PARA TORRE: Torre de Portland, United 173, terrível *mayday* – os motores estão queimando – estamos caindo – não vamos conseguir chegar ao aeroporto.

TORRE: United um. United um?

Às 18h15 PST[34], 92 toneladas de metal rasgaram duas casas e dezenas de árvores nos arredores de Portland, derrapando pouco menos de 460 metros antes de parar. A falta de combustível fez com que não houvesse fogo e as casas atingidas pelo avião estavam vazias, mas oito passageiros, um comissário de bordo e o engenheiro de voo morreram; vinte e quatro pessoas sofreram ferimentos graves.

Compare a tragédia do voo 173 da United com a história do voo 1549 da US Airways – o avião que o capitão Chesley Sullenberger abandonou no rio Hudson em 2009. Logo após o voo decolar do Aeroporto LaGuardia, um bando de gansos do Canadá, em meio à migração anual, chocou-se com ambos os motores, causando falha imediata da cada motor. A 610 metros acima do solo, a tripulação teve apenas alguns instantes para responder. Todas as *checklists* de emergência e treinamento técnico projetados para enfrentar falhas de motor baseavam-se na premissa de que tal falha ocorreria em altitudes de cruzeiro acima de 6100 metros de altura – um evento incapacitante tão baixo não tinha precedentes.

Em menos de quatro minutos, a tripulação deu meia-volta no avião, preparou os passageiros para um pouso forçado e jogou o *Airbus* A320 no rio Hudson. Todos sobreviveram.

O United 173 caiu apesar de ter uma hora de combustível extra, sem problemas técnicos incapacitantes e protocolos claros para lidar com uma falha no

---

34. PST – Pacific Standard Time – Fuso horário do Pacífico. (N.T.)

trem de pouso. O US Airways 1549 salvou todos os seus passageiros e tripulantes minutos depois de encontrar um problema crítico e sem precedentes para o qual eles não tinham nenhuma preparação técnica.

Havia inúmeras diferenças entre as circunstâncias e os indivíduos nesses dois voos que podem ter contribuído para os diferentes resultados, e algumas estavam além do controle humano. Uma diferença clara, no entanto, era de natureza humana, e, como se viu, altamente relevante para os problemas que nossa Força-Tarefa estava enfrentando. Em 1978, as tripulações das companhias aéreas eram estruturadas como um *comando*: Malburn McBroom supervisionava e dividia responsabilidades, designava tarefas e emitia ordens em um sistema projetado para eficiência; em uma crise, cada membro da tripulação se voltava para ele e aguardava orientação. Em 2009, tripulações de companhias aéreas eficazes deveriam funcionar como *times* – Sullenberger era um piloto talentoso que se saía bem sob pressão, mas, se ele tivesse que elaborar e emitir instruções sequenciais individuais para cada membro da tripulação nos poucos minutos que eles teriam para agir, o voo 1549 poderia não ter conseguido. As distinções estruturais e funcionais entre comandos e os times têm sérias ramificações para a adaptabilidade.

Qualquer um que já jogou ou assistiu a esportes sabe que a adaptabilidade instintiva e cooperativa é essencial para times de alto desempenho. Nossa Força-Tarefa certamente sabia disso: embora em nível macro fôssemos rígidos e desajeitados, nossas unidades constituintes – nossos times SEAL, Combatentes e Forças Especiais do Exército – estavam notoriamente entre as melhores equipes adaptáveis do mundo.

Como descobriríamos, a misteriosa fluidez da rede da AQI derivou de muitas das mesmas características que nossas unidades – e times em muitos outros campos – possuem. Compreender o que tornou adaptáveis nossos próprios times constituintes e como isso difere da estrutura e cultura da nossa Força-Tarefa em geral seria fundamental para nossa transformação.

CAPITÃO PHILLIPS

"Navy SEAL" tornou-se uma abreviatura de uma combinação sobre-humana de força, bravura e habilidade, mas a notável qualidade das equipes SEAL tem menos a ver com talento individual do que pensa a maioria das pessoas.

Quatro meses depois que os passageiros do voo 1549 foram resgatados do Hudson, outro resgate espetacular na água fascinou os telespectadores de todo o mundo: em 8 de abril de 2009, quatro piratas armados com fuzis de assalto

AK-47 embarcaram no navio porta-contêineres MV Maersk Alabama e assumiu o controle da ponte. No tumulto que se seguiu, os piratas capturaram o capitão americano do Maersk Alabama, Richard Phillips.

Com Phillips sendo mantido à força em um pequeno bote salva-vidas, as negociações de reféns ocorreram em meio a um impasse entre os piratas no bote salva-vidas e os dois navios da Marinha dos EUA despachados para o local: o USS *Bainbridge*, um destroier, e o USS *Halyburton*, uma fragata. Quando Phillips tentou escapar, seus captores ficaram violentos, amarrando suas mãos e espancando-o com seus rifles. A hostilidade se intensificou dentro do bote salva-vidas quando os piratas ficaram desesperados; eles passaram a manter uma arma pressionando as costas de Phillips.

Em 12 de abril, três *snipers* SEAL da Marinha, observando o bote por seus telescópios de visão noturna, observaram a situação da popa do *Bainbridge*. Eles foram lançados de um avião de transporte C-17, aterrissaram na água fria, cortaram seus paraquedas e se conectaram aos navios de guerra. Da parte de trás do destroier, eles esperaram, observando sua mira subir e descer, movimentando-se com sua respiração e as ondas.

A regra principal dos *snipers* era que a força letal só poderia ser aplicada para salvar uma vida americana. Quando viram o AK-47 pressionado nas costas de Phillips, a equipe decidiu que a ação se justificava. Mas eles sabiam que o mero ferir um pirata quase certamente resultaria na morte ou mutilação de Phillips. Eles também sabiam que, se um tiro fatal, mas imperfeito, atingisse o pirata mais próximo de Phillips, isso poderia causar um espasmo muscular involuntário que puxaria o gatilho da arma mantida nas suas costas. O bote salva-vidas tinha apenas duas pequenas janelas, o que limitava a já ruim visibilidade noturna. A qualquer momento, os SEALs poderiam obter tiros claros em dois dos piratas, no máximo. Eles precisavam de três tiros perfeitamente colocados em uníssono. Então esperaram.

Pouco depois das 19h, hora local, dois dos piratas, cansados de definhar no ar de três dias que enchia a cabine, abriram uma pequena escotilha na frente do casco do barco. O terceiro pirata, no bote salva-vidas, permaneceu sob a mira de um *snipers*.

Os piratas podem ter tido tempo de respirar fundo a brisa salina. Com tiros dados da parte de trás do Bainbridge, visando a alvos em um bote salva-vidas a 21 metros de distância, os três atiradores atingiram cada um dos três piratas na cabeça simultaneamente, matando-os instantaneamente. Phillips foi libertado e reuniu-se à sua equipe e família.

À medida que os detalhes da missão de resgate surgiam – especialmente sobre o tiro rápido e preciso – a cobertura de notícias já empolgada atingiu o auge. "A operação foi nada menos que perfeita", observou um comentarista da Fox News. "Nossos SEALs da Marinha salvaram a vida de um capitão americano feito refém, matando três piratas somalis com três tiros, todos diretos na cabeça". Um comentarista da MSNBC brincou dizendo que o sequestro "fez o país inteiro revisar nossa geografia da África Oriental e nossa oceanografia indiana e 'Quão assustadoramente impressionante é a nossa *SEALs-logia* da Marinha dos EUA'". Programas de televisão produziram uma enxurrada de recursos especiais sobre os supersoldados cuja pontaria havia salvado o dia. Os americanos gostam da emocionante visão cinematográfica de um esquadrão de Golias musculosos ostentando velocidade, força e precisão olímpicas; um grupo cujo sucesso coletivo é consequência inevitável das forças individuais de seus membros e do planejamento magistral de um comandante visionário. Mas, como muitos conceitos cinematográficos, esse não percebe a verdade mais profunda e importante. As equipes SEAL são extraordinárias, mas por razões diferentes.

Um acerto em um alvo em movimento a 21 metros é, sem dúvida, difícil. Mas, na subcultura de *snipers* militares, não é particularmente impressionante. Em 1969, um lendário *sniper* da Marinha, no Vietnã, atingiu em um *sniper* inimigo a várias centenas de metros de distância. O tiro, disparado com cartuchos menos precisos e de um rifle menos poderoso do que os usados hoje, atingiu no olho o soldado vietcongue escondido, depois de passar por dentro do cano da sua própria mira. *Snipers* habilidosos sabem aproveitar o vento para curvar balas ao redor de edifícios e atingir alvos a mais de 1.600 metros de distância. Nos últimos anos, *snipers* de elite da coalizão atingiram alvos no Iraque e no Afeganistão a distâncias superiores a 2.400 metros. Nas Olimpíadas de *sniping*[35], o que os SEALs deitados na parte de trás do *Bainbridge* fizeram em 12 de abril sequer os qualificaria para a competição. Mas, em termos de complexidade, de trabalho eficaz em time, e calma sob pressão, essa ação estabeleceu uma marca alta: três operadores aquietaram a respiração, ajustaram-se ao movimento do mar, esperaram o momento preciso e depois realizaram sua tarefa como se fossem um só, com total confiança em si mesmos e em sua missão. Nas Olimpíadas de *sniping*, esse é um evento inteiramente novo.

---

35. Tiro de tocaia, de emboscada. (N.T.)

Antes de estalar nos neurônios dos atiradores, descer pelos antebraços e pelas pontas dos dedos no gatilho, a decisão de atirar se formou em uma consciência coletiva de equipe que se desenvolveu ao longo de anos de prática, cooperação, união e serviço. O trio de *snipers*, em constante contato com o seu comandante da tropa, ficou deitado no local por horas antes de aproveitar uma fração de segundo de oportunidade: dois piratas colocando a cabeça para fora para respirar. Esse espaço de tempo não permitiu checklists, protocolos ou mudança de ideia adicionais. Os *snipers* tiveram que pensar como uma unidade e ter certeza da confiança de seus superiores. Só então eles poderiam avaliar suas opções táticas no contexto estratégico adequado e, quando a oportunidade se apresentasse, agir instantaneamente, em uníssono, na escuridão da noite, em um barco balançando, com a vida de refém em jogo e o mundo assistindo.

Os *times* SEAL realizam feitos notáveis não apenas por causa das qualificações individuais de seus membros, mas porque esses membros se unem em um único organismo. Tal unidade não é inevitável, nem é uma feliz coincidência. Os SEALs lidam com isso de forma metódica e deliberada.

BUD/S

Em Coronado, Califórnia, nos arredores de San Diego, algumas dezenas de homens provavelmente estão, enquanto você lê isso, encharcados, gelados e com falta de ar. Eles estão participando do curso do Naval Special Warfare Center chamado treinamento Basic Underwater Demolition/SEAL (BUD/S), um programa de seis meses exigido de todos os aspirantes a SEAL. Três "fases" levam esses aspirantes a guerreiros a se submeterem a treinamentos envolvendo condicionamento físico intensivo, mergulho e guerra terrestre, com o objetivo de avaliar sua prontidão para o combate. Em todas as fases, as tarefas são extenuantes, tanto física quanto mentalmente.

O treinamento físico, na primeira fase, envolve quilômetros intermináveis de corrida em areia molhada usando botas; percursos de obstáculos cronometrados; mergulhos em águas abertas no gélido Pacífico; e testes regulares de navegação em ondas grandes em barcos infláveis pequenos e facilmente capotáveis. A falha em cumprir os padrões (28 minutos para corridas de 6,5 quilômetros na praia, 75 minutos de 3,3 quilômetros de nado no mar) ou seguir instruções (como as regras exatas para limpeza do quarto) geralmente é punida com a ordem de "ficar molhado e sujo de areia", correr até a água de 15 graus Celsius e cobrir o corpo com areia áspera. Outra opção é os recrutas serem submetidos ao "*log*

PT" (*log physical training*/treinamento físico do tronco) – ficar segurando vigas de madeira acima de suas cabeças; ou à "tortura do surf" – deitar de bruços nas ondas geladas por cerca de uma hora e meia, com intervalos de alguns minutos para evitar hipotermia. No meio da primeira fase, eles entram na "Semana Infernal": um crescendo de cinco dias de atividades intensas durante as quais os recrutas têm direito a quatro horas de sono, no total.

A segunda fase adiciona o mergulho de combate em circuito aberto e fechado. Os recrutas devem resistir a ataques subaquáticos e tirar, consertar e remontar seus equipamentos de mergulho enquanto permanecem submersos sem suprimento de oxigênio. Eles têm que caminhar na água por cinco minutos usando 30 quilos de equipamento e mergulhar 50 metros debaixo d'água em uma respiração. Os instrutores mergulham ao lado, observando, prontos para ressuscitá-los porque muitos candidatos simplesmente desmaiam na volta de retorno, decididos a não voltarem à superfície para respirar. Os candidatos devem enfrentar a "prova de afogamento", que envolve ser jogado em uma piscina profunda com as duas mãos e pernas amarradas e recuperar objetos do fundo da piscina com os dentes.

A fase final se concentra na guerra terrestre. Realizado na Ilha de San Clemente, onde, nas palavras um tanto brincalhonas de um instrutor, "ninguém pode ouvir você gritar", os candidatos a SEAL passam por treinamento em armas, combate corpo a corpo, operações de rapel e corda rápida e simulações com munições reais e explosivos. Os candidatos devem demonstrar domínio de navegação terrestre, patrulhamento, técnicas básicas de ataque, táticas de emboscada e colocação de minas Claymore. O curso finaliza com assaltos simulados em escala real. Quando esses alunos concluem, vestem seus uniformes da Marinha e posam para as fotos de formatura do BUD/S, eles estão a caminho de se tornarem alguns dos combatentes mais capazes e perigosos do mundo. Eles ainda estão a meses de receber a cobiçada insígnia do tridente Navy SEAL, mas conseguiram superar um obstáculo lendário para seu objetivo.

O BUD/S ganhou a reputação de ser um dos testes mais difíceis nas forças armadas. Dos cerca de 160 alunos em cada turma ingressante, cerca de 90 vão desistir antes do curso terminar, a maioria nas primeiras semanas. Houve um ano em que tantas pessoas caíram ou ficaram feridas que os instrutores cancelaram o BUD/S, e nem uma única pessoa se formou. O desgaste ajuda a perpetuar a mesma imagem de supersoldado ao qual a mídia se apegou após o resgate de Phillips, mas o objetivo principal do BUD/S não é eliminar os fisicamente fracos.

Coleman Ruiz parece um SEAL da Marinha. Um metro e oitenta e noventa e nove quilos, ele foi capitão da equipe de luta livre da Academia Naval antes de ser selecionado como um dos dezesseis graduados em seu ano elegíveis para se colocarem à prova no BUD/S. Mais tarde, no meio de sua carreira de treze anos nos SEALs, ele se viu do outro lado dos exercícios de areia e água, servindo como oficial encarregado [Officer in Charge (OIC)] da primeira fase. Ele assevera que a destreza física tem pouca correlação com o sucesso no BUD/S. "Quase universalmente", diz ele, "eu ouvia 'Estou desistindo porque não consigo acompanhar e estou decepcionando minha equipe'. Era isso o que eu mais ouvia [...]. Mas raramente, raramente, *raramente* excluímos uma pessoa que está correndo devagar. A maioria dos que desistem – fisicamente, estavam indo bem". Aqueles que saem *podem* enfrentar os desafios; eles apenas se dão conta de que não *querem*. Como explica Ruiz, "Eles apenas tinham prioridades diferentes [...] tínhamos um ditado de que eles iriam embora por causa de 'minha namorada, meu cachorro, meu gato e meu talão de cheques'. Eles podem aguentar, apenas percebem que não é para eles". Daqueles que desistiram, apenas cerca de 10% não conseguiram aguentar a parte física.

Os desafios físicos do BUD/S são, de fato, bastante realizáveis. Correr 6,5 quilômetros (4 milhas) em vinte e oito minutos – a um ritmo de 1,6 quilômetro por minuto – requer treinamento, mas não genes olímpicos; 1,47 milhão de pessoas completaram as 3.200 corridas de 10 km (6,2 milhas) realizadas nos Estados Unidos em 2012. Um corredor sério na sua vizinhança provavelmente poderia manter um ritmo de aproximadamente sete minutos, correspondendo ao ritmo exigido pelo BUD/S em uma distância maior. O ritmo do BUD/S para natação é igualmente acessível. As competições de Ironman, completadas por milhares de pessoas todos os anos, envolvem natação de 3,9 quilômetros – um pouco acima do exigido pelo BUD/S – além dos 180 quilômetros de ciclismo e 43 quilômetros de corrida. O tempo médio de natação chega a 76 minutos – quase exatamente o ponto de corte da terceira fase para o BUD/S (e os SEALs usam pés-de-pato). Em setembro de 2013, Diana Nyad nadou 178 quilômetros de Cuba para os Estados Unidos em 56 horas – mais rápido do que o ritmo exigido pelo BUD/S, numa distância 54 vezes maior. Ela tinha sessenta e quatro anos na época.

É claro que os desafios físicos dos SEALs são amplificados pelas condições implacáveis do BUD/S – correr 6,5 quilômetros em 28 minutos na areia depois de três dias sem dormir é mais desafiador do que manter esse ritmo em uma esteira.

No entanto, como Ruiz aponta, a noção de que a destreza física é o principal determinante do sucesso ou do fracasso é falsa. Na ausência de condições médicas debilitantes, "se uma pessoa quer fazer isso, ela consegue", diz Ruiz.

ARRANJE UM PARCEIRO DE NATAÇÃO

O objetivo do BUD/S não é produzir supersoldados. É construir supertimes. O primeiro passo para tanto é construir uma malha forte de relacionamentos de confiança. Isso parecerá intuitivo para qualquer um que tenha feito parte de um time, mas vai contra a corrente da gestão reducionista; em um comando, o líder divide os esforços em tarefas separadas e as distribui. Os destinatários das instruções não precisam conhecer suas contrapartes, eles só precisam ouvir seu chefe. Em um comando, as conexões que importam são os laços verticais; no *team building* [construção de times], por outro lado, é tudo sobre conectividade horizontal.

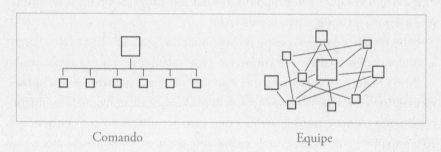

Comando   Equipe

No BUD/S, poucas tarefas são realizadas sozinhas. No primeiro dia, os instrutores dividem os recrutas em equipes de cinco a oito pessoas, que permanecem constantes por seis meses. As atividades de mergulho incluem troca de equipamentos subaquáticos, completar missões de dupla enquanto compartilham um tanque de ar e navegação noturna – um exercício que simula demolições explosivas no escuro do mar profundo, onde pares de mergulhadores sem GPS ou visibilidade nadam por quilômetros, seguindo orientações memorizadas, um deles segurando um relógio; e o outro, uma bússola. Eles se comunicam usando toques e apertos.

Enquanto a maior parte da disciplina militar é usada para integrar o soldado individual na rígida hierarquia militar e aperfeiçoar sua capacidade de executar ordens transmitidas de cima, o BUD/S adota uma abordagem diferente. A formação de times SEAL tem menos a ver com preparar as pessoas para seguir ordens precisas do que com desenvolver confiança e capacidade de adaptação dentro de um pequeno grupo. Para isso, os instrutores do BUD/S construíram um curso de treinamento ao qual é impossível sobreviver executando ordens de forma individual. Ruiz vê seu principal trabalho como "tirar a ideia de desempenho individual do léxico no primeiro dia".

"Se alguém não estiver sustentando a sua parte do peso durante o treinamento físico do tronco, você deixará o tronco cair. Se toda a equipe não estiver trabalhando em conjunto durante a passagem do barco, irá virar. E o fracasso é sempre punido", diz Ruiz. Até mesmo à tortura do surf é mais fácil de sobreviver com os braços dados e o calor do corpo coletivo.

Desde o início do programa, os recrutas devem circular com um "companheiro de natação", mesmo que estejam apenas indo para o refeitório. Aqueles que circulam sozinhos geralmente recebem ordens para "ficar na areia", e alguém, aleatoriamente, da turma será punido por permitir que esse indivíduo ande sem um companheiro de natação. "Arranje um parceiro de natação" é um deboche dirigido àqueles que se veem como dissidentes. Parceiros de natação, muitas vezes, se tornam amigos para a vida toda.

Isso é mais do que os efeitos de bem-estar do "vínculo". Isso é feito porque as equipes cujos membros se conhecem profundamente têm um desempenho melhor. Qualquer técnico sabe que esse tipo de relacionamento é vital para o sucesso. Uma força de combate com um bom treinamento individual, um manual consistente e uma estratégia sólida pode executar um plano com eficiência e, contanto que o ambiente permaneça bastante estático, as chances de sucesso são altas. Mas uma equipe forjada por meio da confiança e propósito é muito mais forte. Esse grupo pode improvisar uma resposta coordenada a desenvolvimentos dinâmicos em tempo real.

Grupos como times SEAL e tripulações de voo operam em ambientes verdadeiramente complexos, onde a precisão adaptativa é fundamental. Tais situações superam a capacidade de um único líder de prever, monitorar e controlar. Como resultado, os membros da equipe não podem simplesmente depender de ordens; o trabalho em equipe é um processo de reavaliação, negociação e ajuste; os envolvidos estão constantemente enviando mensagens e recebendo dicas de seus companheiros de equipe, e esses participantes devem ser capazes de ler cada movimento e intenção uns dos outros. Quando um SEAL, em uma casa-alvo, decide entrar em um depósito que não estava na planta baixa que eles estudaram, ele precisa saber exatamente como seus companheiros reagirão se sua ação desencadear um tiroteio, assim como um atacante de futebol deve ser capaz de se mover para onde seu companheiro de equipe passará a bola. A especialista em times da Harvard Business School, Amy Edmondson, explica: "Grandes times consistem em indivíduos que aprenderam a confiar uns nos outros. Com o tempo, eles descobriram os pontos fortes e fracos uns dos outros, permitindo-lhes jogar como um todo coordenado". Sem essa confiança, os times SEAL seriam apenas uma coleção de soldados em forma.

O BUD/S constrói a confiança entre os membros, começando com as demandas aparentemente arbitrárias de caminhar juntos para as refeições e terminando (para aqueles que completam o treinamento) com SEALs dispostos a colocar suas vidas nas mãos uns dos outros.

"AQUELE QUE ACREDITA COLOCARÁ SUA VIDA EM RISCO"

Embora a construção de confiança dê aos times a capacidade de reconfigurar e "fazer a coisa certa", também é necessário garantir que os membros do time saibam qual é a coisa certa. Os membros do time devem todos trabalhar na direção do mesmo objetivo e, em ambientes voláteis e complexos, esse objetivo é mutável.

Taylor desprezava a livre associação dos trabalhadores – suas tentativas de estabelecer vínculos horizontais –, porque criava muitas divergências potenciais do plano. Ele tinha motivos para se preocupar que seus funcionários acabassem brincando quando não lhes era dito exatamente o que fazer: eles geralmente tinham pouca consciência do que a empresa precisava e nenhum incentivo para fornecê-lo. Seu sistema resolveu o problema analisando as necessidades da empresa em metas intermediárias menores, supervisionadas pela liderança que entendia como os sub-componentes se reuniam em um todo. À medida que se percorre um organograma tradicional, a motivação e a consciência contextual se tornam mais limitadas e específicas, e mais distantes dos objetivos estratégicos gerais da organização. Quando os gestores falam sobre "alinhamento", geralmente se referem a pessoas que sabem qual é a meta intermediária em seu nível (a produção de três eixos até as 17h). Um bom administrador irá aninhar esses objetivos intermediários de forma eficiente, ligando-os em uma corrente estreita que leva ao resultado desejado.

Se a cadeia for bem projetada, pode não haver necessidade urgente de gastar tempo e dinheiro fornecendo aos trabalhadores da linha de montagem uma ampla visão estrutural do processo. Contanto que eles possam fazer sua parte e receber seus salários, não é importante que eles se importem profundamente com a fábrica como um todo ou compreendam sua posição dentro da estratégia corporativa mais ampla. Isso não se aplica às configurações de times.

Os membros do time que lidam com ambientes complexos devem entender a situação do time e o objetivo geral. Somente se cada um deles compreender o objetivo de uma missão e o contexto estratégico em que se insere é que os membros do time podem avaliar os riscos em tempo real e saber como se comportar em relação aos companheiros do time. Os SEALs individuais precisam monitorar toda a sua operação, assim como os jogadores de futebol precisam acompanhar todo o campo, não apenas seu próprio pedaço de grama. Eles devem ser coletivamente responsáveis pelo sucesso do time e entender tudo o que essa responsabilidade implica.

A Marinha precisa saber que os operadores podem tomar a decisão certa em ambientes perigosos e de alto risco, onde os planos estão constantemente mudando. Como resultado, o BUD/S investe fortemente para garantir que cada SEAL esteja holisticamente alinhado em propósito com a função estratégica de sua unidade e com o objetivo de qualquer missão e seu papel específico.

Testar um senso de propósito em sua forma mais ampla e visceral é simples: torne a experiência desagradável o suficiente, e apenas os verdadeiramente comprometidos perseverarão. A dificuldade física do BUD/S é um teste, não de força, mas de compromisso. "Podíamos dizer pelas entrevistas quem sairia", diz Ruiz. "Eram os que estavam nisso por si mesmos: 'Quero experimentar o BUD/S', 'Acho que vou gostar do desafio'. Ninguém gosta do BUD/S – é um inferno". Os bem-sucedidos, ele explicou, "eram os caras que diziam: 'Quero estar nas equipes SEAL. Eu quero lutar no exterior'. Parece uma pequena diferença, mas significa tudo."

Os recrutas que passam pelo BUD/S acreditam na causa. E isso importa – os membros da equipe que colocam suas vidas em risco querem servir ao lado de patriotas comprometidos, não de fisiculturistas que se inscreveram porque viram uma oportunidade de crescimento pessoal. Como observa Ruiz, "aquele que acredita colocará sua vida em risco por você e pela missão. O outro cara não vai". O propósito dá suporte à confiança, a confiança dá suporte ao propósito, e, juntos, eles transformam os indivíduos em um time de trabalho.

Quando os recrutas chegam à terceira fase, eles estão intimamente familiarizados com os estilos de combate de seus companheiros de equipe e confiam uns nos outros com suas vidas. Eles aprenderam a avaliar, de forma rápida e holística, qualquer ambiente operacional – determinando qual tática x eles têm e qual [tática] y o grupo precisa – e desenvolveram uma fluência com seus companheiros de equipe que lhes permite reconfigurar, adaptar e entregar. Por meio dessa combinação de densa conectividade – confiança – e sua compreensão da situação e compromisso com um resultado – propósito – times como os SEALs podem enfrentar ameaças mais complexas do que qualquer líder pode prever.

As equipes SEAL oferecem um exemplo particularmente dramático de como a adaptabilidade pode ser construída por meio da confiança e de um senso de propósito compartilhado, mas o mesmo fenômeno pode ser visto facilitando o desempenho em domínios distantes da tortura do surf do BUD/S.

"AQUELA PESSOA VAI CONSEGUIR CORRER UMA MARATONA NOVAMENTE"

O dr. E. J. Caterson é chocantemente casual quando a questão é sangue e vísceras. Enquanto ele folheia as fotos do trabalho de seu time, parece que você está vendo a evidência de um milagre, uma farsa total ou o mais novo avanço dos efeitos visuais de Hollywood: o sangue se transforma em pele lisa, fragmentos ósseos salientes em membros funcionais, lacerações faciais em bochechas que poderiam liderar um anúncio da Proactiv[36].

O dr. Caterson é membro de um dos melhores times de cirurgia plástica reconstrutiva do mundo. Eles recolocaram rostos, recuperaram pernas e salvaram vidas. Sete anos atrás, trabalharam em uma paciente cujo rosto foi arrancado quando foi mutilada por um pitbull. A equipe abriu o estômago do cachorro, removeu o rosto e o recolocou. Hoje, se você visse essa paciente na rua, nem piscaria.

Pessoalmente, Caterson é despretensioso – bem-vestido e um pouco desalinhado, com uma paixão incansável por seu trabalho. Determinado a terminar de explicar os prós e contras de seu trabalho antes de ter que comparecer a uma cirurgia, ainda no consultório, ele coloca seu pijama cirúrgico enquanto descreve as nuances de um enxerto de pele. Mais tarde, no caminho para a sala de cirurgia – neste momento, já praticamente correndo – ele insiste em fazer um desvio a fim de nos disponibilizar passes de convidados para a Biblioteca da Harvard Medical School: "As coisas lá são tão incríveis. Eles têm o crânio de Phineas Gage! Você realmente tem que ver isso".

Seu colega, dr. Matthew Carty, trabalha no mesmo departamento no Brigham and Women's Hospital de Boston. O dr. Carty fez a barba mais recentemente e é alguns anos mais velho, mas é igualmente vivaz.

---

36. Marca americana de produtos para cuidados com a pele. (N.T.)

Em 15 de abril de 2013, Carty e Caterson estavam trabalhando em uma fratura facial extrema: "Um garoto de dezesseis anos estava andando de skate, foi atropelado por um carro a 80 quilômetros por hora, na estrada", lembra Carty. A operação levara dez horas, e às 15h, os cirurgiões estavam prestes a voltar para suas famílias quando o residente entrou e disse: "Ei, uma bomba acabou de explodir".

Alguns minutos antes, duas bombas em panelas de pressão haviam devastado a linha de chegada da Maratona de Boston, matando três pessoas e ferindo gravemente mais de duzentas.

"[O time] apenas saíra da sala de cirurgia e foi para a sala de emergência", diz Caterson, para onde outros times convergiam. "Como tínhamos acabado de fazer nossa grande operação do dia, estávamos aquecidos. Estávamos prontos para ir". As baixas começaram a chegar à sala de emergência, mas, como lembra Carty, "ninguém tinha a menor ideia de qual era o escopo do evento. Até onde sabíamos, poderia ser de três mil pessoas".

Trabalhando com cirurgiões de trauma, cirurgiões ortopédicos e cirurgiões vasculares, eles ajudaram a elaborar planos de tratamento para pacientes feridos à medida que chegavam, antes de triá-los para a sala de cirurgia. Todos esses cirurgiões haviam trabalhado juntos no passado e agora tomavam decisões coletivamente, explica Caterson, enquanto clica nas fotos cirúrgicas em seu computador. As imagens de antes e depois dos pacientes parecem ter passado pelo *Photoshop*.

Caterson para em uma imagem "antes" – uma mutilação quase irreconhecível de osso, músculo e pele que, após um momento de visão embaralhada, entra em foco como o que restou de um joelho: a maioria das pessoas, diz Caterson, concluiria que "esse membro é inviável; ele precisa de uma amputação acima do joelho". Mas uma amputação acima do joelho significa um aumento de até 70% no gasto de energia para caminhar pelo resto da vida, levando a problemas cardiovasculares e pulmonares. Também aumenta a tensão no quadril, muitas vezes desencadeando uma falha articular precoce.

O time começou a trabalhar. Eles pegaram enxertos de pele da perna e das costas da vítima para salvar seu joelho durante um período provisório e deixaram que cicatrizasse. Em seguida, pegaram uma tira de pele de 40 centímetros das costas do paciente em uma direção, uma tira de 22 centímetros em outra direção, unidas por um único vaso sanguíneo de 2 milímetros de espessura, e usaram para fazer um padrão de pele que estava baseado em um vaso sanguíneo mais fino que um fio de cabelo humano. Eles tiraram o osso, e o colocaram de volta na perna do homem. Oito cirurgias depois, ele se recuperou com um joelho funcional

– resultado de um mecanismo meticulosamente reconstruído na ausência do coto anatômico que normalmente é necessário para uma amputação abaixo do joelho. "Isso foi um desvio completo das práticas normais", diz Caterson, antes de pensar por um momento. "Mas, como resultado, essa pessoa poderá correr uma maratona novamente."

Tudo o que os times cirúrgicos fizeram naquele dia foi "um desvio completo das práticas normais". O Brigham and Women's jamais havia simulado uma situação de vítimas em massa em serviços de múltiplos traumas. Não havia um plano real, e certamente nenhum ensaio. A resposta deles foi simplesmente uma extensão do que eles fazem todos os dias – *adaptar-se*. Uma unidade funcionando como um comando, com membros à espera de instruções da autoridade, teria sido muito limitada para responder com eficácia. Não há curso de medicina sobre a remoção de um rosto humano do estômago de um cachorro, e, em situações críticas, não há tempo para realizar um estudo ou elaborar um projeto. O corpo humano é um sistema complexo e interdependente, e as cirurgias podem divergir do que foi planejado. "Cada paciente é diferente. Ninguém tem uma fratura idêntica", observa Carty. "As operações são imprevisíveis. Você sempre tem que se adaptar".

Para nossos operadores no Iraque, um milhão de incidentes poderiam inviabilizar um plano cuidadosamente preparado. Dois homens dormindo na rua podem mudar a rota prevista. Uma necessidade repentina de suporte aéreo no meio do país poderia reduzir os ativos disponíveis para um *backup*, o que, por sua vez, alteraria o nível de risco que nossos operadores poderiam assumir. Uma presença civil inesperada no alvo pode alterar os parâmetros de ação aceitável – mesmo a melhor tecnologia e a melhor inteligência não podem dizer exatamente o que esperar. E, depois que o primeiro tiro é disparado, a realidade diverge da expectativa muito rapidamente.

Quando aparecerem os detalhes sobre a operação que matou Osama bin Laden, as reportagens destacaram o drama do helicóptero Black Hawk que caiu quando a força estava pousando, retratando-o como uma anomalia catastrófica que quase arruinou a missão. Embora certamente não fizesse parte do plano, tal divergência também não era inesperada: a pura complexidade tática das operações especiais quase garante que, pelo menos, uma variável crítica venha a se soltar entre o planejamento e a execução. Quase nenhuma das centenas de incursões que o time realizou em conjunto ocorreu exatamente como esperado, e a falha mecânica fazia parte do processo. Os homens em Abbottabad se reagruparam em poucos minutos, definiram uma rota de infiltração diferente e cumpriram a missão.

Pode-se fazer planos de contingência, mas estes podem dar conta apenas de um número modesto de possibilidades. Um plano de contingência é como uma árvore que se ramifica a cada resultado variável (se eles dispararem quando chegarmos; escolha o caminho A, se não, escolha o caminho B). Mas, quando dezenas de mudas brotam desses galhos a cada segundo, as possibilidades se tornam tão esmagadoramente complexas que tornam inútil o planejamento de contingência completo.

A preparação mais útil de nossos operadores estava na confiança que eles construíram, nas dificuldades compartilhadas por dificuldades compartilhadas, ao longo de anos de serviço. Costuma-se dizer que a confiança se aprende no campo de batalha. Mas, para grupos como os SEALs, a unidade imbuída pela confiança e propósito é um *pré-requisito* para a implantação. Entrar no campo de batalha como um grupo de indivíduos sem essas características seria como entrar em um tiroteio sem usar coletes à prova de balas.

O time SEAL em Abbottabad não havia planejado a queda do helicóptero, assim como a tripulação do capitão Sullenberger não havia planejado o choque com o pássaro, nem a equipe Carty-Caterson havia planejado o bombardeio da maratona, mas todos foram capazes de se ajustar ao inesperado com soluções criativas, no local, de forma coerente e em grupo.

Sua estrutura – não seu plano – era sua estratégia.

INTELIGÊNCIA EMERGENTE

Em seu livro *Emergência*, Steven Johnson desmascara "o mito da rainha das formigas". O mito é que a estrutura sofisticada das colônias de formigas é resultado do brilhantismo arquitetônico e gerencial da rainha da colônia. Quando olhamos para as notáveis inovações de engenharia das formigas – as densas redes de túneis que lembram metrôs, o "lixão da cidade" onde as trabalhadoras depositam cascas de comida não comestíveis, o "cemitério" para camaradas caídos e a escotilha de emergência para a rainha – é tentador pensar que uma formiga muito inteligente previu como todos esses elementos convergiriam. Afinal, é assim que surgem os edifícios humanos. Imaginamos uma hierarquia de insetos, à frente da qual fica a rainha, organizando o trabalho de seus servos e dirigindo batalhas com populações rivais.

A verdade é que a rainha é uma fábrica de larvas. Seu único trabalho é produzir novas formigas – um papel crítico, mas não um papel gerencial. O mito sobrevive devido à nossa suposição de que a ordem é sempre dirigida de cima para baixo.

Na realidade, nenhuma formiga individual tem a capacidade cerebral de projetar uma colônia; as formigas têm 250 mil células cerebrais, os humanos têm cerca de 100 bilhões. A estrutura da colônia emerge da agregação de comportamentos instintivos individuais – cavar, procurar comida, coletar lixo – desencadeados por comunicações primitivas – as formigas reconhecem padrões nos rastros de feromônio deixados por outras formigas.

O campo da "emergência" examina como padrões e formas complexas podem surgir de uma multiplicidade de interações simples e de baixo nível. A emergência tem sido usada como paradigma para explorar tudo, desde a beleza cristalina de um floco de neve, o desenvolvimento explosivo das cidades[37], até o comportamento caprichoso dos mercados econômicos.

A "mão invisível" do mercado de Adam Smith – a noção de que a ordem surge melhor não do design centralizado, mas da interatividade descentralizada de compradores e vendedores – é um exemplo de "emergência" *avant la lettre* [antes da criação da palavra]. Essa noção está em contraste direto com o que Alfred Chandler chamou de "mão visível" da administração – o planejamento reducionista que dominou a maioria das organizações no século passado. A mão invisível de Smith, como a colônia de formigas sem líder, ilustra o visão central da emergência no que se refere ao nosso estudo de times: em situações definidas por altos níveis de interação, soluções engenhosas podem surgir na ausência de um único designer; os preços podem ser ajustados sem um planejador central; operações complexas podem ser executadas sem um plano detalhado. Johnson descreve a emergência como produzindo "criatividade imprevisível", e identifica os ingredientes necessários para desencadear tal criatividade como "conectividade e organização". Em outras palavras, *a ordem pode surgir de baixo para cima*, ao invés de ser dirigida, com um plano, de cima para baixo.

A vantagem competitiva dos times é sua capacidade de pensar e agir como uma unidade contínua (isso, às vezes, é chamado de "cognição conjunta")[38].

---

37. Um dos "textos fundadores" sobre emergência mais frequentemente citados é o livro de Jane Jacobs, *The Life and Death of Great American Cities*, que explora como as cidades evoluem sem um planejador central.
38. Tecnicamente, o campo de "sistemas cognitivos conjuntos" refere-se à interação entre pessoas ou grupos de pessoas e tecnologia de computador (portanto, é relevante para tripulações de voo, mas nem sempre para cirurgiões e SEALs). O ponto geral é que uma integração completa de mentes – mesmo que apenas humanas – pode desvendar soluções muito mais complexas do que um conjunto de pensadores individuais.

Qualquer cientista da computação pode dizer que uma sala cheia de computadores individuais pode resolver problemas muito mais complexos se você conectar as máquinas para processar em paralelo. Na verdade, com algumas dúzias de *desktops* – os recursos de um laboratório de informática básico do ensino médio –, você pode criar um supercomputador fazendo exatamente isso. É preciso um grande investimento inicial de tempo para integrá-los – o equivalente a submeter aspirantes a SEALs ao BUD/S – mas os ganhos em capacidade são enormes.

Isso não quer dizer que simplesmente jogar mais computadores ou SEALs da Marinha em um problema seja a resposta; a chave não está no número de elementos, mas na natureza de sua integração – a conexão da confiança e do propósito. A computação paralela, a cognição conjunta e a unidade de uma equipe trabalham para o mesmo objetivo: construir uma rede que permita resolver problemas maiores e mais complexos. A criação e manutenção de um time requer tanto a mão visível da gestão quanto a mão invisível da emergência, a primeira tecendo os elementos em união e a segunda orientando seu trabalho. Programas como o BUD/S são projetados para promover a inteligência emergente que pode prosperar na ausência de um plano.

Era exatamente isso que a indústria da aviação tinha em mente quando se propôs a resolver problemas como o acidente do United 173.

PREVENÇÃO ABSOLUTA

Alguns meses após a queda do United 173, um relatório do Conselho Nacional de Segurança nos Transportes concluiu que não havia nenhum problema incapacitante com o avião; o voo 173 "poderia ter pousado com segurança dentro de 30 ou 40 minutos após o mau funcionamento do trem de pouso". O capitão estava tão preocupado com o trem de pouso que ficou no ar por muito tempo. "A causa provável do acidente foi a falha do capitão em monitorar adequadamente o estado de combustível da aeronave e em responder adequadamente ao estado de baixo combustível e aos alertas dos tripulantes sobre o estado do combustível".

McBroom era um piloto experiente e capaz, com milhares de horas de voo na aeronave que pilotava naquele dia. Então, como ele foi arruinado por um contratempo tão pequeno? Até as pessoas mais qualificadas têm dias ruins. Talvez esse tenha sido apenas um lamentável ponto fora da curva. Estatisticamente, porém, não foi.

Na época do acidente do voo 173, o setor aéreo tinha um grande e confuso problema em suas mãos: onboard airline fatalities vinham aumentando há uma década. Isso desconcertou os analistas, porque ocorreu durante a era de ouro da aeronáutica. Ao longo das décadas de 1960 e 1970, a corrida espacial entre os Estados Unidos e a União Soviética viu motores a jato e projetos de aviões reaproveitados e refinados para sairem da atmosfera da Terra. Em 1969, a engenharia aeronáutica avançou com a invenção dos jatos Harrier, que podiam decolar e pousar verticalmente. A aviação comercial também estava crescendo, já que o jato supersônico Concorde e as aeronaves comerciais exclusivas da Boeing – o 727, 737 e 747 – haviam feito seus voos inaugurais. Os aviões adquiriam recursos de segurança mais sofisticados a cada ano e, no entanto, continuavam caindo[39]. Por causa de sua total prevenção, a queda do voo 173 passou a representar a o auge do que estava acontecendo. A investigação que se seguiu transformaria a indústria.

Se os aviões fossem agora mais seguros, argumentaram os investigadores, a série de acidentes deve ser um reflexo das taxas crescentes de "erro humano". Os pilotos estavam recebendo menos treinamento? As companhias aéreas não estavam dando aos funcionários descanso suficiente entre os turnos? O ar pressurizado a 10 mil quilômetros estava privando de oxigênio os cérebros dos capitães e causando decisões irracionais? As conclusões do Conselho de Segurança apontavam para outro lugar: "este acidente exemplifica um problema recorrente – *uma falha no gerenciamento da cabine e no trabalho em time* durante uma situação envolvendo mau funcionamento dos sistemas da aeronave em voo" (grifo nosso).

O relatório descobriu que as vítimas fatais estavam aumentando não *apesar dos* recentes avanços tecnológicos, mas *por causa* deles. À medida que os aviões incorporavam mais recursos, mais mostradores e mais potência, eles se tornavam mais sofisticados no todo, e o número de possibilidades de pequenos defeitos – como uma luz indicadora defeituosa – aumentava. O número de galhos na árvore de contingenciamento havia se tornado grande demais para o piloto e sua tripulação memorizarem. Algo que antes era apenas complicado havia ultrapassado o limiar da complexidade. Para tripulações treinadas em eficiência baseada em *checklists*, pequenos desvios do plano levaram a mortes desnecessárias. Como Taylor descobriu em sua primeira fábrica, quase um século antes, e como descobriríamos no Iraque 25 anos depois, a tecnologia havia mudado de tal forma que a administração se tornara um *limfac*.

---

39. Embora as taxas de acidentes de avião tenham caído, o volume de viagens aéreas aumentou acentuadamente e as mortes em geral aumentaram. Mais criticamente, parecia haver um padrão de recursos de segurança dos aviões abaixo do esperado – os veículos colidiriam mesmo em situações em que supostamente seriam capazes de sobreviver (como uma luz de marcha defeituosa).

A FAA trouxe a NASA – uma organização cujas explorações no vasto e imprevisível além a colocaram em contato com uma tremenda complexidade. A NASA determinou que chocantes 70% dos acidentes aéreos resultaram exclusivamente de erro humano. No caso do voo 173, o tempo gasto recuperando lanternas, vestindo jaquetas, fechando livros em malas e tranquilizando passageiros foi um desperdício mortal. É claro que nenhum membro da tripulação teria arriscado a vida conscientemente apenas para evitar que livros se espalhassem pela cabine, mas eles estavam tão determinados a seguir o procedimento que perderam a noção do que importava. Eles estavam fazendo as coisas corretamente, apenas não estavam fazendo a coisa certa. Eles estavam seguindo o plano e, como resultado, entraram em uma espiral partindo de um pistão defeituoso para um conjunto crescente de respostas em efeito borboleta que levou a dez mortes, vinte e quatro feridos e milhões de dólares em danos. O apego da tripulação ao *procedimento* em vez do *propósito* oferece um exemplo claro dos perigos de premiar a eficiência sobre a adaptabilidade. Os procedimentos não foram a causa do acidente – na verdade, as *checklists* existiam para promover a segurança. Mas, para atingir o objetivo final desses procedimentos – um pouso seguro – de forma eficaz, era necessária uma interface humana melhor.

Um fator agravante foi a falha na comunicação: McBroom tentou acompanhar tudo sozinho, e não aproveitou ao máximo o suporte oferecido por sua tripulação. Ele liderava um comando no qual os tripulantes eram instrumentos para executar os projetos do piloto. Na última meia hora de voo, o engenheiro de voo pediu várias vezes uma verificação de combustível. Às 5h48, vinte minutos antes do acidente, ele sinalizou a McBroom que as luzes da bomba de combustível haviam começado a piscar. Às 5h50, ele disse: "Quinze minutos [para o pouso] vai – realmente nos deixar sem combustível aqui", e às 6h02, *depois* que McBroom anunciou planos para pousar em cinco minutos, ele disse: "Temos cerca de três [minutos] no combustível e ponto final". McBroom – atento a outras perguntas – simplesmente não estava ouvindo[40].

A indústria da aviação foi confrontada com dois caminhos possíveis a seguir. Eles poderiam continuar tentando mitigar o risco, tentando controlar contingências cada vez mais específicas: a FAA poderia adicionar o United 173 como um estudo de caso na escola de voo; eles poderiam alterar as *checklists* de emergência para incluir lembretes explícitos instruindo um determinado membro da tripulação a verificar o medidor de combustível a cada cinco minutos.

---

40. Tragicamente, o engenheiro de voo que emitiu esses avisos morreu por não ter sido atendido.

Essas instruções reduziriam a probabilidade de esvaziamento de combustível na próxima vez que uma luz indicadora falhasse. Mas eles não fariam nada para evitar reações exageradas e falhas no trabalho em equipe diante de qualquer uma das outras milhares de pequenas falhas que poderiam ocorrer. Pior ainda, uma ênfase excessiva nos procedimentos de combustível pode criar um novo ponto cego, assim como a ênfase excessiva no procedimento do trem de pouso eclipsou o monitoramento de combustível.

Por outro lado, eles poderiam se concentrar na *adaptação* ao risco em vez da mitigação dele, aceitar a inevitabilidade de falhas mecânicas inesperadas e construir sistemas flexíveis para combater essas incógnitas; eles poderiam construir um barco gerencial melhor para navegar nos mares voláteis da complexidade.

A NASA acreditava que a capacidade cada vez menor das tripulações de voo para se adaptarem a eventos imprevistos resultou das tentativas dos capitães de controlar e planejar tudo em um veículo que se tornou sofisticado demais para que isso fosse possível. Defensores da icônica sala de controle da missão, onde centenas de especialistas se aglomeravam em um espaço para facilitar a comunicação e a adaptação em tempo real (que investigaremos mais detalhadamente em capítulos posteriores), eles concluíram que construir confiança e comunicação entre os membros da tripulação era mais importante do que aprimorar ainda mais habilidades técnicas específicas.

Em junho de 1979, a NASA organizou um *workshop* onde, lembram os participantes, o orador de abertura começou seu discurso dizendo: "Senhoras e senhores, o avião não é mais o problema"[41].

"ESCOLA DE ETIQUETA"

A solução, que veio a ser conhecida como Gerenciamento de Recursos de Tripulação (*Crew Resource Management* – CRM)[42], foi desenvolvida em consulta com psicólogos sociais, sociólogos e outros especialistas e focada em dinâmicas de grupo, liderança, comunicação interpessoal e tomada de decisões.

---

41. Embora esta frase seja geralmente atribuída ao orador de abertura da conferência da NASA, não há transcrição das observações. É possível que tenha surgido de uma forma menos formal. No entanto, tornou-se o *slogan* da conferência e das mudanças que se seguiram.
42. A NASA vinha realizando estudos de gerenciamento de recursos em aeronaves ao longo do final da década de 1970 e chegando a conclusões do tipo CRM. A frase "Gerenciamento de Recursos da Tripulação" aparece por volta de 1986 e não foi formalmente adotada até 1993. No entanto, o nascimento do programa tal como o conhecemos é geralmente atribuído ao voo 173.

Em 1981, a United Airlines implementou o primeiro programa abrangente de CRM. Seus seminários intensivos exigiam que os participantes diagnosticassem seus próprios estilos gerenciais e os dos outros. O programa treinou os juniores para falarem de forma mais assertiva e os capitães para serem menos enérgicos, transformando as relações verticais de comando e controle em laços flexíveis, multidirecionais e comunicativos. Os instrutores esgotaram os alunos com exercícios de construção de times. Eles complementaram os simuladores de voo e o treinamento técnico com ênfase semelhante ao BUD/S em confiança e propósito. Como era possível prever, os pilotos resistiram. Criados nos rigores empíricos do treinamento técnico, eles descartaram o CRM como "escola de boas maneiras" e "baboseira psicológica".

Mas o CRM aumentou a segurança da aviação.

Em 1989, outro avião da United estava a caminho de Chicago quando um motor se desintegrou e os destroços destruíram os sistemas hidráulicos usados para levantar e abaixar os *flaps* das asas – o mecanismo de direção do avião. Era como estar em uma rodovia na hora do *rush* e ver a coluna de direção desabar, só que a 9.200 quilômetros. As chances de um evento como esse eram consideradas tão remotas que nenhum procedimento de segurança havia sido projetado para isso. Mas a tripulação no voo 232, treinada pelo CRM, trabalhando em conjunto com um piloto instrutor que estava a bordo como passageiro, concebeu e implementou um plano para manter o avião sob algum grau de controle, manipulando o diferencial e o empuxo contínuo dos dois motores restantes. Sem nenhum mecanismo de direção funcional e nenhum plano de como lidar com tal evento, a tripulação conseguiu pousar o avião na cidade de Sioux, Iowa, salvando a vida de 185 das 296 pessoas a bordo. Quando replicado em um simulador, descobriu-se que era impossível manter o controle com sucesso e guiar o avião com segurança em uma pista usando apenas o empuxo do motor. Que a tripulação tenha chegado tão perto de ter sucesso foi impressionante.

As gravações da cabine do piloto revelaram membros da tripulação discutindo procedimentos, possíveis soluções e cursos de ação, bem como uma maneira de tentar o pouso de emergência e preparar os passageiros. Por meio de interações intensas – trinta e uma comunicações por minuto – eles improvisaram uma solução extraordinária. O piloto em comando, o capitão Al Haynes, disse mais tarde, "Se não tivéssemos deixado todo mundo trazer as suas considerações, é certo que não teríamos conseguido". O relatório do acidente reconheceu o CRM e observou que o desempenho dos membros da tripulação "excedeu muito as expectativas razoáveis". A FAA posteriormente tornou o treinamento de CRM obrigatório para todos os membros da tripulação de companhias aéreas nos Estados Unidos.

Em 1991, mais de 90% dos tripulantes pesquisados achavam a "escola de etiqueta" útil. Desde então, as viagens aéreas tornaram-se cada vez mais seguras: 2012 e 2013 tiveram o menor número de mortes e acidentes fatais desde 1945 (um ano com apenas 1% das viagens aéreas atuais), e o tempo entre acidentes aéreos graves vem aumentando constantemente há três décadas. As taxas anuais de acidentes fatais na América do Norte oscilaram bem abaixo de um por milhão de partidas de aeronaves desde a virada do século XXI – um nível que eles sempre excediam anteriormente[43]. Arnold Barnett, professor de estatística do MIT e especialista em segurança da aviação, determinou que os passageiros tinham uma chance em um milhão de morrer de 1960 a 1969. De 2000 a 2007 essa chance caiu para uma em vinte milhões, levando Barnett a concluir que hoje "uma criança americana prestes a embarcar em um avião dos EUA tem mais probabilidade de crescer se tornar presidente do que não conseguir chegar ao seu destino".

Isso não ocorre porque os voos de hoje encontram menos riscos. Quando muito, o aumento da complexidade significa que eles encontram mais. A Auditoria de Segurança de Operações de Linha (*Line Operations Safety Audit* – LOSA), um sistema para monitorar a segurança de voo, conclui que 98% de todos os voos hoje enfrentam uma ou mais ameaças que, se mal conduzidas, podem ser fatais – ameaças semelhantes à falha do trem de pouso no voo 173 – e que o erro humano ocorre em 82% dos voos. Mas, para equipes treinadas em adaptação ao risco, em vez de apenas em mitigação de risco, isso não é catastrófico. Tão paradoxal quanto o aumento simultâneo da "segurança do avião" e das fatalidades que intrigou os analistas na década de 1970, agora vivemos em um mundo onde o risco existe em todos os lugares, mas nunca estivemos tão seguros.

---

43. O conjunto de dados de acidentes de avião é difícil de analisar porque não são suficientes para constituir um tamanho de amostra estatisticamente significativo. Como resultado, até mesmo os criadores do CRM são muito cuidadosos para não estabelecer um nexo causal direto entre fatalidade contemporânea e taxas de acidentes e o CRM. Como um pioneiro do CRM escreveu, em um ensaio recente, para determinar o impacto do treinamento "o critério de validação mais óbvio, a taxa de acidentes por milhão de voos, não pode ser usado. Como a taxa geral de acidentes é tão baixa e os programas de treinamento tão variáveis, nunca será possível tirar conclusões sólidas". No entanto, o feedback da tripulação e as relações causais encontradas em evidências empíricas sugerem fortemente que o CRM desempenhou um papel fundamental na redução de fatalidades.

O relatório do acidente analisando criticamente o sucesso do voo 1549 observou que o treinamento técnico da tripulação de Sullenberger havia sido completamente irrelevante para a solução alcançada. Nenhum procedimento para falha de motor duplo de baixa altitude existia em qualquer lugar da indústria. Foi sua adaptabilidade interativa, descobriu o relatório, que se mostrou crucial:

> Devido às limitações de tempo, eles não puderam discutir todas as partes do processo de decisão; portanto, tinham que ouvir e observar uns aos outros [...] [o capitão] e o copiloto tiveram que trabalhar quase intuitivamente de forma unida.

O relatório concluiu: "O capitão reconheceu o treinamento do CRM da US Airways por fornecer a ele e ao copiloto as habilidades e ferramentas necessárias para construir rapidamente um time e abrir linhas de comunicação, compartilhar objetivos comuns e trabalhar juntos". A modéstia de Sullenberger também é honestidade: a US Airways 1549 foi salva não por uma mente, mas pela capacidade do capitão, do copiloto e da tripulação de voo de se unirem e buscarem um objetivo comum

O CRM provou ser tão bem-sucedido que programas derivados foram desenvolvidos para dezenas de outros ambientes, de salas de operação a plataformas de petróleo *offshore* e usinas nucleares, todos unidos pelo desejo comum de se tornarem melhores no enfrentamento da complexidade e do risco.

No atendimento médico de emergência, o aumento da complexidade também resultou em um esforço para substituir as estruturas de comando por times. Um relatório de 1966 chamado *Morte acidental e invalidez: a doença negligenciada da sociedade moderna* observou que os americanos eram menos propensos a sobreviver a um acidente de carro nas estradas dos EUA do que a sobreviver a um ferimento de bala vietcongue. A razão? Times militares de cirurgia de trauma. As unidades médicas domésticas usavam as mesmas tecnologias que suas contrapartes militares, mas não a mesma estrutura de time. Os times domésticos eram um comando, não muito diferente da tripulação de voo de McBroom: um cirurgião-chefe trabalhava diretamente no paciente com o apoio de assistentes que seguiam suas instruções. Como o cirurgião de Boston dr. Carty explica: "Geralmente era uma pessoa – geralmente um homem – que entrava e mais ou menos governava tudo, e todos se curvavam à vontade dessa pessoa".

A medicina – e especialmente a cirurgia – tem a reputação de fomentar grandes egos. "Há muitos cretinos agressivos", admite o dr. Carty. "Essa é a norma da indústria." A faculdade de medicina é ferozmente competitiva, as estruturas de compensação em consultórios particulares podem incentivar a luta por todos os pacientes, e as batalhas por território são comuns e geralmente ocorrem às custas do paciente. Como disse o médico e escritor Atul Gawande: "Nós treinamos, contratamos e recompensamos médicos para serem cowboys, quando o que queremos são times de mecânicos [de *pit stop*] para os pacientes". O atendimento de emergência, no entanto, é diferente.

Durante a Guerra do Vietnã, os cirurgiões militares descobriram que afastar o cirurgião líder do paciente e colocá-lo ao pé da cama durante a ressuscitação e avaliação permitia que mais ações ocorressem simultaneamente. Essa prática tornou o cirurgião-chefe, na verdade, um membro da equipe – viabilizando os esforços de resolução de problemas dos outros, em vez de dizer a eles o que fazer.

Na medicina, como na aviação, a tecnologia ultrapassou a capacidade de qualquer especialista individual de estar no controle de tudo; uma vez que isso tenha sido reconhecido, houve um movimento em direção a "times de trauma interdisciplinares", com uma distribuição ainda mais uniforme de autoridade e liderança. Pesquisas mostraram que essas mudanças reduziram pela metade o tempo médio de ressuscitação completa, de 122 para 56 minutos.

Essas mudanças acabaram fazendo um caminho de volta, retornando para os times civis de trauma e, em 1973, o governo federal aprovou o EMS Systems Act, dando origem ao atendimento moderno ao trauma, e à resposta de time de alto desempenho, sintetizada pelo grupo de Carty e Caterson, que, quarenta anos depois, ajudaria a salvar tantas vidas naquela tarde de abril em Boston[44].

Não é coincidência que os sistemas CRM e EMS surgiram aproximadamente ao mesmo tempo. Preston Cline, diretor associado de empreendimentos de liderança da Wharton School da Universidade da Pensilvânia, passou anos pesquisando "times de missão crítica" (*Mission Critical Team* – MCTs) – times pequenos cujo fracasso provavelmente levará à perda de vidas e cujos prazos para ação geralmente envolvem períodos críticos de dez minutos ou menos. Cline constata que *nenhuma* das dezenas de times que ele observou foi fundada antes de 1950, e a maioria surgiu nos últimos trinta anos. O Exército Britânico data

---

44. A força dessas equipes ao enfrentar o inesperado era visível não apenas no Brigham and Women's. Os pacientes foram atendidos em vinte e sete hospitais em toda a área da grande Boston, incluindo cinco centros de trauma de nível um em um raio de três quilômetros do local da explosão, e das mais de 260 pessoas feridas, mas não mortas na explosão inicial, todas sobreviveram.

de 1707, mas o Serviço Aéreo Especial (*Special Air Service* – SAS) – sua primeira unidade de operações especiais – surgiu em 1950[45]; o Serviço Secreto dos EUA foi fundado em 1865, mas só desenvolveu seu Time de Contra-Ataque em 1979; a Marinha dos EUA comemorou seu 187º aniversário antes de estabelecer a Guerra Especial Naval em 1962.

A proliferação de tais grupos reflete a crescente complexidade do mundo – ou melhor, o entendimento tático de que *responder* a tal mundo requer maior adaptabilidade, e adaptabilidade é mais característica de pequenos times interativos do que de grandes hierarquias de cima para baixo. Agora podemos fazer as coisas que costumávamos fazer – ir de Nova York a Portland, invadir um prédio, cuidar de traumas – com mais rapidez e eficácia do que podíamos fazer há cinquenta anos, mas fazê-las se tornou mais complexo e confuso, a ponto de que elas estão além do controle efetivo de uma única pessoa.

"Uma combinação de maior mobilidade, maior informação e maior impacto significa que atingimos um ponto crítico", observa Cline. "Anteriormente, tínhamos um padrão histórico de ruptura seguido de estabilização – 'equilíbrio pontuado' –, mas agora esse mesmo padrão foi afetado. Hoje, nós nos encontramos em um novo equilíbrio definido pela ruptura constante. Isso cria os tipos de problemas que só os MCTs podem resolver".

Para o United 173 e o US Airways 1549, a diferença entre comando e controle, por um lado, e adaptação e colaboração, por outro, foi a diferença entre sucesso e fracasso. A proliferação de times em uma diversidade de ambientes complexos – de operações especiais a atendimento a traumas – evidencia sua capacidade de prosperar em meio ao tipo de desafio que nossa Força-Tarefa enfrentou.

Tínhamos aperfeiçoado os traços de confiança e propósito no nível do time, mas nossa organização em geral era o oposto – era um comando clássico. Como nossa Força-Tarefa foi usada para limpar linhas e pensar em ângulos retos, a estrutura em rede da AQI nos deixou perplexos. Levamos muito tempo para reconhecer o que estávamos vendo: a conectividade de pequenos times, dimensionados para o tamanho de um empreendimento completo. Nenhum dos elementos individuais da AQI era melhor que o nosso, mas isso não importava;

---

45. O Serviço Aéreo Especial (*Special Air Service* – SAS) foi colocado em campo pela primeira vez durante a Segunda Guerra Mundial sob o comando do lendário líder David Stirling, mas foi então dissolvido, e não formalmente organizado como um regimento até 1950.

um time, diferentemente de um comando convencional, não é a soma de suas partes. Mesmo que seus nós fossem fracos, sua rede era forte.

Nosso desafio, agora que o entendíamos, era encontrar uma maneira de remodelar nossa estrutura para criar unidade de time em uma organização de milhares de pessoas.

RECAPITULAÇÃO

- Diferenças estruturais fundamentais separam os comandos dos times. O primeiro está enraizado na previsão reducionista e é muito bom na execução eficiente de procedimentos planejados. Este último é menos eficiente, mas muito mais adaptável.
- A conectividade de confiança e propósito confere aos times a capacidade de resolver problemas que nunca poderiam ser previstos por um único gestor – suas soluções geralmente surgem como resultado de interações de baixo para cima, e não de ordens de cima para baixo.
- Nas últimas décadas, os times têm-se proliferado em campos anteriormente dominados por comandos em resposta à crescente complexidade tática.
- A adaptabilidade dos times da Força-Tarefa representou um começo valioso, mas teríamos que construir essa mesma adaptabilidade em uma escala muito maior.

CAPÍTULO 6

TIME DE TIMES

Em uma base aérea na pequena república de Krasnóvia, no Leste Asiático, três dúzias de diplomatas americanos estão em um avião. Eles estão nos mesmos assentos há vinte e quatro horas, com as mãos amarradas. Os terroristas a bordo estão exigindo que os Estados Unidos libertem doze membros de sua seita que foram capturados e presos quatro anos antes por um bombardeio no Paquistão. Caso contrário, garante o líder do grupo em um comunicado público, o primeiro refém será morto antes do meio-dia. As negociações estão desmoronando. O governo krasnoviano, que nunca se aproxima dos Estados Unidos, disse que não pode fazer nada para intervir.

Vários milhares de quilômetros acima do Pacífico ocidental, os SEALs da Marinha saem de um C-17 escurecido, seus paraquedas pegando o ar noturno. São 00h20: vinte minutos depois da meia-noite. Os SEALs pousam na água, encontram-se com embarcações de entrega especialmente projetados, sobem a bordo e iniciam seu trânsito em alta velocidade por mares turbulentos para alcançar seu alvo.

Enquanto isso, no avião, um dos reféns – um oficial diabético do Serviço de Relações Exteriores – começa a entrar em choque. Outros dois – um casal de idosos no que eles decidiram que seria seu rodízio final antes da aposentadoria – estão febris e vomitando. Mesmo que os terroristas no avião não os matem, parece que alguns americanos não sobreviverão por mais vinte e quatro horas.

Várias horas após a inserção do SEAL, trinta combatentes e quatro operadores especiais da Força Aérea, usando joelheiras e cotoveleiras, caem na pista de uma base área praticamente silenciosa. O estofamento faz pouco. Vários dos soldados, embora abençoados com a agilidade flexível da juventude e na máxima forma física, correm com dor óbvia para remover os obstáculos que bloqueiam as pistas essenciais e as pistas de táxi, e montam uma série de luzes infravermelhas. Visto através de óculos noturnos, o campo está agora totalmente iluminado; a olho nu, permanece escuro como breu. Em poucos minutos, outros membros da Jump Clearing Team, pilotando motocicletas lançadas pelo mesmo avião em que estavam, terminam de inspecionar a base aérea e confirmam que ela está pronta. Eles passam um rádio para dar a ordem.

No momento exato, o primeiro MC-130 cinza-escuro – uma variante de operações especiais do gigantesco avião de transporte *Hercules*[46] – desce das nuvens, pousando na escuridão e taxiando rapidamente para um local de desembarque pré-planejado. O rugido do motor do Hércules logo é acompanhado por vários outros. Assim que os pneus tocam a pista, antes mesmo de os aviões pararem completamente, eles começam a baixar as rampas. Caminhões Land Rover modificados, cheios de metralhadoras, surgem e se dirigem para pontos ao redor da base aérea. Às 03h22, o alvo está seguro.

A dança das bonecas russas continua, enquanto aeronaves menores agora rolam da parte de trás dos MC-130s. Os rotores separados para o voo são levantados em posição, e o giro agudo dos motores dos helicópteros se harmoniza com o som das pás batendo no ar. Os diminutos helicópteros MD-500 *Little Bird* estão prontos para decolar. Quatro variantes de caças, armados com uma combinação de metralhadoras giratórias 5,56 e cápsulas de foguete de 69,85 milímetros, lideram a formação. Seguem-se mais seis, cada um carregando quatro operadores de óculos sentados em uma espécie de banco do lado de fora dos *birds*. Às 03h51, com as armas prontas e os pés balançando ao vento, os soldados das Forças Especiais do Exército voam no nível das copas das árvores em direção ao seu objetivo.

No avião, os terroristas começam a se sentir frustrados. Eles estão ficando sem comida, e não esperavam que seu trabalho demoraria tanto. Dois deles puxam um diplomata sênior de sua cadeira e começam a espancá-lo com as coronhas de suas armas. Uma de suas costelas é quebrada. Quando ele cai no chão, começam várias explosões, depois tiros. Os reféns supõem que a matança finalmente havia começado.

Começou, mas não como esperado. Em meio a gritos e vários tiros, os operadores das Forças Especiais do Exército movem-se pelos corredores da aeronave atacando metodicamente os sequestradores. Os terroristas, divididos

---

46. O Lockheed C-130 Hercules é um grande avião de transporte de quatro motores que tem sido usado pelas forças armadas dos EUA há meio século.

entre o impulso de matarem seus prisioneiros e de se defenderem contra o ataque repentino, não realizam nenhuma das duas coisas e morrem.

Às 04h35, a operação está praticamente concluída. As ações aparentemente não relacionadas das forças haviam sido, de fato, todas as partes componentes de uma operação maior e intrincada. Os SEALs apreenderam uma plataforma de petróleo importante, na qual os krasnovianos posicionaram o radar de defesa aérea. Ao desligar o radar, a operação SEAL abriu um corredor pelo qual aeronaves americanas conseguiram se infiltrar sem serem detectadas. Minutos depois, os MC-130 aproveitaram a descontinuidade do radar, permitindo que os guardas tomassem o campo de pouso e garantissem um local de onde os operadores das Forças Especiais do Exército poderiam iniciar a operação de resgate.

Foi uma coreografia esplêndida – precisão de praça de armas. O tempo de cada parte da operação foi extraordinariamente sincronizado. Ao longo de toda a execução, uma equipe de combate da Força-Tarefa em um navio da Marinha dos EUA, a alguns quilômetros da costa, monitorou a operação dessa máquina bem calibrada. Em poucas horas, eles pronunciariam o "fim do exercício" e começariam a fazer as malas para a viagem de volta aos Estados Unidos.

Tinha sido uma semana cansativa, mas nada disso era real. Tudo fazia parte de um programa de exercícios projetado para aprimorar a capacidade da Força-Tarefa de executar as mais complicadas missões de contraterrorismo em qualquer lugar do mundo. Foi impressionante e lindamente orquestrado, mas, no início do século XXI, tinha pouca semelhança com as operações reais que conduziríamos no Iraque, no Afeganistão e em outros lugares contra a Al Qaeda.

Desde a sua criação, a Força-Tarefa realiza um ciclo regular de exercícios de treinamento, lutando contra krasnovianos fictícios e outros inimigos simulados, para refinar a capacidade da força de executar missões como a Garra de Águia. Incansavelmente, trimestre após trimestre, ano após ano, soluções complexas para situações aparentemente impossíveis têm sido desenvolvidas, planejadas, ensaiadas e praticadas em todo o mundo.

Operações como aquelas contra os krasnovianos reuniram todos os elementos de nossa Força-Tarefa em um mecanismo reducionista planejado de cima para baixo. Os SEALs capturaram um alvo, os combatentes conseguiram outro e as Forças Especiais do Exército resgataram os reféns. Embora seus esforços tenham se reunido no produto final, quase não houve interação entre eles durante o curso da operação. Cada uma das forças subordinadas percebia-se como extremamente adaptável, mas a Força-Tarefa geral desenvolveu uma preferência por operações "mecânicas" complicadas. Planos de contingência foram desenvolvidos e ensaiados, mas a flexibilidade real era limitada.

Se as ameaças que enfrentamos no mundo real fossem como a Garra de Águia – crises de construção lenta que culminaram em um único e previsível ponto crítico –, esses exercícios teriam nos preparado bem. Após anos de treinamento, estávamos prontos para outra crise de reféns iranianos – ou krasnovianos. Mas em 2004, o tipo de ameaça que a Krasnóvia representava era tão fictício quanto o próprio Estado. Fomos colocados contra um inimigo e um ambiente mais amplo definido pela interdependência, velocidade e imprevisibilidade. E nós nos deixamos levar por uma sensação de falsa eficácia. Toda vez que realizávamos exercícios, confirmávamos que os SEALs eram excelentes em operações marítimas, que as Forças Especiais do Exército eram incomparáveis no resgate de reféns e que os combatentes eram excelentes na captura de bases aéreas. Presumimos que disso se seguiu que nós, como força, éramos imbatíveis. Nós deveríamos saber que não era bem assim.

Por si só, cada time exibia laços horizontais de confiança e um senso de propósito comum, mas os únicos laços externos que importavam para cada time eram os verticais, que os conectava à superestrutura de comando, assim como os trabalhadores em uma linha de montagem. Relações significativas entre os times eram inexistentes. E nossos times tinham definições de propósito muito provincianas: completar uma missão ou terminar uma análise de inteligência, em vez de derrotar a AQI. Para cada unidade, a parte da guerra que realmente importava era a parte dentro de sua caixa no quadro organizacional; eles estavam lutando suas próprias lutas em seus próprios silos. A especialização que permitia uma eficiência de tirar o fôlego tornou-se uma desvantagem diante da imprevisibilidade do mundo real.

MECE

Existe um acrônimo cativante no mundo da consultoria, "MECE", que significa "mutuamente exclusivo e coletivamente exaustivo". Um detalhamento do MECE pega algo – digamos, clientes – e o segmenta em uma série de categorias que não se sobrepõem, mas juntas cobrem tudo. Os clientes podem ser divididos em "clientes pagantes" e "clientes não pagantes". Cada cliente se enquadra em uma dessas categorias e nenhum deles estará em mais de um lugar. Há algo muito satisfatório na maneira como uma estrutura MECE se encaixa. É uma maneira ordenada e eficaz de organizar categorias. Mas nem sempre é uma forma eficaz de organizar as pessoas.

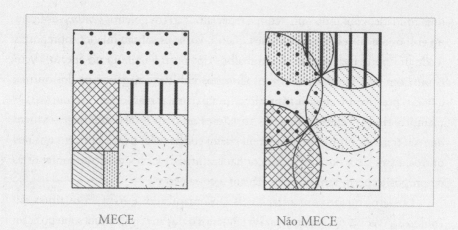

MECE   Não MECE

O quadro organizacional clássico é uma estrutura perfeitamente MECE. As conexões que importam são as esparsas verticais entre os trabalhadores e seus gestores. O vice-presidente de estratégia de marketing de uma empresa automobilística norte-americana se preocupa com seu relacionamento com o CEO a quem ele se reporta, mas provavelmente não se preocupa muito com seu relacionamento com o vice-presidente de operações do Sudeste Asiático, assim como um trabalhador que coloca pneus na linha de montagem dessa empresa preocupa-se em seguir as orientações que lhe foram dadas pelo chefe, mas não com o trabalhador que está apertando os parafusos da coluna de direção. As tarefas pelas quais esses dois vice-presidentes ou dois trabalhadores da indústria automotiva são responsáveis são projetadas para existir de forma independente – eles não precisam se conhecer, nem precisam falar a mesma língua; eles não precisam de fluência interativa. Um comando militar clássico, uma hierarquia corporativa ou uma tripulação de voo como a do capitão McBroom seriam bastante MECE: um líder planeja e atribui tarefas de cima, e cada um fica em sua caixa.

Imagine um time esportivo tipo MECE e você teria um espetáculo ridículo: jogadores ignorando uns aos outros e a bola, com seus os olhos fixos no treinador, aguardando ordens precisas. Um treinador pode ser capaz de conceber uma maneira mais *eficiente* de executar qualquer jogada do que qualquer coisa que os jogadores improvisariam no calor do jogo. Mas o treinador não tem como prever exatamente como o jogo se desenvolverá, e não tem como comunicar de forma eficaz instruções em tempo real com rapidez suficiente para ser útil a todos os jogadores simultaneamente (mesmo que ele pudesse concebê-la naquele instante). A equipe funciona melhor com a capacidade coesa de improvisar como uma unidade, contando tanto com a especialização (os goleiros *geralmente* ficam no gol; os atacantes *geralmente* não) quanto com responsabilidades sobrepostas (cada um pode fazer alguns dos trabalhos dos outros na hora do aperto), bem como com essa familiaridade a respeito dos hábitos e reações uns dos outros, que eles podem antecipar instintivamente a partir das reações uns dos outros. Os melhores times – como o dos três atiradores no convés do *Bainbridge* – sabem que seu treinador (ou comandante ou chefe) confia neles para confiarem uns nos outros. Esses laços horizontais de confiança anti-MECE e definições sobrepostas de propósito permitem que eles "façam a coisa certa".

Onde os quadro organizacionais são organizados e MECE, os times são confusos. As conexões se entrecruzam em todos os lugares, e há muita sobreposição: os membros do time rastreiam e viajam não apenas por seu próprio território especializado, mas, muitas vezes, por todo o campo de atuação. Confiança e propósito são ineficientes: conhecer seus colegas intimamente e adquirir uma visão geral de todo o sistema são grandes perdas de tempo; a partilha de responsabilidades gera redundância. Mas essa sobreposição e redundância – essas ineficiências – são justamente o que imbui os times com adaptabilidade e eficácia de alto nível. Grandes times são menos como "máquinas incríveis" do que organismos incríveis.

Nossos pequenos times operacionais entenderam tudo isso instintivamente – eles confiavam uns nos outros e, dentro de suas unidades, tinham um senso de propósito claro e compartilhado. Eles eram hábeis em responder instantânea e criativamente a eventos inesperados. Mas todo esse comportamento parou onde a borda do time encontrou a parede do silo.

Em outubro de 2003, logo após assumir o comando da Força-Tarefa, inspecionei as instalações de inteligência em nossa pequena base no Aeroporto Internacional de Bagdá (*Baghdad International Airport* – BIAP)[47]. O termo "instalações de inteligência" pinta um quadro mais impressionante do que a realidade. Instalados em um pequeno prédio, havia celas para o confinamento temporário de detidos capturados em incursões da Força-Tarefa, uma sala de interrogatório e uma área de escritório decrépita. Enquanto eu andava por aí fazendo perguntas e procurando ter uma ideia da operação, abri a porta de um armário de suprimentos. Dentro havia uma pilha de um metro e meio de altura

---

47. Antes de sua queda no início daquele ano, o BIAP recebeu o nome do ditador do Iraque, Saddam Hussein.

de sacos plásticos e sacos de estopa – sacos de provas que nossos times de ataque estavam levando de volta. Os sacos estavam todos empilhados, fechados.

Acabou que, quando um de nossos times SEAL ou das Forças Especiais do Exército de operações avançadas capturou informações durante uma incursão, eles jogaram tudo – documentos, CDs, computadores, telefones celulares – em sacos de areia, sacos de lixo ou o que quer que tivessem, normalmente amarrando um etiqueta ou afixando um post-it de explicação. Em seguida, eles jogavam esses sacos em helicópteros que retornavam a Bagdá, junto com correspondências, equipamentos desnecessários ou até mesmo detidos importantes. Os sacos demoravam horas[48]; os post-its, rabiscados, muitos dos quais se perdiam no caminho, nunca fornecendo contexto suficiente para o time de inteligência operacional da retaguarda fazer seu trabalho.

O supervisor da instalação explicou que, na falta de tradutores dedicados, ele usava os tradutores dos interrogadores nas horas vagas, e não havia muito tempo livre. Assim como frutas maduras deixadas ao sol, a inteligência estraga rapidamente. Quando os sacos eram abertos, a maior parte não prestava para nada: as células da AQI teriam se mudado ou mudado seus planos. Um mapa do esconderijo de Saddam Hussein poderia estar entre os documentos e nós não saberíamos.

Os operadores, especialistas em seus próprios papéis, mas com pouca compreensão dos aspectos práticos da análise de inteligência, não podiam prever que tipos de explicações seriam significativas, que tipo de contexto era relevante ou que material precisava ser processado instantaneamente e qual poderia esperar. Para muitos, os times de inteligência eram simplesmente uma caixa preta que engolia seus dados duramente conquistados e cuspia análises tardias e decepcionantes. Eles não conheciam os analistas pessoalmente e os viam como distantes e territoriais. Os operadores preferiram ficar com os materiais capturados para darem ao seu membro da equipe menos experiente, com poucos recursos, mas *familiar* e hábil em análises, alguns dias com tudo aquilo, na esperança de que a pequena fração de material que ele ou ela tivesse tempo de vasculhar produzisse *insights* de valor. Como no voo 173, todos estavam fazendo seu trabalho, mas ninguém verificava o medidor de combustível.

---

48. Isso pode não parecer muito tempo, mas em relação à escala de tempo extremamente rápida em que a AQI operava, configurava praticamente uma era.

Do lado da inteligência, os analistas ficavam frustrados com a má qualidade dos materiais e com os atrasos em recebê-los. E, sem a exposição aos detalhes, desagradáveis, mas verdadeiros, dos ataques, eles tinham pouca noção do que os operadores precisavam. Para eles, cada telefone celular ou papel sujo que recebiam era apenas mais uma tarefa entregue por um gestor. Muitos viam os operadores como arrogantes e ignorantes a respeito da análise de inteligência: ferramentas para derrubar portas que não tinham apreço pela guerra de inteligência. Na opinião deles, os operadores estavam lutando a luta errada; os operadores tinham a mesma visão dos analistas.

Os times estavam operando de forma independente – como trabalhadores em uma fábrica eficiente – enquanto tentavam acompanhar um ambiente interdependente. Todos nós sabíamos intuitivamente que a inteligência reunida nas comunicações e operações da AQI quase certamente impactaria o que nossos operadores viam no campo de batalha, e que os detalhes do campo de batalha quase certamente representariam um contexto valioso para análise de inteligência, mas esses elementos de nossa organização não estavam se comunicando entre si.

Naquela noite, eu estava diante de um quadro branco com um colega para discutir o problema. Desenhei uma figura de ampulheta para representar a distância organizacional e o relacionamento entre os times, os times operacionais avançados na parte superior do vidro e nossos times de análise de retaguarda na parte inferior. Coloquei minha mão sobre a metade inferior da ampulheta e perguntei: "Remover essa metade afetaria o time de ataque?" A resposta foi não. Ambas estavam trabalhando tão diligentemente quanto sabiam, mas estavam conectadas apenas por um ponto de estrangulamento.

Os sacos de provas não abertos eram sintomáticos de um problema maior. Poderíamos tentar resolvê-lo com um plano de triagem para reencaminhamento e processamento de dados, mas isso seria como responder ao United 173 com um procedimento técnico específico para mau funcionamento do trem de pouso. Na melhor das hipóteses, resolveríamos um problema específico; na pior das hipóteses, aumentaríamos a papelada, atrasando ainda mais as coisas, e, no momento em que as circunstâncias mudassem, estaríamos de volta à estaca zero. O ponto de estrangulamento existia não por falta de orientação de cima, mas por falta de integração.

Para consertar o ponto de estrangulamento, precisávamos consertar o sistema de gestão e a cultura organizacional que o criaram. Assim que analisamos nossa organização através das lentes da estrutura de equipe – procurando por pontos fracos na conectividade horizontal em vez de novas possibilidades de planejamento de cima para baixo – pontos de estrangulamento semelhantes tornaram-se visíveis entre todos os nossos times individuais. Nós nos referimos a eles como "intermitências".

A estratificação e os silos estavam instalados em toda a Força-Tarefa. Embora todas as nossas unidades residissem no mesmo complexo, a maioria vivia com sua "espécie", algumas usavam academias diferentes, as unidades controlavam o acesso às suas áreas de planejamento e cada tribo tinha sua própria marca de complexo de superioridade desdenhosa. Os recursos eram compartilhados com relutância. Nossas forças viviam uma existência próxima, mas praticamente paralela.

As intermitências foram ainda piores entre a Força-Tarefa e nossas organizações parceiras: CIA, FBI, NSA e unidades militares convencionais com as quais tínhamos que coordenar as operações. Inicialmente, os representantes dessas organizações viviam em *trailers* separados, com acesso limitado ao nosso complexo. Construídas em nome da segurança, essas paredes físicas impediam a interação rotineira e produziam desinformação e desconfiança. A NSA, por exemplo, inicialmente se recusou a nos fornecer interceptações de sinais brutos, insistindo que eles tinham que processar sua inteligência e nos enviar resumos, geralmente um processo que tomava vários dias. Eles não estavam sendo intencionalmente difíceis; sua doutrina interna sustentava que somente eles poderiam efetivamente interpretar suas compilações. Distribuir dados brutos convidava a interpretações errôneas com consequências potencialmente desastrosas. Mas análises extremamente precisas de onde o inimigo estivera três dias antes não nos permitiriam interceptar combatentes estrangeiros empenhados em ataques suicidas.

Até que consertássemos as intermitências, não seríamos totalmente eficazes. Precisávamos de times operacionais para reunir, organizar e transmitir dados para analistas em Bagdá, Tampa e Washington. Esses analistas precisariam, então, examinar os dados e comunicar as conclusões ao time original para ações subsequentes. Simultaneamente, precisávamos divulgar os tópicos relevantes para milhares de pessoas em nossa organização; e precisávamos de superiores administrativos para modificar as operações e alocar recursos com base na análise. Tudo isso teria que acontecer em questão de horas, não semanas, e cada situação seria diferente das anteriores.

Tínhamos que encontrar uma maneira para a organização como um todo construir em escala a mesma conectividade confusa que nossos pequenos times dominavam com tanta eficácia.

Nossas circunstâncias eram únicas, mas o problema não é. Embora os times tenham se proliferado em organizações de hospitais a tripulações de companhias aéreas, quase sem exceção isso aconteceu dentro dos limites de estruturas reducionistas mais amplas, e isso limitou seu potencial adaptativo.

No tratamento das vítimas do atentado de Boston, o Brigham and Women's recuperou (em vez de amputar) uma porcentagem muito maior de membros do que outros hospitais, apesar de terem níveis médios iguais ou maiores de lesões nos pacientes que chegaram[49]. Em um artigo escrito com seus colegas após o bombardeio, os drs. Carty e Caterson creditaram à cultura de seu hospital "promover a preparação e o trabalho em time por meio de interações colaborativas diárias". O time médico tinha relacionamentos de longa data, construídos ao longo de anos no atendimento de pacientes de rotina. Assim, quando a crise chegou, "nenhuma decisão foi tomada no vácuo", diz Caterson, "o que significa que não havia mais um único cirurgião dizendo que essa extremidade inferior está mutilada; eu vou tirar essa perna [...] tomávamos decisões como um time". No entanto, até o Brigham and Women's admitiu que a organização como um todo não possuía a capacidade de lidar com um evento tão inesperado.

Existiam problemas nas linhas de falha – nos espaços *entre* os times de elite. Diferentes departamentos do hospital tinham convenções diferentes para rastrear pacientes desconhecidos. À medida que um volume sem precedentes de pacientes era trazido para as salas de emergências, salas de cirurgia e unidades de queimados, o sistema de rastreamento ficou sobrecarregado: um relatório observou que "uma enfermeira ou técnico movia manualmente o ícone de [cada] paciente em uma placa de rastreamento, para que outros membros do time pudessem encontrá-los. No caos pós-bomba, o time nem sempre movia as placas em tempo hábil, então nem sempre se sabia exatamente onde os pacientes estavam localizados". O Brigham and Women's realizou coisas impressionantes naquele dia, mas quanto maior uma iniciativa fica, mais difícil é pensar e agir como apenas um.

Em um agora famoso estudo do Instituto de Medicina de 1999, *To Err Is Human* ["Errar é Humano"], estimou-se que entre 44 mil e 98 mil pessoas morriam todos os anos como resultado de erros médicos. Mesmo que se use

---

49. Havia, é claro, muitas variáveis em jogo, e este não é um tamanho de amostra grande o suficiente para ser estatisticamente significativa, portanto, não é uma evidência conclusiva. No entanto, ele se alinha com seus outros registros pendentes.

a estimativa mais baixa do estudo, as mortes por erros médicos teriam sido a sétima causa de morte dos Centros de Controle e Prevenção de Doenças (*Centers for Disease Control and Prevention* – CDC) em 1998, o que significa que mais pessoas morreram como resultado de erros médicos do que de acidentes com veículos automotores (43.458 mortes), câncer de mama (42.297 mortes) ou AIDS (16.516 mortes)[50].

Um novo estudo publicado em setembro de 2013 afirma que o número de mortes por erro médico é dramaticamente maior: 210 mil a 400 mil. Qualquer uma das estimativas colocaria os erros médicos como a terceira principal causa de morte no ranking de 2011 do CDC. Se as 100 mil mortes estimadas devido a infecções adquiridas em hospitais fossem incluídas, essa perda é igual a vinte aviões Boeing 747 caindo a cada semana.

COMANDO DE TIMES

O dilema enfrentado pelo Brigham and Women's em 2013, como o enfrentado por nossa Força-Tarefa em 2004, foi o que poderíamos chamar de "comando de times": pequenos times adaptáveis, operando dentro de uma superestrutura rígida antiquada. Em resposta à crescente complexidade tática, muitas organizações em muitos domínios substituíram pequenos comandos por times. Mas a grande maioria dessas organizações precisa ser muito maior do que um único time; eles consistem em múltiplos times, e esses times são conectados da mesma forma que um comando tradicional. Isso sufoca o potencial adaptativo dos times: quando confinados a silos como os de nossa Força-Tarefa, os times podem alcançar a adaptabilidade tática, mas nunca serão capazes de exibir essas características em um âmbito estratégico.

A proliferação do comando de times não é exclusiva de empreendimentos de missão crítica. Um estudo de cerca de setecentos fabricantes feito pelo economista do MIT Paul Osterman descobriu que a maioria estava usando times de trabalho e que quase metade tinha a maioria de seus funcionários trabalhando em times. Uma pesquisa do Work in America Institute com uma centena de empresas líderes descobriu que 95% dos entrevistados classificaram o "trabalho em time: criar e sustentar organizações baseadas em time" como o tópico de pesquisa que teria o maior valor para suas organizações. É claro que os times de escritórios podem ser coesos e adaptáveis ou podem ser times apenas no nome

---

50. As classificações do CDC não incluem erro médico como causa/categoria de morte separada.

– o resultado de um gestor colocando alguns cartazes, dando um discurso para elevar o espírito e, depois, se retirando para seu escritório de canto. Os times, como muitos dos tópicos estudados neste livro (confiança, propósito, necessidade de adaptabilidade, etc.), podem facilmente se transformar em uma "solução de adesivo de para-choques" – desfile de retórica como transformação real. No entanto, estudos em grandes empresas com conjuntos de dados robustos, como Xerox, Ford e P&G, descobriram que a implementação de times geralmente leva a saltos de produtividade, bem como a melhorias no moral.

Os times podem trazer uma medida de adaptabilidade para organizações anteriormente rígidas. Mas essas melhorias de desempenho têm um teto, já que as características adaptáveis são limitadas ao nível do time. À medida que o mundo cresce mais rápido e mais interdependente, precisamos descobrir maneiras de dimensionar a fluidez dos times ao longo de organizações inteiras: grupos com milhares de membros que abrangem continentes, como nossa Força-Tarefa. Mas é mais fácil dizer do que fazer.

Times pequenos são eficazes em grande parte porque são pequenos – as pessoas se conhecem intimamente e passaram centenas de horas juntas. Em grandes organizações, a maioria das pessoas inevitavelmente será estranha umas às outras. Na verdade, as mesmas características que tornam os times excelentes, muitas vezes, podem funcionar para impedir sua coerência em um todo mais amplo.

Como se constrói um time com 7 mil parceiros de natação?

"O PONTO EM QUE TODO MUNDO É UM SACO"

Qualquer pessoa que tenha feito um curso introdutório de microeconomia aprendeu sobre "retornos marginais decrescentes". Com a maioria dos bens e serviços, cada unidade adicional traz menos valor ou gratificação do que a anterior: um sanduíche trará grande satisfação a um homem faminto. O segundo sanduíche trará alguma felicidade, o terceiro um pouco menos, e o décimo provavelmente será difícil de comer e pode deixá-lo doente[51]. No que se refere à mão de obra, isso é conhecido como o problema de "cozinheiros demais na cozinha".

---

51. Há uma diferença entre retornos marginais decrescentes (quando cada unidade adicional agrega menos valor que a anterior – isso provavelmente ocorre após o primeiro sanduíche) e retornos totais decrescentes (quando cada unidade adicional agrega valor negativo – o sanduíche que faz você se sentir pior do que antes de comê-lo). Para nossos propósitos, a diferença não é importante: a questão é que os atributos positivos do trabalho nem sempre aumentam com a escala.

Quantos "cozinheiros" é demais? Depende. Em uma cozinha pequena ou escritório, quatro pode ser o número ideal. Para uma empresa com operações do porte do Walmart, o ponto de quebra é muito maior. Para algumas atividades, como ter uma conversa envolvente, os retornos marginais decrescentes aparecem depois de um determinado número de pessoas. Para outras tarefas, como produzir um item mecânico via linha de montagem, você pode agregar tanto valor com o centésimo funcionário quanto com o primeiro.

Para os times, esse intervalo é consideravelmente mais estreito. Times de atletas, por exemplo, geralmente consistem de quinze a trinta pessoas. Os pelotões de combatentes do Exército são compostos por quarenta e dois soldados. Os esquadrões SEAL contêm entre dezesseis e vinte pessoas. Com números maiores do que esses, as equipes começam a perder a "unicidade" que as torna adaptáveis. À medida que a tal cozinha se enche, a comunicação e a confiança se desfazem, os egos entram em conflito e a química que impulsionou a inovação e a agilidade torna-se destrutiva. Em muitos casos, essa perda de adaptabilidade condena a empresa.

Embora qualquer SEAL estivesse, como toda a nossa Força-Tarefa, em teoria, lutando a mesma luta, ele realmente estava lutando por seu esquadrão. Os homens de um esquadrão se preparam, implementam e operam juntos. Eles passam quatro meses em rodízios nos desertos estrangeiros e hostis do Iraque ou nas planícies áridas do Afeganistão, e raramente têm uma interação significativa e amigável com alguém fora desse círculo. Imagine o relacionamento com o colega de quarto mais próximo que você já teve e multiplique isso por cem. Os laços dentro dos esquadrões são fundamentalmente diferentes daqueles entre esquadrões ou outras unidades. Nas palavras de um de nossos SEALs, "o esquadrão é o ponto em que todo mundo é um saco. Aquele outro esquadrão é um saco, as outras equipes SEAL são um saco e nossos colegas do Exército definitivamente são um saco". Claro, todos os outros esquadrões pensavam a mesma coisa.

Aqui, nós nos deparamos com uma restrição fundamental da banda larga compreensiva da mente humana. O antropólogo britânico Robin Dunbar teorizou que o número de pessoas nas quais um indivíduo pode realmente confiar geralmente fica entre 100 e 230 (uma variante mais específica foi popularizada por Malcolm Gladwell como a "Regra dos 150", em seu livro *Fora de série – Outliers*). Essa limitação leva a um tipo de competitividade tribal: a vitória tal como definida pelo esquadrão – a unidade primária de fidelidade – pode não se alinhar com a vitória tal como definida pela Força-Tarefa. O objetivo passa a ser cumprir missões melhor do que o time que fica do outro lado da base, em vez de vencer a guerra. Em outras palavras, a magia dos times é uma faca de dois gumes quando as organizações crescem: algumas das mesmas características que tornam um time excelente adaptável podem torná-lo incompatível com a estrutura a que serve.

Milhares de empresas incipientes afundaram devido à incapacidade de dimensionar seu trabalho em time. Joel Peterson, professor da Stanford School of Business, diz que a rigidez que se estabelece com a escala é uma das principais causas do fracasso de uma startup. E o falecido J. Richard Hackman, professor de sociologia de Harvard, descobriu que os times são muito mais complicados de construir e manter do que gostamos de pensar. A questão não é que os times nunca funcionam, mas que a dinâmica do times é poderosa, mas delicada, e a expansão é uma maneira infalível de quebrá-la. "[É] uma falácia que times maiores são melhores do que os menores porque têm mais recursos para usar", explica ele. "À medida que um time cresce, o número de links que precisam ser gerenciados entre os membros aumenta em um ritmo acelerado, quase exponencial". Em seu manual *Leading Teams*, Hackman nos lembra da "Lei de Brook": o dito de que adicionar pessoal para acelerar um projeto atrasado "não tem melhor chance de funcionar [...] do que teria um esquema, para produzir um bebê rapidamente, designar nove mulheres para ficarem grávidas por um mês cada uma [...] adicionar mão de obra a um projeto de software atrasado, atrasa-o mais."

Não foi possível fazer da Força-Tarefa um grande time, mas também não conseguimos manter nossa conciliação de comando de times; empilhar nossos times pequenos em silos nos tornou de difícil manejo. Ao mesmo tempo, não poderíamos simplesmente remover a superestrutura reducionista e deixar cada time à sua própria sorte; precisávamos de coordenação em toda a iniciativa. De alguma forma, teríamos que expandir confiança e propósito sem criar caos.

TIME DE TIMES

Padrões comportamentais milenares, as restrições neurológicas do cérebro humano e a história das operações especiais americanas estavam contra nós enquanto tentávamos nos mover para além do ponto em que "todo mundo é um saco". Precisávamos espalhar a unicidade – e a adaptabilidade que a acompanha – que infundiu os pelotões individuais de combatentes, unidades das Forças Especiais do Exército ou esquadrões SEAL em uma força-tarefa de milhares.

Enquanto estávamos sentados em nosso centro de comando improvisado em Balad, lendo relatórios de bombardeios da AQI, percebemos que nosso objetivo não era a criação de um time enorme. Precisávamos criar um *time de times*. Pode soar como uma distinção semântica cafona, mas, na verdade, marcou uma diferença estrutural crítica que transformou a aspiração de ampliar a magia da equipe em um objetivo realizável.

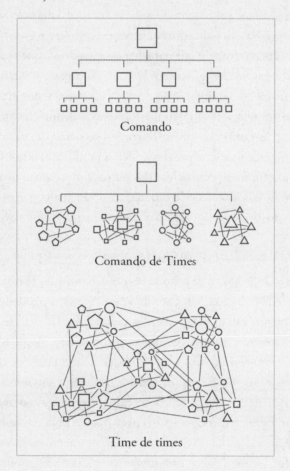

Em um único time, cada indivíduo precisa conhecer todos os outros indivíduos para construir confiança, e eles precisam manter uma consciência abrangente o tempo todo para manter um propósito comum – fácil com um grupo de vinte e cinco, factível com um grupo de cinquenta, delicado acima de cem, e definitivamente impossível em uma força-tarefa de sete mil. Mas em uma equipe de equipes, cada *indivíduo* não precisa ter um relacionamento com todos os outros; em vez disso, as relações entre os *times* constituintes precisam se assemelhar àquelas entre os indivíduos de um determinado time: precisávamos que os SEALs confiassem nas Forças Especiais do Exército e que eles confiassem na CIA, e que todos estivessem vinculados por um senso de propósito comum: vencer a guerra, em vez de superar a outra unidade. E isso poderia ser efetivamente realizado por meio da representação.

Não precisávamos que todos os membros da Força-Tarefa conhecessem todos os outros; só precisávamos que todos conhecessem *alguém* em cada time, para que, quando pensassem ou tivessem que trabalhar com a unidade que se alojava ao lado ou com seus colegas de inteligência em D.C., vislumbrassem um rosto amigável em vez de um rival competitivo. Não precisávamos que todos acompanhassem cada operação em tempo real (algo tão impossível quanto construir amizades duradouras com sete mil pessoas). Precisávamos capacitar um time operando em um ambiente interdependente para entender as ramificações do efeito borboleta de seu trabalho e torná-las conhecidas dos outros times com as quais teriam que cooperar a fim de alcançar sucesso estratégico – não apenas tático.

A pressão do tempo era intensa, e o que estava em jogo continuava aumentando.

QUASE

Ao longo de 2004, o Iraque ia se desvenando de forma constante e perturbadora. Fallujah caiu. Sob a sombra de Zarqawi, a cidade tornou-se uma fortaleza insurgente. Em junho, os jihadistas policiavam as ruas, fechando salões de beleza e cinemas, torturando e matando policiais e "espiões" iraquianos. Combatentes estrangeiros chegavam ao Iraque a uma taxa que estimamos ser de 100 a 150 por mês. Cada pessoa a mais – geralmente um homem-bomba ou um combatente fanaticamente comprometido – representava dezenas de mortes de civis por vir. Fallujah tornou-se palco para ataques cada vez mais sofisticados, como o bombardeio da estação de esgoto em 30 de setembro. Até o final do ano, os ataques às forças americanas atingiram uma média de 87 por dia, e o número de mortos americanos passou de 1 mil.

O ritmo da AQI continuou em 2005, quando Zarqawi orquestrou uma campanha de intimidação violenta contra as eleições parlamentares de janeiro. Apenas 3.775 pessoas votaram em toda a província de Anbar – cerca de 2% da população. As declarações provocativas de Zarqawi de que ele passava regularmente, e com facilidade, pelos postos de controle americanos, combinadas com sua crescente estatura como líder insurgente, destacavam ainda mais nossa aparente impotência. Parar Zarqawi era um imperativo operacional para a Força-Tarefa e, para mim, parecia uma obsessão.

Em fevereiro de 2005, tivemos a oportunidade de atacar Zarqawi. Fazia quatorze meses desde que atestamos sua presença no Iraque. Uma combinação de fontes de inteligência confirmou que ele estava viajando em um sedã; e um *Predator*[52], a mais de 3 mil metros acima do solo, avistou o veículo movendo-se por uma área pouco povoada a oeste de Bagdá. Uma enxurrada de comunicações surgiu em toda a Força-Tarefa quando mobilizamos forças de ataque para um movimento imediato e solicitamos unidades convencionais para impedir a fuga de seu veículo.

Enquanto o operador do *Predator* rastreava o sedã, o veículo entrou em um beco sem saída, parou por um momento e depois partiu. O operador, para manter a vigilância, teve que ajustar a câmera e, por pura má sorte, não viu Zarqawi saindo do veículo e se afastando a pé. Capturamos seu computador e rifle, mas foi uma amarga decepção. O homem com a recompensa de 25 milhões de dólares sobre sua cabeça nos escapou mais uma vez.

Embora soubéssemos que encontrar o homem não destruiria sua organização – especialmente considerando o quão resiliente e descentralizada a AQI era – também sabíamos que era de uma vitória estratégica e simbólica que precisávamos. Cada oportunidade perdida de capturar ou, se necessário, matar agentes da AQI – especialmente um tão valioso quanto Zarqawi – custaria vidas de militares dos EUA ou, mais para frente, de civis iraquianos. Desde que assumi o comando da Força-Tarefa, a situação no Iraque só piorou, e isso não mostrava sinais de que iria minorar.

Naquele mês de junho, fui convocado à Casa Branca para informar ao presidente a situação de nossos esforços para capturar ou matar Zarqawi. Sentado entre o secretário de defesa, Donald Rusfeld, e a secretária de Estado, Condoleezza Rice, nos confins apertados da sala de crise, apresentei a George W. Bush e sua equipe de segurança nacional reunida uma visão geral de nossos esforços até o momento e minha confiança genuína de que, em última análise, nós o pararíamos. Mas a verdadeira questão era se seria a tempo suficiente para evitar que ele incendiasse todo o Iraque.

---

52. Um veículo aéreo não tripulado padrão ou drone capaz de fornecer transmissão em tempo real de vídeo em movimento total de objetos no solo.

A essa altura, eu sabia que derrotar Zarqawi e sua organização não poderia ser realizado por um comando tradicional – mesmo um comando composto por times tão capazes quanto os nossos. Teríamos que igualar a adaptabilidade da AQI, preservando nossos pontos fortes tradicionais, e isso exigiria uma transformação sem precedentes – exigiria um verdadeiro time de times. Conseguir isso envolveria uma reversão completa da abordagem convencional de compartilhamento de informações, delineamento de papéis, autoridade para tomada de decisão e liderança.

RECAPITULAÇÃO

- Embora os times constituintes de nossa Força-Tarefa exemplificassem a adaptabilidade, uma superestrutura semelhante a um comando restringia a organização como um todo. Essa abordagem de "comando de times" era mais flexível do que um comando convencional, mas ainda não era adaptável o suficiente para lidar com as complexidades do século XXI e combater a AQI.

- Embora os times tenham proliferado em muitos setores, quase sempre o fizeram nos limites de comandos mais amplos. Mais e mais organizações precisarão superar esse obstáculo e se tornarem mais adaptáveis.

- Infelizmente, muitas das características que tornaram nossos times tão bons também tornaram incrivelmente difícil dimensioná-los em toda a nossa organização. Igualmente enfrentamos algumas restrições fundamentais. Construir um único time do tamanho de nossa Força-Tarefa seria impossível.

- A solução que criamos foi um "time de times" – uma organização dentro da qual os relacionamentos entre os times constituintes se assemelhavam àqueles entre os indivíduos de um único time: times que tradicionalmente residiam em silos separados agora teriam que se fundir uns aos outros por meio de confiança e propósito.

PARTE III
COMPARTILHAMENTO

Em janeiro de 2000, Khalid al-Mihdhar obteve um visto para entrar nos Estados Unidos. Dois dias antes, ele havia sido objeto de uma reunião conjunta da CIA-FBI. Um analista da CIA que estava presente sabia que Mihdhar tinha conexões com suspeitos de terrorismo, mas "como analista da CIA, ele não estava autorizado a responder às perguntas do FBI sobre informações da CIA". Quando, mais tarde naquele verão, o FBI começou a suspeitar de Mihdhar, as divisões internas do Bureau dificultaram os esforços para localizá-lo, e um agente do FBI de interesse "criminoso" designado para o caso do atentado ao USS Cole foi erroneamente informado de que, como ele não era um agente de "inteligência" do FBI, ele não poderia perseguir Mihdhar. Em setembro seguinte, Mihdhar pilotou o voo 77 da American Airlines que foi lançado contra o Pentágono.

Em julho de 2001, um agente do FBI em Phoenix enviou um memorando ao quartel-general do FBI sugerindo a "possibilidade de um esforço coordenado de Usama Bin Laden"[53] para enviar terroristas a escolas de aviação nos Estados Unidos e assinalando o "número excessivo de indivíduos de interesse investigativo" que estavam matriculados em escolas de voo no Arizona. Embora tenham sido abordados no memorando, membros da unidade de Usama Bin Laden do FBI não leram o memorando até depois de 11 de setembro.

---

53. "Usama" é um dos nomes também usados para fazer referência a Osama bin Laden. (N.T.)

E em relação a Khalid Sheikh Mohammed, o mentor dos ataques, as "peças do quebra-cabeça chegaram na primavera e no verão de 2001", mas "não foram montadas". Em abril, a CIA soube que alguém chamado "Mukhtar" estava coordenando um complô contra os Estados Unidos, e, mais tarde naquela primavera, souberam que um conhecido terrorista – Khalid Sheikh Mohammed – estava recrutando ativamente agentes para viajar do Afeganistão aos Estados Unidos para um ataque. Em agosto, a CIA soube que o apelido de Khalid Sheikh Mohammed era "Mukhtar", mas a conversa de abril sobre um "Mukhtar" que estava planejando um ataque havia esfriado.

O sistema de inteligência dos EUA estava "com o sinal vermelho piscando", como mais tarde diria o Relatório da Comissão do 11 de Setembro. "Sistemas", no plural, seria uma descrição mais precisa, pois esses obstáculos ao compartilhamento impediram o tipo de integração que poderia ter evitado os ataques.

Ninguém ligou os pontos.

CAPÍTULO 7

VISUALIZANDO O SISTEMA

Era outubro, mas, no final da manhã, o calor estava resplandecente na calçada de Bagdá. Um analista de inteligência de 26 anos, com uma barba desgrenhada e uma camisa de acampamento Columbia, praticamente tinha que fechar os olhos ao deixar as instalações de triagem da Força-Tarefa. Ele carregava sete páginas de papel: a impressão de uma análise em PowerPoint que ele havia montado e a breve biografia de um negociante de carros iraquiano que se tornou agente da AQI.

O tempo era essencial. O analista vinha rastreando esse alvo há várias semanas, mas só havia confirmado a função e a identidade do homem no dia anterior ao interrogatório. Interceptações de sinais indicaram que ele esteve, recentemente, ativo na capital. A AQI estava usando VBIEDs letais (*vehicle-borne improvised explosive devices*/dispositivos explosivos improvisados embarcados em veículos) para matar civis em bairros da cidade – mirar nesse homem era crucial para interromper a campanha de terror.

Em um *bunker* a 45 metros da instalação de triagem, o analista apresentou suas conclusões aos colegas sentados ao redor de uma mesa na sala de Consciência Situacional (*Situational Awareness Room* – SAR). Com base nessa análise, o antigo vendedor de carros tornou-se uma prioridade. Nossa máquina de identificação de alvos assimilou essa nova inteligência e a adicionou à lista de indivíduos que estávamos rastreando. O homem em questão não sabia, mas sua vida se tornou muito mais perigosa.

Em pouco tempo, os analistas identificaram a residência e o veículo do homem, bem como dois cúmplices com quem ele conversava e se encontrava. Pouco depois das 21h, no quarto dia, os meios de inteligência o localizaram em uma casa no bairro de Hurriya. Foi solicitado um veículo aéreo não tripulado *Predator*. Os ativos de vigilância e reconhecimento de inteligência (*Intelligence Surveillance and Reconnaissance* – ISR) estavam em alta demanda e a equipe que usava o *Predator* não queria entregá-lo, mas, após algumas conversas tensas, o veículo estava rotando em um giro de 5.182 metros acima da casa do alvo, fornecendo vídeo *full-motion*, em tempo real do local. O homem tinha sido *encontrado*. A próxima etapa de nossa F3EA linha de montagem – *determinar* – encaixou-se na engrenagem quando os analistas de inteligência passaram o caso para suas contrapartes operacionais e começaram a trabalhar em seu próximo alvo.

Em poucos minutos, uma equipe de assalto das Forças Especiais do Exército foi montada, informada e colocada em movimento. Eles viajaram em um pequeno comboio de veículos blindados sul-africanos projetados para guerra de rua. Estes foram adquiridos após a amarga experiência do combate de rua em Mogadíscio onze anos antes[54].

Os operadores estavam concentrados e calmos. Não era seu primeiro rodeio, nem era uma operação excepcionalmente desafiadora. Os homens no carro faziam isso mais ou menos todos os dias ao longo de sua missão. O feed de vídeo de rotação lenta do *Predator* fazia a transmissão para seus veículos e, à medida que os operadores o observavam, refinavam seu plano para proteger a área imediata ao redor da casa a fim de evitar sua fuga e depois entrar no prédio. O esquema básico era o mesmo de sempre: se ele se rendesse, seria capturado e interrogado; se lutasse, morreria. Os veículos chegaram ao destino. O agente da AQI permaneceu lá dentro, sem saber do que estava acontecendo. Ele tinha sido *definido*. Agora vinha a *finalização*.

Na área alvo, as ruas estavam tranquilas. Antes, os iraquianos passeavam ao anoitecer para aproveitar o ar fresco da noite, mas hoje em dia isso era uma visão rara. Os operadores colocaram veículos em três esquinas e enviaram dois do seus membros para uma quarta. Cães latiam, como sempre fazem, mas o barulho não produziu nenhuma reação perceptível dos moradores locais. Cautelosamente, os operadores se aproximaram de um portão de metal que controlava a entrada da garagem e a parte coberta do estacionamento da casa. Eles colocaram duas escadas de expansão contra a parede do pátio. Em pouco tempo, luzes de mira a laser montadas em rifles M4 estavam varrendo o pátio, prontas para enfrentar qualquer resistência.

A invasão não foi dramática. Não houve explosão ou tiroteio, apenas alguns ruídos abafados quando os alicates abriram acesso para os operadores que rapidamente passaram, protegeram o pátio e se aproximaram da casa. Alguns minutos depois, o traficante-de-carros-aspirante-a-terrorista apareceu

---

54. Notoriamente, este episódio foi comemorado no livro e filme *Black Hawk Down* [Falcão Negro em Perigo].

na porta, algemado e com os olhos vendados. Ele havia sido *finalizado*. Em seguida veio a *análise*.

Um operador acompanhado por um intérprete conduziu o homem até um dos veículos blindados enquanto uma busca rápida em sua casa recolhia um computador, um telefone e alguns documentos. Em meia hora, ele estava na base da unidade – um casarão da época de Saddam Hussein agora em ruínas. Os operadores, como os analistas, tiveram um desempenho de excelência. Eles entregaram um desempenho aperfeiçoado que, ao longo dos anos, rendeu-lhes a reputação de melhores do mundo. O time então entregou o prisioneiro e os materiais para interrogadores e especialistas em inteligência que *analisariam* o homem e os dados. Como o time de inteligência antes deles, os operadores agora partiam para o próximo alvo passado a eles pela linha de montagem da Força-Tarefa. Se o vendedor de carros forneceu ou não inteligência de valor não era mais problema dos soldados. No geral, a parte da inteligência de guerra era para eles uma caixa preta. Eles se viam como atiradores; qualquer coisa que os distraísse de suas prioridades de *definição* e *finalização* era um desperdício. Isso era o que a incrível máquina os ensinara a fazer. Prepararam-se para atacar um novo alvo.

Enquanto isso, começou a triagem e análise dos arquivos encontrados na casa do vendedor de carros: munição nova para a máquina incrível.

Mas [...] o nome do vendedor de carros foi registrado de forma imprecisa (uma ocorrência comum entre os ocidentais que lidam com convenções de nomenclatura desconhecidas) e, embora a inteligência coletada tivesse o potencial de identificar alvos de monitoramento da AQI, no momento em que navegou pelo labirinto de autorizações de segurança e fez seu caminho de volta à nossa Força-Tarefa, quatro dias haviam se passado. A rede do vendedor de carros havia desaparecido; quando os agentes da AQI foram capturados, a rede rapidamente garantiu que todos os que tinham relação com alvo desapareceriam. Nossa informação havia se tornado inútil.

Nossa operação foi um sucesso no nível de cada time individual, mas também estava repleta de oportunidades não realizadas para nossa Força-Tarefa como um todo. Essa era a frustração de operar um comando de times onde as informações não eram claramente compartilhadas.

Em seu cerne, o F3EA era um processo racional e *reducionista*. Ele tomava um conjunto complexo de tarefas, dividia-as e distribuiu-as para os indivíduos ou times especializados mais adequados para realizá-las.

Quando começamos a ficar para trás na luta contra a AQI, tentamos fazer o que sempre fizemos, só que melhor: construir cronogramas meticulosamente, aumentar nossa estrutura de inteligência, adicionar interrogadores, analistas e técnicos aos montes e aprimorar nosso foco. Se cada um de nós fizesse nossas tarefas melhor do que nunca, pensávamos, nossa máquina seria imparável.

"Viemos de um ambiente em que, se você estava perdendo, você simplesmente não estava se esforçando o suficiente", lembra um comandante SEAL que operava em Bagdá, "então começamos a nos esforçar – calculando, a partir do momento em que definimos um alvo, quanto tempo levávamos para sair de nossas camas, colocar nosso equipamento, carregar os helicópteros."

A F3EA ficou mais rígida, mais rápida e mais focada. Em agosto de 2004, estávamos realizando dezoito ataques por mês – um ritmo mais alto do que pensávamos ser possível. Mas não era o suficiente. Ao focar nas partes componentes em vez do processo geral, estávamos perdendo o problema fundamental. Acelerar os elementos individuais do sistema não fez nada para eliminar as intermitências entre eles que mais frustravam nossos esforços. Houve intermitências geográficas e tecnológicas: a distância entre Washington e Bagdá poderia retardar as decisões e, ocasionalmente, problemas de banda larga obstruíam a transferência dos dados. Mais frequentemente, porém, as intermitências eram sociais. Diferenças culturais entre as diferentes tribos da Força-Tarefa atrapalhavam a comunicação. Superar isso exigiria repensar completamente a abordagem organizacional convencional para a distribuição de informações.

A FALÁCIA DO "SABER O ABSOLUTAMENTE NECESSÁRIO"

Qualquer aficionado por filmes de ação já ouviu a frase "isso é com base no saber o absolutamente necessário", e "você não precisa saber", proferida por uma caricatura de ombros largos e queixo quadrado de um comando de Operações Especiais ou por um agente de inteligência de cara fechada. Embora raramente usemos essa frase na vida real, ela é uma descrição precisa dos sentimentos militares e organizacionais mais amplos sobre o valor da informação: dado o volume esmagador e a miríade de sensibilidades em torno da informação, o padrão é não compartilhar.

À medida que os diferentes componentes do processo F3EA eram executados, cada equipe tendia a ver seu papel em esplêndido isolamento. Sua capacidade de se especializar em seus próprios domínios *exigia* a ignorância do processo como um todo – para os operadores, o tempo gasto aprendendo sobre a "caixa preta" da inteligência era uma distração que os afastava de seus verdadeiros deveres. Mas essa definição limitada de eficiência significava que eles passavam informações que, muitas vezes, eram menos úteis do que deveriam, atrasadas ou sem contexto.

Se cada uma de nossas equipes fosse um indivíduo no BUD/S, ele teria sido expulso na primeira semana. Eles se orgulhavam do desempenho de seu *próprio* time, como o rebatedor *prima donna* que alardeia sua alta média de rebatidas enquanto seu time perde de forma sistemática. Instintivamente, os silos da nossa organização olharam para dentro, onde podiam ver parâmetros de sucesso e fracasso.

O hábito de restringir informações deriva, em parte, das preocupações modernas de segurança, mas também da preferência inata por processos mecanicistas claramente definidos – seja no chão de fábrica ou em organogramas corporativos – nos quais as pessoas precisam conhecer apenas sua própria peça do quebra-cabeça para fazer seu trabalho. Um dos exemplos mais antigos e famosos de especialização – e da ignorância compartimentada que tal especialização encoraja – pode ser encontrado na descrição de Adam Smith, de 1776, de uma fábrica de alfinetes em sua obra clássica, *A Riqueza das Nações*:

> Um homem desenrola o arame, outro o endireita, um terceiro o corta, um quarto o aponta, um quinto o esmerilha a ponta para receber a cabeça; [...] a importante atividade de produzir um alfinete é, dessa maneira, dividida em cerca de dezoito operações distintas. [...] Eu vi uma pequena fábrica desse tipo onde apenas dez homens eram empregados, e [essas dez pessoas] podiam fazer entre si mais de 48 mil alfinetes por dia. [...] Mas, se todos eles tivessem trabalhado separada e independentemente, e sem que nenhum deles tivesse sido treinado para essa tarefa específica, eles certamente não conseguiriam ter feito vinte, talvez nem um alfinete por dia; isto é, com certeza, não a 240º, talvez não a 4800ª parte do que eles são atualmente capazes de realizar, em consequência de uma divisão e combinação apropriadas de suas diferentes operações.

A fábrica de alfinetes se beneficia de colocar antolhos em cada trabalhador individual, assim como muitas operações desde então. O homem que transportava ferro-gusa não precisava saber de onde vinha aquele ferro antes de chegar à fábrica, ou o que o homem que o recebeu depois dele fazia com ele; o trabalhador da linha de montagem que construía sua pequena porção de um navio não precisava entender como o produto final era formado. Mas esse produto seria formado, graças à junção desses esforços discretos e aos intrincados projetos dos gestores. As coisas, em reconfortante simplicidade, eram a soma de suas partes. O sucesso econômico das produtividades reducionistas no século XX inspirou a adesão cada vez mais extremista à doutrina da especialização de Smith.

Mas, à medida que a tecnologia ficou mais sofisticada e os processos mais dispersos, a forma como as partes componentes de um processo se unem tornou-se muito menos intuitiva e, em muitos casos, impossível para um quadro de gestores prever completamente. Em uma fábrica de alfinetes, uma compreensão holística do produto é autoevidente: fazer alfinetes é simples, e um trabalhador na fábrica de Smith pode ver facilmente como seu trabalho interage com o de seus colegas. Mesmo que cada trabalhador realizasse apenas uma tarefa, ele ainda entendia, pelo menos de alguma forma, todo o processo de fabricação de alfinetes e provavelmente poderia explicar as tarefas de seus colegas de trabalho. Esse não é mais o caso em muitas fábricas. À medida que a tecnologia se tornou mais sofisticada e os processos mais dispersos, a maneira pela qual as partes componentes de um processo se unem tornou-se muito menos intuitiva. O homem que conserta uma válvula no trem de pouso de um jato de passageiros provavelmente não consegue explicar os detalhes da montagem completa do jato.

Taylor economizou dinheiro demitindo o químico de celulose e substituindo-o por um trabalhador sem instrução e um gráfico. Tempo e dinheiro gastos aprendendo todo o processo seriam tempo longe do trabalho e dinheiro não gasto em insumos. No curto prazo, esse tipo de educação pode não valer o custo de oportunidade.

Nos setores militar, governamental e corporativo, uma maior preocupação com o sigilo tem causado um acréscimo no sequestro de informações. Temos segredos, e segredos precisam ser guardados. Nas mãos erradas, a informação pode causar grandes danos, como mostraram os recentes escândalos de Snowden e do WikiLeaks. Na ausência de uma razão convincente para o contrário, faz sentido confinar a informação pelos limites de sua relevância.

À medida que os volumes crescentes de dados inundam as instituições divididas em departamentos cada vez mais especializados, os sistemas para manter as informações seguras se tornam cada vez mais complicados. Mais protocolos precisam ser atendidos, mais testes precisam ser realizados, mais credenciais precisam ser apresentadas antes que as informações possam ser compartilhadas.

Ao longo das décadas, as instituições militares e de inteligência dos Estados Unidos desenvolveram intrincadas matrizes de autorizações e silos para garantir que, como diria um general de Hollywood, as pessoas não saibam o que não precisam saber. No início de 2003, quando servi como vice-diretor de operações no Estado-Maior Conjunto do Pentágono, o comando central dos Estados Unidos

(CENTCOM)[55] inicialmente *proibiu* os funcionários do Pentágono de verem seu site interno por medo (comum) de dar ao "quartel-general mais elevado" um visão dos produtos de planejamento não finalizados. Esses absurdos refletem a verdade de que a maioria das organizações está mais preocupada com a melhor forma de controlar as informações do que com a melhor forma de compartilhá-las.

O problema é que a lógica da "necessidade de saber" depende da suposição de que *alguém* – algum gerente, algoritmo ou burocracia – realmente *sabe* quem precisa e quem não precisa saber de qual material. Para dizer de forma definitiva que uma força terrestre SEAL não precisa estar ciente de uma fonte específica de inteligência, ou que um analista de inteligência não precisa saber de maneira precisa o que aconteceu em uma determinada missão, o comandante deve ser capaz de dizer com confiança que esses fragmentos de informação não têm influência sobre o que esses times estão tentando fazer, nem sobre as situações que o analista pode encontrar. Nossa experiência nos mostrou que esse nunca foi o caso. Mais de uma vez, no Iraque, estivemos perto de montar operações de captura/execução apenas para descobrir, na última hora, que os alvos estavam trabalhando disfarçados para outra entidade da coalizão. As estruturas organizacionais que desenvolvemos em nome do sigilo e da eficiência nos impediam ativamente de conversar uns com os outros e montar um quadro completo.

Uma previsão eficaz – como já discutimos – tornou-se cada vez mais difícil e, em muitas situações, impossível. Continuar a funcionar sob a ilusão de que podemos entender e prever exatamente o que será relevante para quem é arrogância. Pode parecer seguro, mas é o oposto. Funcionar com segurança em um ambiente interdependente requer que cada time possua uma *compreensão holística* da interação entre todas as partes móveis. Todos precisam ver o sistema em sua totalidade para que o plano funcione.

UMA FÁBULA: A FALHA DA EQUIPE KRASNOVIANA DE FUTEBOL

Vamos imaginar que nosso adversário fictício do jogo de guerra, a Krasnóvia, gostou demais da era mecânica para deixá-la. Podemos imaginá-lo como um país de geringonças do tipo Rube Goldberg, projetadas para fazer tudo, desde vestir

---

55. O CENTCOM é o comando combatente responsável pelo teatro geográfico do Oriente Médio, norte da África e Ásia central. Neste momento, notavelmente, isso incluía a preparação para a então iminente guerra do Iraque.

as pessoas pela manhã até alisar os jornais da noite com um ferro de passar. O presidente do país (recentemente "eleito" para seu sétimo mandato com 97% dos votos populares) não acredita em complexidade. A economia é planejada centralmente, chegando, inclusive, às escolhas alimentares diárias de cada família. Até o ecossistema é regulado: em vez de expor o local à não linearidade da evolução, cientistas do governo, trabalhando em torres de concreto, elaboraram cronogramas para reprodução e liberação de animais (castrados) na natureza – estorninhos em abril, sapos em setembro.

Como seu presidente, o técnico do time de futebol krasnoviano – o técnico T – idolatra o altar do determinismo e, ao se formar na Academia Nacional de Planejamento, resolve trazer a gestão reducionista para o maior jogo do mundo. Os jogadores do técnico T não sabem os nomes uns dos outros. Eles nunca nem se viram. Os homens treinam separadamente, em sessões individuais com seu técnico. Nessas reuniões diárias, o técnico T faz com que seus jogadores se concentrem em aperfeiçoar sua aptidão pessoal e ensaiar suas respectivas partes das 712 jogadas que ele projetou. Uma vez por ano, a equipe se reúne para ensaiar. Para essas ocasiões, o técnico T desenvolveu um acessório engenhoso e leve para a cabeça, semelhante às viseiras usadas pelos cavalos. A engenhoca é projetada para minimizar a distração. Ao usá-la, os jogadores veem apenas seu pedaço individual de grama. Muitos deles, criados desde pequenos em um dos exclusivos campos de futebol desenvolvidos pelo técnico T para cada posição individual, nunca viram o campo inteiro.

O treino anual é uma coisa linda de se assistir. A condição física dos jogadores é incomparável. Eles executam suas jogadas com perfeição. Seu arquirrival, a Atrópia, não está nem de longe tão em forma, [nem é] tão rápido ou disciplinado, e a cada quatro anos, quando as equipes se enfrentam nas eliminatórias da Copa do Mundo, as esperanças de Krasnóvia aumentam. Geralmente, por volta do minuto cinco, no entanto, acontece algo que diverge de qualquer uma das 712 jogadas do técnico T. Os krasnovianos continuam a executar sua coreografia imaculada, mas estão chutando o ar e passando para ninguém. Os atropianos, sem um plano, mas com consciência de todo o campo, correm em círculos ao redor deles.

Após cada derrota, o técnico T volta e elabora outro plano e, na próxima partida, ele tem uma solução perfeita para as antiquadas jogadas atropianas.

Os ambientes contemporâneos agora apresentam muitas probabilidades equivalentes para o planejamento krasnoviano de cima para baixo. Erros como o registro incorreto de um nome poderiam ser facilmente corrigidos com algum treinamento e um memorando, mas isso não faria nada para evitar os milhares de outros pequenos desvios, qualquer um dos quais também poderia gerar impactos desproporcionais. Tal como a falha do trem de pouso que acabou condenando o United 173, a causa fundamental não estava na falta de um procedimento específico, mas na incapacidade de uma correção, em tempo real, em resposta a inconsistências inesperadas. A liderança da Força-Tarefa estava enxugando gelo: poderíamos identificar os problemas à medida que surgissem, mas nunca seríamos capazes de prever e prescrever exatamente quais análises seriam relevantes para times operacionais específicos ou que tipos de materiais nossos operadores deveriam buscar para ajudar nossos analistas.

Em situações de imprevisibilidade, as organizações precisam improvisar. E, para fazer isso, os jogadores em campo precisam entender o contexto mais amplo. No nível do time, isso é evidente. Mas, no nível institucional mais amplo, é mais difícil arquitetar estruturas que sejam ao mesmo tempo coerentes e improvisadas.

O problema, em um nível, era óbvio: não estávamos conseguindo criar vínculos úteis entre um time e o outro. O trabalho feito por nossos operadores e analistas estava inextricavelmente ligado e, ainda assim, havíamos colocado os dois grupos em silos organizacionais separados – nós lhes demos antolhos – em nome da eficiência. Nossos jogadores só podiam ver a bola quando ela entrava em seu território imediato, momento no qual, provavelmente, seria tarde demais para reagir. Sem conhecimento da perspectiva, em constante mudança, de seus companheiros de time, eles não teriam ideia do que fazer com a bola quando a pegassem. Eles estavam jogando futebol krasnoviano.

Embora nossa Força-Tarefa nunca tenha se encontrado nesse dilema antes, nem o desafio nem a solução final eram novos.

"NOVAS LIGAS DE METAL, ALGUMAS QUE AINDA NÃO FORAM INVENTADAS"

Em setembro de 1962, na Rice University, um entusiasmado presidente Kennedy, brilhando pelo suor, fez um discurso agora famoso. Ele prometeu que os Estados Unidos enviariam seres humanos a

> 387 mil quilômetros de distância da estação de controle em Houston [em] um foguete gigante, com mais de 300 metros de altura [...] feito de novas ligas de metal, algumas das quais ainda não tinham sido inventadas, capazes de suportar o calor e as tensões muitas vezes mais do que jamais se experimentou, montadas com uma precisão melhor do que o melhor

> relógio, transportando todo o equipamento necessário para a propulsão, orientação, controle, comunicações, alimentação e sobrevivência, em uma missão inexplorada a um corpo celeste desconhecido, e depois devolvê-lo com segurança à Terra, reentrando na atmosfera a velocidades de mais de 90 mil quilômetros por hora, gerando um calor cerca de metade da temperatura do sol [...] e fariam tudo isso, e fariam certo, e fariam primeiro, antes que esta década termine. Devemos ser ousados [...] ao partirmos, pedimos a bênção de Deus para a mais arriscada e perigosa e maior aventura na qual o homem já embarcou.

Kennedy enumerou os obstáculos – distância, velocidade e calor – não para dissuadir, mas para inspirar. Pode-se imaginar a emoção que deve ter agitado a plateia de engenheiros iniciantes quando seu presidente apontou que os metais necessários para alcançar esse feito *ainda não haviam sido inventados*. No início do discurso, Kennedy proferiu a memorável declaração "Fazemos essas coisas, não porque são fáceis, mas porque são difíceis".

Menos de sete anos depois, mais de 600 milhões de espectadores em todo o mundo sintonizaram para assistir Neil Armstrong pisar em solo lunar e proclamar "um salto gigante para a humanidade" antes de plantar uma bandeira americana na Lua. Até onde sabemos, essa bandeira, embora derrubada pela explosão da decolagem do módulo de pouso, e provavelmente esbranquiçada por décadas de luz solar não filtrada, ainda está lá. As marcas sulcadas das solas de borracha de Armstrong – pequenas cadeias de montanhas perfeitamente geométricas – ainda permanecem lá, preservadas na estase sem vento de nosso rochedo celestial favorito. Não importa o que aconteça na Terra em desvario, os vestígios da *Apollo* 11 devem servir como testemunho da engenhosidade humana por milhões de anos.

Quase tão significativo quanto o que aconteceu na exploração espacial em julho de 1969, no entanto, é o que não aconteceu. Duas semanas antes do lançamento da *Apollo* 11, do outro lado do Atlântico, o foguete F-8 montado pela ELDO (*European Launcher Development Organisation*), a Organização Europeia de Desenvolvimento de Lançadores, falhou na plataforma de lançamento. Foi a quinta falha total consecutiva da ELDO.

A NASA e a ELDO tinham ambições semelhantes e enfrentavam os mesmos desafios. O sucesso de um e o fracasso do outro tinham pouco a ver com diferenças de conhecimento ou recursos, e muito a ver com a forma como as organizações distribuíam informações. A NASA era, graças a uma abordagem conhecida como "gerenciamento de sistemas", uma organização mais eficaz. Os administradores da NASA, Robert Seamans e Frederick Ordway, resumiram a natureza de sua conquista da seguinte forma: "O projeto Apollo [...] é geralmente considerado como um dos maiores empreendimentos tecnológicos da história da humanidade. Mas, para realizá-lo, era necessário um esforço gerencial, não menos prodigioso que o tecnológico."

Nos anos que antecederam o discurso de Kennedy, os Estados Unidos estavam vergonhosamente atrasados na corrida espacial. A União Soviética havia produzido o primeiro orbitador da Terra, colocado o primeiro animal em órbita, realizado o primeiro sobrevoo lunar, o primeiro impacto lunar e as primeiras imagens do lado oculto da Lua. Em breve, colocaria Yuri Gagarin em órbita, o primeiro homem no espaço. Enquanto isso, o esforço espacial americano enfrentava dificuldades.

O primeiro voo de teste não tripulado da NASA, o Mercury-Redstone I, decolou em 21 de novembro de 1960, mas não foi muito longe: o lançador subiu dez centímetros do chão e depois voltou a descer. O foguete de fuga na ponta, projetado para se soltar assim que alcançasse o espaço, disparou e abriu instantaneamente os paraquedas que deveriam ajudá-lo a pousar na reentrada. Ele competiu consigo mesmo em um cabo de guerra atmosférico por alguns momentos, queimando combustível enquanto sua calha impedia qualquer subida real, depois caiu no mar.

A análise do pós-lançamento culpou um problema de comunicação entre o foguete Atlas – originalmente configurado para transportar ogivas – e sua nova carga de satélite. Isso causou um pequeno atraso nos sinais de desligamento para os motores dos vários estágios, lançando o foguete de escape muito cedo. Um problema quase idêntico de incompatibilidade estrutural entre uma cápsula Mercury e um foguete Atlas ocorreu alguns meses antes. Essas "falhas de interface" foram quebras, não de um determinado componente, mas da integração entre eles. Elas eram na corrida espacial o equivalente às "intermitências" de nossa Força-Tarefa e surgiam de uma falta semelhante de compartilhamento de informações.

Originalmente estabelecida como uma organização de pesquisa, a NASA era uma constelação de times que conduziam um trabalho amplamente independente desenvolvido por administradores. Essa estrutura facilitou a capacidade de inovação de pequenos grupos, e muitos cientistas se sentiram à vontade para realizar experimentos no contexto de departamentos especializados semelhantes aos de uma universidade. As falhas de interface, no entanto, expuseram um problema inerente: pequenos grupos independentes eram muito eficazes no trabalho exploratório, mas os problemas surgiam quando os projetos dos diferentes times tinham que ser integrados em um veículo entrando em órbita.

Sem uma integração fluida, nada funcionaria. As forças massivas e as tremendas velocidades envolvidas no deslocamento do foguete levavam a vibrações imprevisíveis em todo o veículo, criando problemas sistêmicos que transcendiam os feudos individuais das equipes que desenvolviam os componentes e as disciplinas separadas do engenheiro estrutural, do especialista em propulsão, do engenheiro elétrico e de outros membros do time. Havia também a interferência eletromagnética: nunca antes tanto hardware digital havia sido espremido com tanta força nessa máquina, e os sinais de diferentes computadores frequentemente interferiam uns nos outros. E depois havia a gravidade: na Terra, poeira, fluidos e outros contaminantes caem no fundo dos veículos, mas, no espaço, esses elementos flutuam livremente; se acontecesse que uma única partícula de metal flutuante tocasse dois fios adjacentes simultaneamente, um curto-circuito poderia causar uma falha em todo o sistema. Os computadores, o corpo e os sistemas elétricos do foguete podem ter funcionado perfeitamente isolados, mas, sob os estressores interdependentes das viagens espaciais, eles se avariavam.

Dadas essas falhas, em 1962, a liderança da NASA teve dúvidas sobre a viabilidade do objetivo de Kennedy. "A maioria de nós no Grupo de Tarefas Espaciais achava que [Kennedy] era maluco", lembrou um executivo da NASA. "Quero dizer, nós não achávamos que poderíamos fazer isso. Não nos recusamos a aceitar o desafio, mas Deus, não sabíamos como fazer a determinação da órbita [da Terra], muito menos projetar órbitas para a Lua".

Os cientistas teriam que repensar os pressupostos básicos da engenharia. "Como você tira líquido de um tanque em gravidade zero?" um engenheiro observou. "Todo mundo disse: 'Ah, o que há de tão difícil nisso? Você apenas coloca pressão.' Coloca pressão, o cacete. A pressão se aplica sobre tudo, e o maldito líquido está apenas flutuando. É provável que esteja em bolhas em algum lugar do tanque, e você nem sabe onde está no tanque"[56].

Ninguém sabia se a superfície lunar seria capaz de suportar o peso de humanos, muito menos o de uma espaçonave. Eles não sabiam quanta radiação seria encontrada na viagem entre a Terra e a Lua, o que tinha o potencial de tornar todo o projeto discutível. A tecnologia de células de combustível, que se tornaria um aspecto elementar das viagens espaciais, não era conhecida em 1960. E esses eram apenas os blocos de construção.

---

56. Este é agora um fundamental de gravidade zero. Você usa uma ação vesical ou capilar. Mas, como disse o oficial, "não sabíamos disso em 1958 e 1959".

Esse tipo de invenção e descoberta fundamental é geralmente algo característico de pequenos times, e só mais tarde expandido em escala: pense nos irmãos Wright, ou Gottlieb Daimler e seu parceiro Wilhelm Maybach ou Alexander Graham Bell e Thomas Watson. Mas a NASA não teve o luxo de começar pequeno. Ela teve que desenvolver e aperfeiçoar todas essas tecnologias individuais simultaneamente. Como nossa Força-Tarefa, em 2004, e tantas outras organizações que lutam para manter o ritmo hoje, a NASA se viu empurrada para um ambiente complexo e teria que encontrar uma maneira de explorar as habilidades inovadoras de um time pequeno na escala de uma grande organização.

Para colocar um homem na Lua, o programa Apollo acabaria empregando 300 mil indivíduos trabalhando para 20 mil colaboradores e 200 universidades em 80 países, a um custo de 19 bilhões de dólares. O antigo modelo de gestão não foi construído para integrar descoberta e desenvolvimento nessa escala. Como Stephen B. Johnson escreve em *The Secret of Apollo*, "A mudança da pesquisa para o desenvolvimento exigiu atenção rigorosa a milhares de detalhes. Construir e integrar adequadamente milhares de componentes não era um problema acadêmico, mas uma questão organizacional". A NASA teria que unir seus times, desconsiderando o paradigma do "saber o absolutamente necessário" e amplamente divulgando as informações.

Em 1963, a NASA trouxe George Mueller para construir a base de gestão do programa Apollo, e ele trouxe um mar de mudanças organizacionais. Sua visão para a NASA era a de uma única mente interconectada – uma inteligência emergente como a "cognição conjunta" que define times extraordinários. Assim como o diretor da NASA, Wernher von Braun, o configurou, Mueller trouxe a perspectiva de um engenheiro elétrico que aspirava a criar um "sistema nervoso" gerencial, enquanto von Braun, um engenheiro mecânico, via as organizações como engenhocas reducionistas.

Mueller jogou fora os antigos organogramas e exigiu que gestores e engenheiros, acostumados a operar nos limites de seus próprios silos, se comunicassem diariamente com suas contrapartes funcionais em outros centros de campo e em outros times. Acabaram-se as divisões organizacionais bem arrumadinhas, semelhantes às do MECE. Conforme descrito por Stephen Johnson, isso "causou estragos na sede da NASA [...] converteu os engenheiros da NASA que monitoravam projetos específicos de hardware em gerentes executivos responsáveis por políticas, administração e finanças. Por vários meses após a mudança, a sede ficou tumultuada enquanto os funcionários aprendiam a se tornar executivos". As pessoas reclamavam da "disciplina quase férrea da comunicação organizacional". Foram-se os dias em que eles podiam atacar seus próprios problemas de forma isolada. Von Braun e outros altos administradores protestaram.

Anteriormente, a sede da NASA coletava dados dos centros de campo a cada mês e fazia um punhado de gestores verificar inconsistências. Mueller insistia em análises diárias e troca rápida de dados. Todos os dados estavam em exibição em uma sala de controle central que tinha ligações com exibições automatizadas para os centros de campo Apollo. Essas salas fervilhavam de atividade, constantemente recebendo atualizações de colaboradores e times e, por sua vez, fornecendo informações a eles. Era a Internet antes da Internet: as informações eram atualizadas e compartilhadas ampla e instantaneamente. À medida que a utilidade dessas informações se tornava evidente, mais e mais engenheiros que inicialmente se opunham começaram a aparecer.

Os administradores construíram uma "rede de telesserviços" para conectar as salas de controle do projeto com cópia impressa e dados de computador e fornecer a capacidade de realizar teleconferências envolvendo os vários laboratórios, centros de fabricação e locais de teste. O talento de engenharia da NASA foi temporariamente redirecionado da construção de foguetes para o projeto de um enorme conjunto de "circuitos" de rádio que permitiam que os times se comunicassem com fluidez. "Acho que tínhamos 250 canais [nos quais as pessoas podiam falar] no Complexo 39", lembrou um funcionário do Centro Espacial Kennedy. "Você pode sintonizar o North American 2 e ouvir os caras trabalhando no motor. Se houvesse um problema lá, você poderia ouvir como eles estavam lidando com o problema". Na hora do lançamento, todos os times eram colocados no mesmo circuito. "Você tem comunicação instantânea para cima e para baixo", maravilhou-se o oficial. "[Foi] provavelmente um dos maiores circuitos já montados [...] comunicação instantânea, transmissão instantânea de conhecimento".

A abordagem da NASA para colaboradores externos também mudou. A NASA sempre preferiu fazer as coisas "em casa" – a interação complexa de partes significava que subcomponentes terceirizados para colaboradores externos que não tinham acesso a todo o contexto provavelmente criariam problemas quando integrados. Von Braun observou: "Você não pode simplesmente assinar um contrato em um estágio do Saturno V[57] e depois dispensar esses colaboradores".

---

57. Um foguete americano usado nas missões Apollo e Skylab.

Muitas vezes, os funcionários da NASA desmontavam e reconstruíam tudo o que os prestadores lhes haviam enviado. Mas, para levar um homem à Lua, a NASA precisava de conhecimentos e capacidade além dos oferecidos por seu próprio time.

A solução foi trazer colaboradores para dentro da própria casa. No lugar de um labirinto de silos e protocolos legislando quem poderia saber o quê, von Braun criou duas situações: interna e externa. Quem estava dentro teve que acolher e entender o projeto Apollo em sua totalidade. Os especialistas continuaram a fazer um trabalho especializado, mas precisavam de um entendimento do projeto como um todo, mesmo que estabelecer esse entendimento tomasse tempo de outras tarefas e fosse, de certa forma, "ineficiente". A liderança da NASA entendeu que, ao criar um produto interativo, confinar especialistas em um silo era estúpido: o sucesso de alto nível dependia de ineficiências de baixo nível.

Um administrador relatou a colaboração com um desses prestadores: "A razão pela qual [por fim] tudo funcionou e no prazo foi porque tínhamos, naquela sala, todos de quem precisávamos para tomar uma decisão [...]. Chegou a um ponto em que podíamos identificar um problema pela manhã e, no final do expediente, poderíamos resolvê-lo, obter o dinheiro alocado, tomar as decisões e fazer as coisas funcionarem."

O que Mueller instituiu era conhecido como "engenharia de sistemas" ou "gerenciamento de sistemas", uma abordagem construída com base no "pensamento sistêmico". Essa abordagem, ao contrário do reducionismo, acredita que não se pode entender uma *parte* de um sistema sem ter pelo menos uma compreensão rudimentar do todo. Foi a manifestação organizacional dessa visão que imbuiu a NASA com a inteligência adaptativa e emergente necessária para colocar um homem na Lua.

Nos dois anos após a entrada de Mueller, a Apollo se transformou de um grupo de times de pesquisa pouco organizados em uma organização de desenvolvimento bem administrada. Mesmo os engenheiros que mais se opunham ao gerenciamento de sistemas descobriram que muitos problemas técnicos só podiam ser resolvidos pelo compartilhamento de informações. Como colocou von Braun, "o mecanismo real que faz a [NASA] 'se motivar' é... uma alimentação cruzada contínua entre o lado direito e esquerdo da casa." Em meia década, um programa espacial que antes era uma vergonha nacional tornou-se o melhor do mundo.

LANÇAMENTO DA TORRE DE BABEL

Do outro lado do oceano, a ELDO também começou com aspirações igualmente grandiosas. Estabelecida logo após a Comunidade Europeia do Carvão e do Aço – a antecessora da UE – representou a unidade entre países que haviam quase se destruído duas vezes em cinquenta anos. A iniciativa encorajaria a cooperação entre as nações, e as empresas, governos e forças armadas da Europa Ocidental ganhariam conhecimento técnico e credibilidade se a missão fosse bem-sucedida e colocasse objetos em órbita.

Em 1961, a tecnologia e o conhecimento europeus estavam no mesmo nível dos Estados Unidos. Os alemães foram os primeiros a desenvolver foguetes militares; o Reino Unido tinha um programa bem-sucedido de desenvolvimento de armas ar-superfície, superfície-ar, ar-ar e navio-ar; Itália, França, Bélgica e Holanda também trouxeram recursos significativos para serem aplicados. Mas as equipes da ELDO trabalhavam de forma independente, usuários e fabricantes raramente se comunicavam, e cada nação assumiu o controle de um estágio diferente do foguete: o Reino Unido produziu o propulsor, a França o segundo estágio, a Alemanha o terceiro, enquanto a Itália fez o veículo de teste do satélite. Não havia um local único para a documentação do projeto, nenhum sistema para fornecer acesso à documentação de outros grupos e nenhuma especificação sobre qual documentação cada entidade deveria produzir. Cada país administrava sua parte por meio de sua própria organização nacional e cada um procurava maximizar suas próprias vantagens econômicas, o que, muitas vezes, significava reter informações. Os colaboradores reportavam apenas aos seus governos nacionais. Em 1968, o chefe de programas internacionais da NASA descreveu os membros da ELDO como tendo um "caráter de participação indiferente e mutuamente suspeito". Essa competitividade pode ter sido uma dádiva para um empreendimento menos interdependente, mas era problemática para algo tão articulado e complexo quanto o voo espacial.

O primeiro lançamento da ELDO falhou porque usou o tipo errado de parafusos para conectar os estágios francês e alemão. O próximo entrou em colapso por causa das diferenças entre os anéis de conexão usados pelos alemães e italianos. A tentativa seguinte, em agosto de 1967, avançou quando o segundo estágio se separou com sucesso, mas uma vez livre do propulsor, não entrou em ignição. Uma falha elétrica de aterramento desenergizou um relé no primeiro estágio quando o foguete estava na plataforma de lançamento, e isso levou a uma falha do sequenciador do segundo estágio. Quatro meses depois, outro problema de interface elétrica acabou com o próximo lançamento. Em julho de

1969 – algumas semanas antes do lançamento americano para a Lua –, um erro de interface incendiou o sistema de autodestruição de um foguete enquanto ele estava na plataforma de lançamento. A última tentativa de lançamento da ELDO, em novembro de 1971, explodiu em noventa segundos de voo. A organização foi dissolvida três anos depois.

    Análises internas e externas concluíram mais tarde que todos esses problemas tinham origem nas deficiências de comunicação organizacional – devastadoras "falhas de interface" ou intermitências. Em seu livro de 1964 *The American Challenge*, o jornalista francês Jean-Jacques Servan-Schreiber argumentou que o atraso da Europa em relação aos Estados Unidos na corrida espacial não era uma questão de dinheiro, mas "acima de tudo, de *métodos de organização* [...] não se trata de 'capacidade cerebral' no sentido tradicional do termo, mas de organização, educação e treinamento". Do outro lado da lagoa[58], o secretário de defesa, Robert McNamara, concordou que a Europa sofria de um déficit gerencial: "a lacuna tecnológica foi incorretamente nomeada". Tratava-se de uma Torre de Babel da era espacial: a incapacidade dos países de falarem uns com os outros obstruiu seu esforço conjunto para alcançarem os céus.

    Assim como a exposição da feira mundial de Taylor em Paris, o sucesso da *Apollo* 11 e os desastres simultâneos da *Europa I* destacaram o papel da gestão em empreendimentos de grande escala. O Congresso realizou audiências para estudar os segredos gerenciais da NASA. O gerenciamento de sistemas implementado na NASA tornou-se um processo central de pesquisa e desenvolvimento aeroespacial, essencial para tudo, desde a Estação Espacial Internacional até o *Boeing 777*.

    O sucesso da NASA exemplificou vários *insights* organizacionais profundos. Mais importante, mostrou que, em um domínio caracterizado pela interdependência e incógnitas, a compreensão contextual é algo elementar; qualquer eficiência obtida por meio de silos é superada pelos custos de "falhas de interface". Também provou que a "unicidade" cognitiva – a inteligência emergente – que estudamos em pequenos times *pode* ser alcançada em organizações maiores se essas organizações estiverem dispostas a se comprometer com o compartilhamento disciplinado e deliberado de informações. Isso vai contra a mentalidade padrão "saber o absolutamente necessário".

---

58. A frase geralmente implica o Oceano Atlântico Nórte entre a América do Norte e a Europa, e é mais frequentemente usada para descrever viagens entre o Reino Unido e os Estados Unidos ou Canadá. (N.T.)

A NASA, na vanguarda das novas tecnologias, estava enfrentando uma complexidade à frente de seu tempo. Meio século depois, quase todos os atores organizacionais ficaram presos no redemoinho rebelde da complexidade.

Algumas das inovações da NASA parecem incrivelmente simples: tire as viseiras e faça as pessoas conversarem umas com as outras. O conceito básico requer apenas o *des*aprender as abordagens fundamentalistas de eficiência, mas a implementação requer manutenção constante: garantir que todos estejam constantemente atualizados, a consciência holística tornou-se um trabalho de tempo integral para muitos e exigiu comprometimento e tempo de todos.

De fato, mesmo para a NASA, como observou o historiador Howard McCurdy, "manter [...] a cultura organizacional tal como praticada pela primeira geração de funcionários acabou sendo o mais difícil de fazer". Depois da Apollo, seu sistema bem integrado de unidades deslizou para um conjunto competitivo de entidades independentes; suas comunicações abertas calcificaram-se com a burocracia. Um funcionário caracterizou a NASA em 1988 como "os Correios e a Receita Federal [que] foram para o espaço". A investigação após o desastre da *Challenger* tinha palavras especialmente duras para as práticas organizacionais da NASA, mas o programa subsequente, focado em eficiência, introduzido durante a década de 1990, chamado "Mais Rápido, Melhor, Mais Barato" (*"Faster, Better, Cheap"* – FBC), levou a NASA ainda mais no caminho do descuido, reduzindo os laços "ineficientes" que definiram a abordagem da Apollo. Uma famosa falha de interface ocorreu quando uma lacuna de comunicação entre dois grupos de trabalho resultou na perda do *Mars Climate Orbiter*, de 125 milhões de dólares: um sistema foi construído para medições métricas e outro para medições imperiais. Como observa McCurdy, o FBC era a antítese da engenharia de sistemas. A engenharia de sistemas era "formal, elaborada e cara". Era ineficiente. Mas funcionou.

CONJUNTOS E SISTEMAS

O pensamento sistêmico tem sido usado para entender tudo, desde o funcionamento de uma cidade até a dinâmica interna de uma célula da pele, e desempenha um papel fundamental no deciframento da interdependência.

Considere um médico e sua educação. Há muitos tipos de médicos– pediatras, otorrinolaringologistas, radiologistas, etc. –, mas, enquanto cursam medicina, todos passam pela mesma visão rigorosa do funcionamento do corpo humano. Não importa se, como cirurgião de mão, você passa o resto da vida olhando apenas para as palmas de mãos, pulsos e dedos. Como o corpo humano não é um conjunto de elementos independentes, mas um sistema de elementos interdependentes, é preciso entender como funciona o metabolismo do açúcar para entender como o diabetes pode causar a morte do tecido dos dedos, assim como é preciso entender de que forma a pressão repetida no nervo mediano pode levar à síndrome do túnel do carpo. Quando vamos para a faca, queremos saber se a pessoa que a segura tem uma compreensão holística dos fundamentos do corpo, não apenas um cartão tayloresco de instruções.

Uma *checklist* é inadequada para cirurgia por causa dos quintilhões de possibilidades que a interdependência gera. Nós nunca chamaríamos os rigores da faculdade de medicina de "fáceis", mas é mais viável passar sete anos aprendendo sobre as complexas relações de causa e efeito no corpo humano do que tentar registrar e memorizar todos os eventos possíveis que podem acontecer aos corpos.

Essa é a diferença entre "educação" e "treinamento". A faculdade de medicina é educação, primeiros socorros é treinamento. A educação requer uma compreensão fundamental, que pode ser usada para compreender e responder a uma variedade quase infinita de ameaças; o treinamento envolve ações singulares, que são úteis apenas contra desafios antecipados. A educação é resiliente, o treinamento é robusto.

Coleman Ruiz fala sobre o BUD/S "tirar o desempenho individual do léxico no primeiro dia". Essa ênfase no *sucesso do grupo* estimula a cooperação e fomenta a confiança e o propósito. Mas as pessoas só cooperam se puderem ver a realidade interdependente de seu ambiente. Os recrutas aprendem a trabalhar juntos durante a "passagem de surf" do BUD/S apenas porque podem ver que a falha de um indivíduo resultará em um barco virado e, se isso acontecer, todo o grupo sofrerá.

Em nossa Força-Tarefa, nossas unidades especializadas tinham pouca percepção de como seus times de pares funcionavam ou como todas as peças se encaixavam. Todos sabiam que o barco continuava virando, mas sem uma visão clara do que cada um estava fazendo, ninguém conseguia ver por que ou como mudar isso.

Assim como a NASA, precisávamos promover, no nível organizacional, o tipo de *pool* de conhecimento[59] que surge em pequenos times. Essa foi a chave para criar um "time de times".

---

59. Com base no pool de conhecimento disponível, a criação de conhecimento por meio do aprendizado e o acúmulo de conhecimento influenciam a capacidade da organização de inovar por meio do acúmulo de conhecimento e absorção de informações ricas. Disponível em: https://www.thefreedictionary.com. Acesso em 28 de jun. 2022. (N.T.)

Não queríamos que todos os times se tornassem generalistas – os SEALs são melhores no que fazem do que os analistas de inteligência e vice-versa. Diversas habilidades especializadas são essenciais. Queríamos fundir *consciência* generalizada com *expertise* especializado. Toda a nossa força precisava compartilhar uma compreensão fundamental e holística do ambiente operacional e da nossa própria organização, e também precisávamos preservar os conjuntos de habilidades distintas de cada time. Apelidamos essa meta – esse estado de inteligência organizacional emergente e adaptável – de *consciência compartilhada*, e ela se tornou a pedra angular de nossa transformação.

RECAPITULAÇÃO

- Como a NASA antes dela, nossa Força-Tarefa se viu confrontada com um problema complexo, cuja solução exigia uma abordagem sistêmica; devido à interdependência do ambiente operacional, ambas as organizações precisariam de membros para entender todo o sistema interconectado, não apenas caixas MECE individuais no organograma.
- Aproveitar a capacidade de toda a organização geograficamente dispersa significava que o compartilhamento de informações precisava alcançar níveis de transparência inteiramente novos para ambas as organizações.
- Nas organizações tradicionais, isso constitui uma mudança de cultura que não é fácil de se atingir. Exigiu um esforço disciplinado para criar uma consciência compartilhada.

CAPÍTULO 8

CÉREBROS FORA DO BAÚ

Em julho de 2004, pouco antes do bombardeio da estação de esgoto de El Amel, deixamos os prédios destruídos do Aeroporto Internacional de Bagdá e mudamos nossa novo quartel-general para a Base Aérea de Balad, a 100 quilômetros ao norte da capital. Vinte anos antes, os MiG-21s de fabricação soviética haviam ruidosamente entrado e saído da pista de Balad para metralhar as tropas iranianas durante a amarga Guerra Irã-Iraque. Mais tarde, essas mesmas aeronaves se apresentavam como uma ameaça à força destruidora que era o Hail Mary do general Norman Schwarzkopf no sul do Iraque em 1991. Agora era o rugido dos motores a jato americanos que reverberava no concreto.

A base ficava perto do exuberante rio Tigre, mas, no calor de julho, o solo estava flagrantemente marrom. Duas pistas cortavam o centro, ladeadas, de um lado, por prédios administrativos e de manutenção e, do outro, por um punhado de abrigos de concreto decrépitos. A Força-Tarefa ocupou um complexo especial de alta segurança adjacente a pistas de táxi de aeronaves, as quais nos deram acesso fácil a aviões e helicópteros. O complexo consistia em *trailers* pré-fabricados, cabanas de madeira compensada e uma miscelânea de tendas agrupadas nas proximidades. Os alojamentos, espaços de trabalho, manutenção de equipamentos e o refeitório ficavam todos próximos. Meu "deslocamento" para o trabalho era uma caminhada eficiente de 12 metros.

Recebemos três *bunkers* antigos no lado oeste da base, apelidados de "Yugos" em homenagem aos empreiteiros iugoslavos que construíram os hangares reforçados para proteger os aviões de combate iraquianos. Buracos do tamanho de bolas medicinais[60] perfuradas nos telhados testemunhavam seu fracasso contra o armamento de precisão das aeronaves da coalizão durante a invasão de 2003. Os *bunkers* eram

---

60. Bolas medicinais: bolas usadas para a prática de exercícios de resistência, força e potência muscular. Variam entre 1 a 20 quilos, geralmente com 21 centímetros de diâmetro. (N.T)

do tamanho de grandes tendas de circo, construídas com duas grossas camadas de concreto separadas por cerca de 30 centímetros de areia. Aberturas longas, baixas e arqueadas da porta da garagem se estendiam por cada extremidade. Elas eram beges como os prédios de arenito ao redor do complexo e o deserto ao redor deles. Lá dentro, o som reverberava desagradavelmente no concreto. Nossa Força-Tarefa escolheu um deles como nosso quartel-general e se mudou.

Apesar dos hectares de equipamentos iraquianos destruídos na invasão e de um depósito de lixo eternamente fumegante apresentassem um quadro deprimente, para nós Balad era uma bela oportunidade: um lugar para construir algo inteiramente novo, a manifestação física do sistema organizacional que poderia inclinar as probabilidades em nosso favor. Uma das advertências favoritas de meu pai, aplicada de brincadeira quando eu fazia algo idiota, foi tomada de empréstimo de um velho sargento: "Coloque seu cérebro no baú, quem pensa por aqui sou eu". Nosso imperativo era o oposto: em Balad, queríamos tirar todos os cérebros de todos os baús e trabalhar juntos.

Tínhamos analisado o problema e sabíamos o que precisava mudar. Para nos tornarmos eficazes contra a AQI, teríamos que desmantelar nosso sistema profundamente enraizado em sigilo, autorizações e rivalidades entre forças e, em seu lugar, estabelecer um ambiente de transparência tal que cada homem e mulher em nosso comando entendesse seu papel dentro do complexo sistema que representava todos os nossos empreendimentos. Todos precisavam estar intimamente familiarizados com cada ramo da organização e investir pessoalmente no resultado. Isso ia na contramão das especializações distintas que havíamos desenvolvido no último século. Nossa esperança era que – assim como o BUD/S, CRM e a NASA – o compartilhamento de informações ajudasse a construir relacionamentos e que os dois juntos acendessem uma entidade nova, coerente e adaptável que poderia vencer a luta.

Foi um experimento enorme e arriscado. Em Balad, começamos a construir o laboratório.

Tradicionalmente, o *layout* físico das instalações militares espelhava e apoiava a eficiência reducionista. A forma incomum do Pentágono foi originalmente escolhida para caber em um pedaço de terra específico abaixo do Cemitério de Arlington e, embora o projeto tenha sido realocado (para evitar profanar o grande plano de Pierre L›Enfant para a capital dos Estados Unidos), o design de cinco lados foi mantido; supostamente, é possível mover-se entre quaisquer dois locais no edifício em menos de sete minutos. Hoje, seus 17,5 quilômetros de corredores ainda seguem um padrão lógico e rapidamente compreendido, mas milhares de portas nesses corredores agora são "acesso protegido" – um eufemismo para trancadas. Mesmo que o seu nível de autorização lhe dê entrada, você pode se encontrar em mais outro labirinto de portas internas trancadas e pontos de acesso. Os escritórios são separados e estéreis e, apesar de estarem no mesmo prédio que outros 28 mil, as pessoas trabalham, em grande parte, em grupos pequenos e discretos – ou sozinhas. Construído no início da Segunda Guerra Mundial para reunir os serviços militares, anteriormente espalhados por prédios de escritórios separados em Washington, D.C., em uma proximidade cooperativa, o prédio viu sua intenção original se desfazer. Ele é agora um edifício no qual os indivíduos trabalham independentemente, de acordo com o planejamento reducionista de cima para baixo e do saber o absolutamente necessário. Eles também podem estar espalhados pelo mundo.

Em nosso quarter-general nos EUA, em Fort Bragg, um paradigma físico semelhante prevaleceu nos primeiros 20 anos da história da organização. Construídos no início dos anos 1980 com ênfase na segurança, os prédios sem janelas foram divididos em corredores de pequenos escritórios e, além disso, segmentados por cubículos. Existiam poucas áreas comuns para promover a interação social, e limitações rígidas para visitantes externos separavam ainda mais a Força-Tarefa de outras organizações na ampla instalação em Fort Bragg.

Também no setor privado, o espaço físico tem sido usado há um século para facilitar e reforçar a eficiência e a especialização. Juntamente com as linhas de montagem da fábrica, as estruturas arquitetônicas do trabalho de colarinho branco evoluíram para maximizar a eficiência. No século XIX, os "escritórios de contabilidade" onde sócios e escriturários trabalhavam lado a lado, em mesas idênticas com tampo de correr, começaram a desaparecer, passando a ser substituídos por escritórios subdivididos. À medida que o volume de trabalho burocrático e administrativo crescia, as profissões de colarinho branco começaram a importar o ideal reducionista de especialização do chão de fábrica. O historiador de administração Alfred Chandler observou que o papel do comerciante, que antes incluía "exportador, atacadista, importador, varejista, armador, banqueiro e segurador", dividiu-se, no final do século XIX, – como a produção de alfinetes de Adam Smith – em vários negócios especializados.

Anos depois, no que Chandler chamou de "Revolução Gerencial", as empresas especializadas foram reunidas quando se fundiram em grandes corporações verticalmente integradas com dezenas de departamentos e centenas de escritórios.

Muitas funções foram consolidadas sob entidades gerenciadas centralmente, em vez do mar de pequenos atores respondendo independentemente às forças do mercado (Chandler apelidou essa força de "a mão visível" em contraste com a descrição de Adam Smith das forças do mercado como "a mão invisível"). O número de pessoas trabalhando em "serviços profissionais" subiu de 750 mil, em 1860, para 2,16 milhões, em 1890; e para 4,42 milhões, em 1910; mas o número de empresas que as empregavam caiu: 4 mil empresas reduziram-se a 257 combinações entre 1897 e 1904. Mas a fusão não sinalizou um retorno ao espaço compartilhado e à compreensão da cultura dos escritórios de contabilidade. Em vez disso, as empresas empregaram ainda mais esforços para preservar a estratificação.

Novas tecnologias permitiram a construção de edifícios maiores e mais altos para abrigar os estratos cada vez mais complicados do local de trabalho. O "prédio de escritórios" tomou forma sob a mão de arquitetos como Louis Sullivan, que imaginou estruturas compostas por células independentes e padronizadas, que ele comparou aos blocos hexagonais das colmeias: unidades discretas, MECE, que não devem ser mescladas[61]. Ditafones[62] e os tubos pneumáticos[63] permitiam comunicações discretas e direcionadas à distância sem as ineficiências confusas do escritório de contabilidade. Os executivos se mudaram para salas separadas, depois para conjuntos luxuosos e, finalmente, para diferentes andares para separá-los das "piscinas" de estenógrafos que trabalhavam em mesas organizadas em grades, silenciosas, exceto pelo bater das teclas da máquina de escrever. O "escritório de esquina", onde um gerente podia se separar do resto da força de trabalho, tornou-se um símbolo de *status*. (Durante a crise financeira de 2008, aconteceu que muitos executivos se deslocavam para seus escritórios em elevadores privativos, minimizando ainda mais qualquer interação potencial com os funcionários.) Foi no início de 1900 que o termo "degrau" se tornou linguagem comum para a hierarquia corporativa.

---

61. Na realidade, Sullivan cunhou a famosa expressão "a forma segue a função" em seu artigo de 1896 "O edifício de escritórios alto considerado artisticamente".
62. Ditafone: espécie de gravador onde se gravam fonograficamente cartas ditadas ou qualquer outro texto oral, para que sejam posteriormente transcritos, datilografados ou digitados. (N.T.)
63. Tubos pneumáticos: os sistemas de transporte pneumático consistem em uma rede de tubos pelos quais recipientes cilíndricos (cápsulas) são propulsionados por ar comprimido ou por vácuo. Diferentemente da maioria das tubulações, que conduzem gases ou fluidos, esses tubos em particular são usados para transportar pequenos objetos. (N.T.)

Esses edifícios – os ancestrais do Pentágono e as lajes de vidro que compõem os horizontes urbanos de hoje – foram projetados para o fluxo eficiente de documentação. Esse fluxo, muitas vezes, era literalmente uma linha de montagem. Como um funcionário de escritório explicou em 1958,

> A menina no final [...] abre e classifica a correspondência. A próxima garota é a nossa. Ela faz o que o que é pedido na correspondência – um cancelamento, um recibo e coisas do gênero. Então verifico os papéis que ela me entrega e adiciono as anotações necessárias antes de passá-los para a primeira garota à minha esquerda, a datilógrafa de nossa equipe. Ela, por sua vez, entrega o lote inteiro para a última garota, nossa montadora, que junta os papéis na ordem correta e os encaminha, talvez para outro departamento, ou para o arquivamento central, ou possivelmente de volta para um segurado.

O objetivo, como nas fábricas, era que os processos desenhados pela gestão fossem executados da forma mais eficiente e especializada possível. O teórico da administração R. H. Goodell notou como as pessoas que passavam em um corredor distraíam os funcionários do escritório. Ao virar suas mesas para longe da porta e de frente para uma parede em branco, ele poderia reduzir a interrupção e, ao mesmo tempo, aproveitar a sensação desconfortável de que, a qualquer momento, seu supervisor poderia estar olhando por cima de seus ombros – ambos aumentavam a produtividade.

A forma como organizamos o espaço físico diz muito sobre como pensamos que as pessoas se comportam; mas, como as pessoas se comportam, muitas vezes, é um subproduto de como configuramos o espaço físico. Em Balad, precisávamos de um espaço que facilitasse não o fluxo ordenado e mecânico da papelada, mas o fluxo errático de ideias em rede – uma arquitetura projetada não para a separação, mas para a fusão de mundos. Não fomos os únicos a tentar isso – havia um movimento crescente no setor privado para organizar escritórios para uma melhor cooperação também.

As empresas que valorizam a inovação e a criatividade passaram muito tempo procurando maneiras de injetar interatividade nos ambientes de trabalho. Em 1941, a Bell Labs rompeu com a tradição, contratando Skidmore, Owings & Merrill para projetar instalações cujos espaços promovessem a interação: para sair de um escritório para ir a um laboratório, por exemplo, os funcionários tinham que passar pelo refeitório onde encontravam pessoas. A esperança era que essas interações casuais com colegas, gerentes e até funcionários da limpeza pudessem levar a *insights* repentinos. Na década de 1970, até mesmo a sólida IBM experimentou os primeiros escritórios "não territoriais", onde os engenheiros podiam entrar, pegar seus materiais e sentar em qualquer lugar no espaço aberto organizado para facilitar "encontros fortuitos" com os membros do time. Tal como com a NASA, essas mudanças não foram inicialmente bem-vindas, mas cresceram em popularidade. "Eu estava cético no início, mas odiaria voltar para um escritório fechado agora", disse um engenheiro. Outro foi mais sucinto: "não me coloque de novo dentro de uma cerca". No Vale do Silício, Google, Facebook e outros titãs, assim como inúmeras startups, usam planos abertos que colocam diferentes times e diferentes níveis de gestão no mesmo espaço.

Quando o ex-prefeito Michael Bloomberg se mudou para a prefeitura de Nova York, ele recusou as luxuosas suítes do prédio da prefeitura e, em vez disso, fez com que a sala de audiência do Conselho de Audiências – um dos espaços cerimoniais mais luxuosos do marco histórico – fosse convertida em um *bullpen*[64].[65] Ele encheu o espaço com centenas de cubículos — incluindo um para ele – a fim de maximizar a polinização cruzada de ideias. Ele testou esse modelo na Bloomberg LP, o conglomerado financeiro e de mídia que que fez dele um bilionário.

Bloomberg diz: "Sempre acreditei que a capacidade da gestão de influenciar os hábitos de trabalho por meio de um edital é limitada. Ordenar algo faz com que seja feito, talvez. Quando você vira as costas, porém, os funcionários tendem a regredir aos mesmos velhos hábitos. Uma fábrica física, no entanto, tem um impacto muito mais duradouro [...] eu envio solicitações dizendo a todos que trabalhem juntos, mas é a falta de paredes que realmente os faz fazer isso".

O *bullpen* de nivelamento de hierarquia e fusão de silos de Bloomberg, seus sociáveis balcões de *bagels* no local de trabalho e sua política de tolerância zero para refeitórios executivos ou vagas reservadas em estacionamento foram

---

64. Uma área aberta em um escritório com espaço de trabalho para vários funcionários. (N.T.). https://www.ahdictionary.com/word/search.html?q=bullpen. Acesso em: 29 de jun. 2022.
65. No outono de 2008, o então major-general Mike Flynn (meu oficial de inteligência em quatro missões diferentes: XVIII Corpo Aerotransportado, Força-Tarefa, Estado-Maior Conjunto no Pentágono e, finalmente, na ISAF no Afeganistão) e eu visitamos o bullpen de Bloomberg após retornarmos do Iraque. Embora tivéssemos desenvolvido o ecossistema físico e cultural da Força-Tarefa de forma independente, ficamos impressionados com a semelhança com a qual ele costumava administrar a cidade de Nova York e com o que costumávamos lutar em uma guerra complexa.

inspirados em parte por seu primeiro empregador, o banco de investimentos Salomon Brothers: "Qualquer um poderia ir até à mesa [do CEO], a qualquer hora. "Ele conhecia muitas pessoas pelo primeiro nome tanto na base da escada corporativa quanto no topo".

Não se trata apenas de igualitarismo simbólico. O caos cultivado do escritório aberto estimula a interação entre funcionários distantes uns dos outros no organograma. Colocar-se no meio disso manteve o dedo de Bloomberg no pulso da organização. "Se você se trancar em seu escritório, não acho que possa ser um bom executivo", diz ele. "Não faz absolutamente nenhum sentido para mim". Se sua própria carreira de prefeito serviu como um parâmetro, ele está certo: de acordo com Bill Keller, o correspondente do *New York Times* vencedor do Prêmio Pulitzer, "a grande engenhoca urbana que é o governo da cidade de Nova York provavelmente nunca foi tão bem administrada".

A apreciação por encontros fortuitos incorporados pelo *bullpen* da Bloomberg e pelos planos abertos do Vale do Silício é uma maneira de dizer: "Não sabemos quais conexões e conversas acabarão se provando valiosas".

Em Balad, tentamos algo semelhante: engenheiros colocaram abaixo o interior do *bunker* principal. Queimamos o caos decrépito de escombros, divisórias velhas e material de guerra da era soviética que o abarrotava, e erguemos um endoesqueleto de compensado aberto. Executamos todas as nossas operações a partir do Centro de Operações Conjuntas (*Joint Operations Center* – JOC) – um amplo espaço central semelhante ao *bullpen* de Bloomberg.

Uma parede de telas na frente do espaço mostrava atualizações ao vivo de operações em andamento: imagens de vídeos de pequenas escaramuças ou ataques em andamento, entradas de registro do JOC registrando os resultados de capturas bem-sucedidas ou baixas "amigáveis", mapas de nossos ganhos e perdas em diferentes regiões do país. Exatamente em frente às telas, organizamos mesas portáteis dispostas em uma grande configuração em forma de U, onde ficavam sentados o comandante da Força-Tarefa e os principais líderes, os quais podiam assim ver e se comunicar facilmente enquanto trabalhavam. Irradiando para fora, havia fileiras de longas mesas e cadeiras para as inúmeras funções de inteligência, apoio aéreo e de artilharia, remoções médicas, oficiais de ligação e todas as outras competências pertinentes às nossas operações.

Qualquer pessoa na sala – independentemente de sua posição nos silos e níveis dos organogramas – poderia olhar para as telas e ficar sabendo instantaneamente sobre os principais fatores que afetavam nossa missão naquele momento. Pessoas foram estrategicamente colocadas em todo o espaço, de acordo com sua função – aqueles com acesso a informações em tempo real, críticas para as operações em andamento, estavam mais próximos do centro da sala, aqueles com foco de longo prazo estavam nas margens, para que pudessem se concentrar em outros trabalhos. Qualquer um deles, no entanto, poderia andar livremente pela sala para uma rápida coordenação frente a frente. Com o toque de um botão no microfone, a atenção de todos podia ser atraída ao mesmo tempo.

Esperávamos que a nova arquitetura despertasse a inteligência emergente que acreditávamos residir na força como um todo e desse aos nossos times uma visão abrangente de todo o sistema. Não era suficiente saber apenas a sua própria parte (ou a de uma pessoa com quem esbarravam no refeitório).

Em 2004, tínhamos cerca de sessenta pessoas presentes no espaço – analistas de inteligência, oficiais de operações, ligações militares, operadores de vigilância e reconhecimento de inteligência (*Intelligence Surveillance and Reconnaissance* – ISR), controladores de poder aéreo, advogados do DOD (*Department of Defence*) e equipe médica. Para eliminar uma possível desculpa para não colaborar, designamos toda a área como um espaço de segurança ultrassecreto. Quase todos os documentos ou conversas relevantes para nossas operações, vários deles muito sensíveis[66], podiam ser discutidos e debatidos em campo aberto. Foi um movimento sem precedentes.

Eu tinha um pequeno escritório particular, mas raramente o usava. Em vez disso, trabalhei em um espaço adjacente ao JOC, que chamamos de Sala de Consciência Situacional (*Situational Awareness Room* – SAR), na ponta de outra mesa em forma de U. Nesta réplica em tamanho menor do JOC, eu trabalhava ao lado de minha equipe principal (por exemplo, inteligência, operações, jurídico) e com os representantes seniores em nossa força de várias organizações interagências. No JOC, o foco era o Iraque. Na SAR, era global. Aqui criamos a rede para se sobrepor à rede internacional da Al Qaeda. Meu diretor de inteligência, diretor de operações e conselheiro sênior sentavam ao meu lado e podiam ver e ouvir tudo o que eu fazia.

---

66. Atividades extremamente sensíveis, como gerenciamento de agentes de inteligência e ações de pessoal dentro de nossa força, eram conduzidas adequadamente em ambientes mais limitados.

APRENDENDO COM O FRACASSO DA REVOLUÇÃO DO CUBÍCULO

Nossa nova planta física forneceu estrutura para nossa transformação, mas sabíamos que não era suficiente. Um novo *layout* com uma cultura antiga pode oferecer o pior dos dois mundos: inúmeros gerentes, ansiosos por adotar a nova tendência que promete inovação, mas relutantes em abandonar o organograma, acabaram com os cubículos apenas para produzir um ambiente mais barulhento e perturbador que não é eficiente nem eficaz.

O cubículo em si é um bom exemplo de espaço de gerenciamento que deu errado. Originalmente criado pelo inventor visionário Robert Propst para libertar os trabalhadores do isolamento, o cubículo tornou-se um símbolo da cultura impessoal que pretendia reformar. O "Action Office II" deveria ser personalizável e reconfigurável para privacidade, mas também para cooperação, promovendo interação. Ele foi projetado para ser organizado em agrupamentos orgânicos, refletindo uma nova concepção do escritório como um todo interconectado.

Colocada em produção pela Herman Miller, em 1967, a invenção de Propst foi imediatamente percebida como transformadora. O *New York Post* publicou um artigo a esse respeito intitulado *Revolution Hits the Office*, que argumentava que os dias "das 'caixas' completamente fechadas nas quais os chefes se isolavam atrás de monstruosos símbolos de *status* de mogno e da fileira desumana sobre a fileira rígida de escrivaninhas de aço com suas gavetas desajeitadas nas quais você fica o dia todo" logo chegaria ao fim. "O sucesso do conceito parece garantido", concluiu o artigo.

Qualquer um que tenha pisado em um escritório corporativo nos últimos trinta anos pode atestar que o resultado foi, de fato, bem-sucedido, mas o conceito de um local de trabalho orgânico definido pela liberdade e pelo intelecto não. Em vez disso, os gerentes descobriram que poderiam usar o Action Office para espremer mais pessoas em espaços menores, usando a mesma grade implacável que as salas das estenógrafas apresentavam desde a virada do século. A própria adaptabilidade do cubículo permitiu que ele se tornasse, nas pesarosas palavras de um funcionário da Herman Miller, "a expressão inevitável de um conceito que vê as pessoas como elos em um sistema corporativo de manuseio de papel, ou como organismos de entrada-saída cuja 'eficiência' tem sido uma questão de preocupação nervosa no último meio século... [o Action Office] é admirável para os planejadores que procuram maneiras de amontoar um número máximo de corpos".

Hoje, impressionantes 93% daqueles que trabalham em cubículos dizem que prefeririam um espaço de trabalho diferente. Como Propst colocou dois anos antes de sua morte, refletindo sobre seu maior legado, "o lado sombrio disso é que nem todas as organizações são inteligentes e progressistas. Muitas são administradas por pessoas grosseiras que podem pegar o mesmo equipamento e criar infernos. Eles fazem cubículos pequenos e enfiam as pessoas neles. Lugares estéreis, buracos de rato [...] eu nunca tive ilusões de que este é um mundo perfeito".

A estrutura e o simbolismo do novo espaço não hierárquico da Força-Tarefa eram fundamentais, mas nossa organização não renasceria apenas movendo os móveis. Precisávamos renovar também nossa cultura organizacional.

As culturas, no entanto, são mais resistentes a mudanças planejadas do que tijolos e argamassa. A consciência compartilhada exigia a adoção de extrema transparência em toda a nossa força e com nossas forças parceiras. Isso era não "transparência" no sentido que costuma ser usado no mundo dos negócios, um sinônimo de franqueza pessoal. Precisávamos de uma transparência que desse a cada time uma visão desobstruída e constantemente atualizada do resto da organização. É o tipo de transparência que aqueles de nós, criados no conforto de silos burocráticos, acham desconfortável. Mas seria absolutamente essencial para nossa capacidade de unir e ter sucesso como um time de times.

Algumas peças eram simples: meu time de comando e eu adicionamos pessoas à linha "*cc*" dos e-mails sempre que parecia que até mesmo a consequência de segunda ou terceira ordem da operação sendo discutida *poderia* ter algum impacto sobre eles. Tivemos que reconhecer que, muitas vezes, não tínhamos como prever quem se beneficiaria e quem não se beneficiaria do acesso a determinadas informações. Atendíamos quase todos os telefonemas no viva-voz – isso me incluía, o comandante encarregado das forças mais sensíveis de nossa nação. Isso pode deixar as pessoas desconfortáveis, às vezes, muito intensamente. Mas nunca, no Iraque, vi que isso nos prejudicou tanto quanto ajudou. Estávamos tentando normalizar o compartilhamento entre pessoas acostumadas ao contrário. Nossa orientação permanente era "Compartilhe informações até que você tenha medo de que seja ilegal".

A O&I

O elemento mais crítico de nossa transformação – o músculo cardíaco do organismo que procurávamos criar e o pulso pelo qual ele viveria ou morreria – era o nosso esboço da Operações e Inteligência. A O&I, como era comumente chamada, é uma prática militar padrão: uma reunião regular realizada pela liderança de um determinado comando a fim de integrar tudo o que o comando está fazendo com tudo o que sabe.

Quando assumi o comando em 2003, a O&I era uma videoconferência relativamente pequena entre nosso quartel-general em Fort Bragg, alguns escritórios em D.C. e nossas maiores bases no Iraque e no Afeganistão. Rapidamente, porém, esse público cresceu. Pedimos a todos, de embaixadas regionais a escritórios de campo do FBI, que instalassem comunicações seguras para que pudessem participar de nossas discussões.

Quando as pessoas pensam em equipamentos militares de ponta, geralmente imaginam armamento, não uma versão volumosa do Skype, mas esse foi nosso principal obstáculo tecnológico e ponto de investimento por vários meses. Sabíamos que estabelecer a rede neural que facilitaria nossa análise emergente de problemas complexos era vital para nosso sucesso a longo prazo, por isso projetamos pacotes de comunicação pré-embalados que nossas equipes poderiam levar para o campo, onde quer que estivessem no mundo. Assim como a NASA, investimos em uma banda larga que nos permitisse alcançar todos os componentes de nossa força e nossos parceiros, desde bases austeras perto da fronteira com a Síria até o quartel--general da CIA em Langley, Virgínia. Antenas parabólicas, de pequenas a grandes, conectaram a força. Teleconferências de vídeo seguras, salas de bate-papo, um portal da *web* e e-mail tornaram-se as principais artérias de nosso sistema circulatório. Tecnicamente era complexo, financeiramente era caro, mas estávamos tentando construir uma cultura de compartilhamento: qualquer membro da Força-Tarefa, e qualquer um dos parceiros que convidamos, poderia eventualmente ligar, com segurança, de seus *laptops* para a O&I e ouvir através de seus fones de ouvido.

À medida que o escopo das atividades globais da Força-Tarefa aumentava e integrávamos mais participantes à nossa rede, a O&I tornou-se uma instituição de boa-fé. A reunião acontecia seis dias por semana e *nunca* foi cancelada. Nós a conduzíamos por videoconferência às 9:00 da manhã, horário do Leste. Isso tornou conveniente o início do dia de trabalho para os departamentos e agências sediados em Washington, os quais estávamos tentando integrar de forma cada vez mais estreita em nossas operações. No Iraque, a reunião começava às 16:00, dando aos operadores tempo para se levantarem no final da manhã, treinarem, prepararem-se, participarem do O&I e depois se aprontarem para os ataques e combates que durariam do anoitecer ao amanhecer. Esse ciclo sincronizado – o que chamamos de nosso "ritmo de batalha" – era alimentado pela O&I, que bombeava informações e contexto por toda a nossa Força-Tarefa.

Havia riscos reais em fazer isso. Abrir uma videoconferência ultrassecreta para uma ampla comunidade nos expôs a possíveis vazamentos – afinal, as informações que estávamos discutindo eram secretas por um motivo. Além disso, a transmissão de relatos não filtrados de nossos sucessos e fracassos corria o risco de interpretações errôneas de empreendimentos complexos e em andamento ou de as declarações serem tiradas de contexto. Mas eu não tinha interesse, e nós não tínhamos tempo, para pintar um quadro cor-de-rosa do que era na realidade uma cena infernal. Qualquer um que quisesse nos vencer em um jogo de política burocrática teria toda a munição necessária, mas não era essa a luta na qual estávamos focados.

REAÇÃO NEGATIVA

Quando montamos nosso novo SAR em Balad, colocamos assentos extras na mesa em forma de ferradura para as agências parceiras que esperávamos que viessem aumentar nossa Força-Tarefa. No início, apenas o assento do contato da CIA estava ocupado. Intuitivamente, sabíamos que, se pudéssemos gerar sucesso suficiente no campo de batalha, outros iriam querer participar. O problema era como fazer com que a participação deles fosse antecipada. Precisávamos unir todos em uma única iniciativa, mas não tínhamos autoridade explícita para fazê-lo.

Isso era verdade até mesmo para as forças militares que compunham o braço operacional da Força-Tarefa. Ao longo de sua história, o comandante da Força-Tarefa liderou operadores de cada um dos vários ramos das forças armadas, mas cada uma dessas subunidades também tinha comandantes administrativos dentro de seu próprio ramo de serviço. O comandante da Força-Tarefa, por exemplo, não supervisionava a seleção de pessoal, treinamento ou manutenção do regimento de combatentes. Esse era o trabalho do comandante do regimento e, ao executá-lo, ele era responsável por uma cadeia de comando distintamente diferente do comando de operações especiais do Exército e do departamento do Exército. É um sistema desajeitado. Eu brincava que comandar a Força-Tarefa é um pouco como ser um piloto de Fórmula 1: você dirige um carro incrível, mas não o possui, e não paga pelos reparos quando quebra alguma coisa. Naturalmente, há um pouco de tensão entre os donos do carro e o homem que o conduz por uma zona de guerra todos os dias.

Apesar das dificuldades, colocamos SEALs ao lado das Forças Especiais do Exército ao lado de combatentes do Exército ao lado de analistas de inteligência, cuja exposição anterior a nossos operadores havia se limitada a reclamações sobre a velocidade e a qualidade das análises que eles forneciam. A arrogância individual e organizacional se manifestava de maneiras sutis à medida que as pessoas tentavam afirmar ou manter sua proeminência. Em última análise, porém, a pressão da luta exigia conveniência, e a conveniência exigia meritocracia. Se um indivíduo ou uma unidade produzisse boa inteligência, coordenação confiável ou alertas precisos e oportunos, eles aumentavam em relevância e respeito. As conquistas herdadas ou a arrogância podem funcionar por um tempo, mas, por fim, as pessoas produziam ou perdiam importância. Ninguém queria ouvir o que você tinha feito na última guerra.

Por mais disfuncional que fosse a competição interna dentro de nosso comando, ela era ofuscada pela competição entre nossa organização e a CIA, NSA, FBI e outras agências externas. Assim como von Braun descobriu com os colaboradores da NASA, percebemos que nenhum grupo poderia ser útil se não entendesse todo o contexto. Não poderíamos simplesmente enviar nossos requisitos de inteligência para essas agências e esperar que elas percebessem todas as complexidades do que queríamos e precisávamos. Eles tiveram que se sentar conosco para entenderem exatamente o que estava acontecendo em campo. Esperávamos que, no final, eles retribuíssem, dando-nos *insights* semelhantes sobre como a guerra parecia de seus escritórios.

Quando cheio, a SAR parecia apertada e ocasionalmente muito barulhenta. Muitas das pessoas enviadas para trabalhar conosco achavam o ambiente perturbador ou ficavam desconfortáveis com a atmosfera participativa. Para burocratas que construíram carreiras com base na discrição e nunca saíam um milímetro para fora da linha para compartilhar demais, nossa maneira de trabalhar era um anátema. Uma agência parceira oferecia a mesma resposta todos os dias durante o primeiro ano de nosso experimento: "Nada de novo para relatar do nosso lado".

Assim como nossas equipes individuais se beneficiavam de um senso de propósito compartilhado que se estendia da situação tática no local para objetivos estratégicos maiores, os elementos da Força-Tarefa precisariam compartilhar tanto uma percepção atualizada em tempo real do campo de batalha quanto uma crença de que estávamos todos lutando a mesma guerra, com base nos mesmos princípios e com os mesmos objetivos. Esperávamos lançar as bases para ambos, como a NASA havia feito, pressionando a conscientização holística e a integração em toda a organização como um todo. Se todos tivessem a mesma cartilha, talvez tivéssemos um melhor desempenho no jogo.

O primeiro passo crítico foi compartilhar amplamente nossas próprias informações e sermos generosos com nosso próprio pessoal e recursos. A partir daí, esperávamos que as relações humanas que construímos através dessa generosidade salvassem o dia.

O compartilhamento de informações tinha que incluir todas as partes da força. Assim que nossos operadores concluíssem uma incursão, encaminhávamos as evidências para a estação mais próxima, fotografávamos cada fragmento e usávamos nossa nova banda larga para fornecer os dados a analistas de imagens, linguistas e outros especialistas no assunto. Era irregular e não refinado, mas instantâneo – não havia mais sacos de lixo e *post-its* empilhados em um armário. Além disso, tal como com nossos *cc*s e nosso viva-voz, distribuímos amplamente nossa inteligência e análise, sem pré-condições. Para muitos, isso pareceu ingênuo. Mas, como diz o velho ditado, "conhecimento é poder", e estávamos jogando esse poder ao vento. Nosso pensamento era que o valor dessa informação e o poder que a acompanhava seriam maiores, quanto mais ela fosse compartilhada.

SUCESSO

Em 2005, pelo menos uma de nossas hipóteses havia sido confirmada: como as agências de inteligência obtiveram informações mais rapidamente e mais robustas da Força-Tarefa do que de qualquer outra fonte, elas aumentaram drasticamente sua participação. Nosso processo começou a desenvolver sua própria atração gravitacional à medida que mais e mais grupos reconheciam o que a velocidade e a transparência que implementamos poderiam oferecer. Nossas forças estavam em contato diário com a Al Qaeda, a maior prioridade de contraterrorismo do país, e estávamos nos oferecendo para compartilhar o que ficávamos sabendo.

Muitas das Forças-Tarefa Conjuntas de Interagências (*Joint Interagency Task Forces* – JIATFs) que formamos no Iraque e no Afeganistão cresceram à medida que as agências parceiras começaram a enviar mais jovens analistas para servir *downrange*[67] e obter acesso à inteligência que nossos operadores e fontes estavam produzindo. Um analista da Agência de Inteligência de Defesa (*Defense Intelligence Agency* – DIA) poderia caminhar da JIATF até nosso Centro de Triagem Temporário, onde abrigamos os detidos da Al Qaeda, e contribuir com perguntas ou observar as entrevistas de um detento. O analista poderia escrever um relatório em primeira mão para seu quartel-general com as informações mais atuais do campo de batalha do contraterrorismo. Isso era bom para o analista e bom para a organização do analista. Poderia até, também, gerar uma resposta da organização-mãe do analista que poderia ser valiosa para nós no dia seguinte ou

---

67. Sendo expatriado. Na gíria militar, *downrange* é um termo para ser alocado no exterior, geralmente em uma zona de guerra. (N.T.)

estar conectada a outro relatório de algum outro lugar do mundo. Um indivíduo, devidamente empoderado, tornou-se um canal para uma rede maior que poderia, em voltando para nós, contribuir ao nosso processo. Nós nos asseguramos de que nossos operadores interagissem com os analistas; um comandante de esquadrão das Forças Especiais do Exército ordenou que seus operadores se reunissem com analistas de inteligência, tomando notas sobre como trabalhavam, como pensavam e que tipos de informação consideravam mais úteis. Como ele disse, "para vencer, todos nós precisaríamos estar até os joelhos na luta, o tempo todo".

Com o tempo, as pessoas começaram a apreciar o valor da compreensão sistêmica. A participação na O&I crescia à medida que a qualidade das informações e da interação crescia. Por fim, acabamos tendo sete mil pessoas comparecendo quase diariamente, por até duas horas. Para alguns teóricos da administração, isso soa como um pesadelo de ineficiência, mas as informações que eram compartilhadas na O&I eram tão ricas, tão oportunas e tão pertinentes à luta que ninguém queria perdê-las.

A O&I também se tornou uma das melhores ferramentas de liderança em meu arsenal. Nossa organização estava globalmente dispersa e incluía milhares de indivíduos de organizações que não estavam diretamente sob o controle da Força-Tarefa. A O&I não poderia substituir uma mão no ombro, mas o vídeo poderia transmitir muito significado e motivação. Nossa liderança aprendeu, ao longo do tempo, a usar este fórum não como um briefing militar estereotipado, onde os suboficiais dão atualizações bem ensaiadas e esperam que não se façam perguntas. Em vez disso, era uma discussão interativa. Se um indivíduo tivesse um intervalo de quatro minutos, a parte de "atualização" seria coberta nos primeiros sessenta segundos, e o restante do tempo seria preenchido com conversas abertas entre o responsável por transmitir a informação e a liderança sênior (e potencialmente qualquer outra pessoa na rede, se ela visse que alguma observação crítica deveria ser feita). Em vez de linhas de questionamento em preto e branco ("Quantos x?"), nosso diálogo tornou-se interativo e amplo ("Por que você está pensando x?"). As respostas a esse tipo de interação criaram novos *insights*, aprofundaram a compreensão do grupo sobre uma questão complexa e destacaram os níveis profundos de compreensão de nosso pessoal em todo o mundo. Mais importante, permitiu que todos os membros da organização vissem os problemas sendo resolvidos em tempo real e compreendessem a perspectiva da equipe de liderança sênior. Isso lhes deu as habilidades e a confiança para *resolverem seus próprios* e semelhantes problemas sem a necessidade de mais orientações ou esclarecimentos. Ao ter milhares de pessoas ouvindo essas interações diárias, *economizamos* uma quantidade incalculável de tempo que não era mais necessária para buscar esclarecimentos ou permissão.

A fusão de operações e inteligência (O e I) foi a essência da reunião. Um analista de imagens poderia relatar atividades recentes em um local de interesse durante a reunião (digamos, às 17:00, horário do Iraque), e tal casa poderia ser invadida por combatentes em poucas horas. Na O&I do dia seguinte, outro analista poderia discutir a composição química dos explosivos encontrados na oficina de carros-bomba da casa. A analista de imagens inicial teria a satisfação visceral de que seu trabalho havia salvado vidas e que seu esforço contínuo estava impactando diretamente as operações, não apenas gerando uma tempestade de papel em D.C. Nossa organização não estava apenas "ficando mais inteligente" ou "fazendo mais" de forma isolada. Em vez disso, estava *agindo* de forma mais inteligente e aprendendo constantemente, simultaneamente.

Os melhores momentos da O&I eram quando o briefing desencadeava um debate entre diferentes agências, equipes ou departamentos. Quem sabe dois silos analíticos tenham chegado a conclusões drasticamente diferentes com base na mesma evidência, e precisávamos reconciliá-los e entender o porquê. Talvez uma equipe em Mosul tenha visto uma tática, ou um grupo de indivíduos, inquietantemente evocativa do que uma equipe em Tikrit havia visto na semana anterior. As reuniões permitiram que informações críticas chegassem aos ouvidos e olhos certos. O risco, é claro, era que também pudesse atingir ouvidos e olhos errados. A questão era como esse risco potencial se comparava aos benefícios.

E QUANTO AOS WIKILEAKS?

Em 5 de janeiro de 2010, um especialista do Exército, de 22 anos, saiu de uma sala segura – ou supostamente segura – na Forward Operating Base Hammer, a 60 quilômetros a leste de Bagdá, com quase 400 mil relatórios militares altamente sigilosos sobre a guerra no Iraque, todos salvos em CDs que havia marcado como "Lady Gaga". Três dias depois, ele colocou os CDs em seu computador de trabalho e baixou 91.000 relatórios sobre o Afeganistão. Ao longo dos meses seguintes, ele repetiu a mesma proeza, acabando por reunir 250 mil telegramas confidenciais do Departamento de Estado, que ele passou para o WikiLeaks. Em novembro, tudo havia sido lançado na Internet para o público global.

O governo dos EUA entrou em convulsões. "Esta divulgação não é apenas um ataque aos interesses da política externa dos Estados Unidos", disse a secretária de Estado, Hillary Clinton, no dia seguinte ao vazamento dos telegramas do Departamento de Estado. "É um ataque à comunidade internacional." Jamais antes na história dos EUA tanto material confidencial foi comprometido em um só golpe. Desde então, vários incidentes semelhantes ocorreram, de forma mais notável o vazamento ainda maior perpetrado pelo contratado Edward Snowden.

Uma investigação identificou o soldado, que até então havia sido rebaixado para soldado de primeira classe, como Bradley Manning[68]. Um editorial da Fox News perguntou com indignação como "toda essa informação vazada era obra de um único alistado de 22 anos de idade no Exército". O autor ficou incrédulo: "Como era possível que um indivíduo pudesse obter tanto acesso a todo esse material sigiloso? Claramente, temos a segurança da informação muito subpriorizada."

Desde que o Relatório da Comissão do 11 de Setembro concluiu que a comunidade de inteligência dos EUA tinha todas as peças do quebra-cabeça, mas não conseguiu juntá-las e proteger o país, a comunidade de segurança nacional viu uma mudança gradual, mas inegável, de paradigma em direção a um maior compartilhamento de informações. Dez anos após o 11 de setembro, pesquisadores do Comitê de Segurança Interna e Assuntos Governamentais do Senado relataram que "os ataques de 11 de setembro mostraram a todos nós que o sistema do 'saber o absolutamente necessário' da Guerra Fria para gerenciar informações confidenciais e delicadas impulsionou uma cultura de segurança da informação que resultou em inúmeros *stove-pipes* [69] e bolsões secretos das informações mais valiosas do país". Ao mesmo tempo, o aparato de segurança nacional cresceu exponencialmente de tamanho. No momento da redação deste editorial, 854 mil pessoas possuem autorização no nível ultrassecreto e um terço delas são contratados privados. O resultado é que mais informações secretas são mais facilmente acessíveis por mais pessoas do que nunca.

Em parte como resultado dessas mudanças, um soldado muito jovem com histórico de depressão e comportamento errático teve acesso a uma coleção de documentos secretos. Roubar e divulgar esses documentos era tão fácil quanto usar algum código elementar e alguns CDs.

---

68. Após a prisão, Manning foi rebaixado para soldado raso e, desde então, mudou seu nome para Chelsea.
69. Uma organização em chaminé tem uma estrutura que restringe em grande parte ou totalmente o fluxo de informações dentro da organização de cima para baixo por meio de linhas de controle, inibindo ou impedindo a comunicação interorganizacional. Muitas organizações tradicionais de grande porte têm um padrão de chaminé. (N.T.)

Deveriam existir melhores defesas para evitar que essas informações fossem copiadas por Manning? Certamente. CDs em branco não deveriam ser permitidos em um Secure Compartmentalized Information Facility [Centro de Informações Compartimentadas Seguras]? Obviamente. Os superiores deveriam ter intervindo e impedido o soldado Manning de se deslocar para o Iraque com base em um histórico de problemas comportamentais no Exército? Sem dúvida. O soldado Manning colocou vidas em risco? Sim. Mas foi um erro projetar um sistema que deu a soldados e especialistas acesso a dados extensos e valiosos? Absolutamente não.

Vazamentos maciços *não* são uma consequência inevitável do nível atual de compartilhamento de informações, mas, mesmo que fossem, os benefícios superam amplamente os custos potenciais. O compartilhamento de informações dentro da comunidade de inteligência dos EUA desde o 11 de setembro salvou muitas vidas e fez muito mais bem do que os danos causados por incidentes como os vazamentos de Manning e Snowden fizeram mal. Não devemos deixar que o fato de os benefícios serem geralmente invisíveis – enquanto os vazamentos se tornam as notícias de primeira página – ceguem nossa avaliação. Nossa Força-Tarefa nunca experimentou nenhum vazamento sério, mas conscientemente corremos esse risco toda vez que realizamos nossa O&I. Nossa experiência foi que informações compartilhadas salvaram vidas em uma escala sem precedentes.

Cérebros em um baú não beneficiam ninguém, e tirá-los foi um passo essencial. No entanto, alcançar níveis de consciência compartilhada em time exigiria mais do que apenas compartilhar informações.

RECAPITULAÇÃO

- A consciência compartilhada em uma organização é dificultada ou ajudada por espaços físicos e processos consagrados. Muitas vezes, os esforços para facilitar as eficiências inspiradas por Taylor produziram barreiras ao compartilhamento de informações e ao tipo de entendimento sistêmico de que precisávamos para permear nossa Força-Tarefa.

- Criar transparência e compartilhamento de informações na escala que precisávamos exigiu não apenas um redesenho de nossa planta física, mas também um repensar de quase todos os procedimentos em nossa cultura organizacional. O briefing diário de O&I foi o cerne de nossa transformação: ele transmitiu informações sobre todo o escopo de nossas operações a todos os membros da Força-Tarefa e agências parceiras, e também ofereceu a todos a chance de contribuir.

CAPÍTULO 9

SUPERANDO O DILEMA DO PRISIONEIRO

Em uma das cenas mais memoráveis do filme de 2001 de Ron Howard *Uma Mente Brilhante*, o protagonista – o matemático John Nash, interpretado por Russell Crowe – está sentado com três colegas em um bar de Princeton quando quatro mulheres entram pela porta. Uma delas, conhecida apenas como "a loira", é de uma beleza deslumbrante. Um olhar sensual dela para a mesa dos matemáticos, e os homens estão convencidos de que ela está interessada – mas quem será o sortudo? Em tom de brincadeira, pergunta-se: "Devemos dizer espadas, senhores? Pistolas ao amanhecer? Outro diz: "Cada um por si, senhores". Outro fornece um contexto acadêmico para o confronto, dizendo: "Lembrem-se das lições de Adam Smith, o pai da economia moderna [...]", ao que o grupo responde, em conjunto: "Na competição, a ambição individual serve ao bem comum". Mas Nash/Crowe, remexendo a pilha de papéis que trouxe com ele para a saída com os amigos naquela noite, não participa. Em vez disso, ele adota o olhar distante que os cinéfilos sabem que sinaliza uma contemplação reveladora e, à medida que o piano delicado fica mais alto ao fundo, ele sussurra: "Adam Smith precisa de revisão".

"Se todos nós formos atrás da loira", ele explica, ninguém vai ficar com ela – determinados a sabotar um ao outro, eles irão, impulsionados pela competição, destruir as chances um do outro. "Então", diz ele, "vamos atrás das amigas dela", mas desprezadas por serem a segunda escolha, todas elas darão as costas aos homens. "E se ninguém escolher a loira?" ele sugere. Se os quatro homens começarem a conversar cada um com uma de suas quatro amigas, "não nos atrapalhamos e não insultamos as outras garotas". Com um leve sorriso, ele diz: "É a única maneira de vencermos", depois sai correndo do bar para passar a noite sozinho trabalhando na sua epifania.

Esse episódio ficcional fornece uma boa introdução a uma das principais ideias da teoria dos jogos: enquanto Adam Smith nos levou a acreditar que, como o Nash do filme resume, "o melhor resultado vem de todos no grupo fazendo o que é melhor para si mesmos," o também Nash do filme acrescenta que há momentos em que "o melhor resultado viria de todos no grupo fazerem o que é melhor para si mesmos [...] e para o grupo".

Esse princípio básico da teoria dos jogos também é ilustrado pelo Dilema do Prisioneiro. Neste famoso experimento mental, dois criminosos – coconspiradores – são presos. Eles são levados para celas separadas e interrogados. Aos dois é oferecido o mesmo acordo: se você ficar calado, será condenado a um ano; se você dedurar seu parceiro, ficará livre; mas, se o seu parceiro dedurar você, você cumprirá dois anos. De uma perspectiva competitiva e de interesse pessoal, ambos os prisioneiros são incentivados a delatar. No entanto, como o diagrama ilustra, se ambos os prisioneiros dedurarem, ambos terminarão com um acordo pior – cumprindo dois anos – do que se tivessem cooperado (cada um cumprindo um ano).

		A	
		TRAIR	FIQUE EM SILÊNCIO
B	TRAIR	2 2	0 2
	FIQUE EM SILÊNCIO	2 0	1 1

O Dilema do Prisioneiro

O dilema do prisioneiro tem implicações de gestão interessantes. Em primeiro lugar, sugere que existem circunstâncias em que a cooperação é melhor do que a competição. Isso pode parecer óbvio, mas muitos gestores supõem que a competitividade saudável entre as empresas (a força vital do livre mercado) deve ecoar dentro das empresas. Alguns dos executivos mais famosos do século XX exaltaram esse "espírito competitivo", propositalmente colocando trabalhadores e departamentos individuais uns contra os outros. Jack Welch introduziu o sistema de *stack ranking*, segundo o qual os funcionários se viam constantemente avaliados uns em relação aos outros, uma abordagem que se tornou popular entre os líderes de outros setores. O incentivo à colaboração tende a ser mais um adesivo do que uma prática gerencial real. Em um ambiente interdependente, no entanto, a colaboração pode ser necessária para a sobrevivência.

Éramos o dilema do prisioneiro da vida real. Cada agência temia que o compartilhamento de inteligência fosse contra seus próprios interesses. A competição entre as agências as tornava relutantes em fornecer informações; e se uma agência parceira não retribuir? Se cada agência cooperasse, teríamos o melhor resultado possível, mas só poderíamos alcançar esse resultado se superássemos o dilema.

Incentivar a colaboração, no entanto, é mais difícil do que parece. Para começar, deve ser mostrado aos dois prisioneiros todo o sistema de tomada de decisão, não apenas suas próprias escolhas. Se mostrado apenas seu próprio destino, cada prisioneiro escolherá trair o outro. É somente quando lhes são mostrados os interesses de tomada de decisão do cúmplice que eles entendem as consequências. Era isso o que estávamos tentando alcançar com a transparência participativa de nossa planta física e fóruns como a O&I.

Há algo a mais em jogo também. Embora a compreensão sistêmica dê a cada prisioneiro uma razão intelectual para entender por que a cooperação *seria* benéfica, ela não fornece uma garantia de que seu cúmplice irá até o fim. Afinal, a "estratégia dominante" de cada indivíduo é a traição. Mesmo com uma consciência holística, os presos ainda precisam dar um salto de fé.

Precisávamos de colaboração, transparência e confiança verdadeiras, não teóricas. Colocar todos na mesma sala foi um começo[70]. Mas, se quiséssemos uma confiança instintiva, natural, semelhante a de um time, teríamos que ir muito mais fundo. Quanto mais fortes os laços entre nossos times – como entre os prisioneiros – maior a probabilidade de alcançarmos o nível de cooperação de que precisávamos.

---

70. Como uma observação à parte, a lição de separar os prisioneiros é uma que também aprendemos literalmente: quando mantivemos os detidos, descobrimos que, quando mantidos na mesma sala, eles nunca cediam. Quando eles eram separados, ficava muito mais fácil convencê-los a fornecer informações.

Quando começamos a estimular a consciência compartilhada, não tínhamos uma percepção total da força das barreiras culturais que estávamos tentando superar. Se nossas organizações parceiras acabaram vindo à mesa, elas vieram com histórias de décadas e um telescópio específico para examinar o problema – o que acontecia fora daquele tubo de visão era irrelevante. As agências de inteligência queriam construir redes de compreensão de evidências empíricas – por meio de fontes humanas ou informações ou meios técnicos de coleta. As agências diplomáticas queriam criar instituições de longo prazo e estabilidade. Nossas forças de contraterrorismo queriam resolver, em tempo real, os problemas que viam no campo de batalha noite após noite. Cada uma dessas perspectivas tinha valor, mas nenhuma poderia ter sucesso isoladamente. Mostrá-las de forma abstrata não era suficiente.

Para alcançar a funcionalidade cruzada, nossos laços com nossas organizações parceiras tinham que se tornar tão fortes quanto aqueles entre os indivíduos em nossas equipes operacionais. Muitas vezes, víamos nossos parceiros apenas em termos do que poderíamos obter e dar. Começamos a progredir quando começamos a olhar para esses relacionamentos como apenas isso: *relacionamentos* – partes de uma rede, não engrenagens de uma máquina com entradas e saídas. Os tipos de relacionamentos de que precisávamos têm raízes que vão além da simples troca. Se pudéssemos desenvolver esse tipo de entendimento entre os parceiros, então, um dia, em um momento particularmente urgente, um lado poderia encorajar o outro, "confie aqui em mim", e vamos fazer dar certo.

COLOQUE-SE NO LUGAR DE UM ANALISTA

Um de nossos movimentos mais controversos foi nosso programa de incorporação, um sistema de intercâmbio que começamos no final de 2003, no qual pegávamos um indivíduo de um time – digamos, um operador das Forças Especiais do Exército – e o alocávamos em uma parte diferente de nossa força por seis meses – um time de SEALs, por exemplo, ou um grupo de analistas. Nossa esperança era que, ao permitir que nossos operadores vissem como era a guerra de dentro de outros grupos, e ao construírem relacionamentos pessoais, pudéssemos construir *entre* os times um pouco da fluência que tradicionalmente existe *dentro* dos times.

Como era de se esperar, a resistência inicial foi forte. "Nossos times treinam de maneiras totalmente diferentes", fui informado. Disseram-me que eu precisava entender que os laços estreitos dentro dos times de assalto vinham do trabalho com parceiros de confiança ao longo dos anos – inserir um estranho é um risco imprudente e injusto para com os operadores que já executam as missões mais difíceis. Simplificando, era um anátema para toda a história e tradição de seleção de operações especiais, treinamento e combate de guerra. Mas eu e alguns outros líderes estávamos convencidos de que teríamos que reunir as diferentes forças de elite em toda a Força-Tarefa em uma extensão nunca antes exigida ou imaginada. Esta luta não poderia ser vencida por nada além de um time fortemente conectado.

À medida que implementamos essas trocas, o que vimos provavelmente teria sido previsto por um cientista social. Embora tenha sido uma iniciativa "forçada", uma vez que o mandato estava em vigor, as unidades de elite foram naturalmente incentivadas a enviar seus melhores operadores e líderes. Esses indivíduos estariam representando sua organização, então o orgulho da unidade os levaria a selecionar os melhores exemplos de um conjunto de amostras já altamente seletivo. Muitas dessas personalidades de primeira linha também eram os tipos que tinham uma habilidade natural de se conectar com os outros – especialmente em um ambiente onde a liderança e a capacidade de um operador eram um padrão de medida crucial entre os pares.

Por exemplo, exigiríamos que um operador das Forças Especiais do Exército integrasse um time SEAL. As Forças Especiais são caracterizadas por uma disciplina excepcional no nível individual, enquanto os SEALs se orgulham do pensamento criativo no nível do operador e de um forte senso de individualidade. Os pontos de tensão eram previsíveis. Mas o operador das Forças Especiais logo perceberia as normas culturais dos SEALs e, mantendo-se fiel ao *ethos* de sua unidade de origem, encontraria uma maneira de trabalhar efetivamente dentro da nova estrutura. Com o tempo, ele também começaria a ver alguns dos aspectos positivos da abordagem alternativa, aprendendo com a cultura SEAL e encontrando pontos fortes que ele poderia trazer para seu time. Os SEALs, por sua vez, veriam no operador do Exército os pontos fortes da cultura de onde ele veio, percebendo que a individualidade ali promovida claramente vem com pontos fortes com os quais eles podem aprender. Como um bônus adicional, cada unidade não veria o operador trocado como um exemplo único; em vez disso, eles veriam seu novo amigo como representante de toda a unidade de onde ele veio – e seus sentimentos de confiança e compreensão se expandiriam para a outra unidade, mesmo que eles realmente conhecessem apenas um único operador. Esse tecido conjuntivo ficou mais forte. Quando esses operadores retornavam à sua unidade de origem, seus comentários positivos sobre a unidade rival se espalhavam, aprofundando os laços entre os times. Lentamente, fizemos crescer os laços de confiança necessários para superarmos o nosso dilema do prisioneiro.

Também expandimos e aperfeiçoamos nosso sistema de envio de oficiais de ligação para nossas organizações parceiras. Os contatos são embaixadores institucionalizados que servem para conectar organizações – nossa Força-Tarefa enviaria um contato para, digamos, a CIA, e eles enviariam um contato para nós. Tradicionalmente, esse era um dever atribuído a alguém em seu último período antes da aposentadoria ou como uma maneira de afastar alguém de um esquadrão dentro do qual não estava se ajustando. Seus deveres não eram invejados, e geralmente eles eram vistos como espiões pela organização vencedora – alguém que estava lá simplesmente para assistir às reuniões e relatar à sua organização de origem. Eles contribuíam com muito pouco e raramente eram confiáveis.

No entanto, à medida que as interfaces se tornaram cada vez mais importantes, percebemos o potencial de fortalecer nossos relacionamentos com nossas agências parceiras por meio de um forte agente de ligação (LNO). Como se viu, alguns de nossos melhores LNOs também eram alguns de nossos melhores líderes no campo de batalha. Começamos a receber comandos de alto nível – homens que sabiam atirar, corda rápida e paraquedismo – e os colocamos, vestidos em trajes civis, em embaixadas a milhares de quilômetros da luta, porque sabíamos que precisávamos de um ótimo relacionamento com o embaixador e a outra liderança interagência postada lá. Todos odiavam remover alguns de nossos melhores operadores do campo de batalha, mas colhemos enormes benefícios.

Nosso objetivo era duplo. Primeiro, queríamos ter uma noção melhor de como a guerra parecia a partir da perspectiva de nossos parceiros a fim de melhorar nossa compreensão da luta. Vimos um pedaço da AQI de perto e diariamente, mas sabíamos que eles faziam parte de um sistema global maior de finanças, armas e ideologia sobre o qual outras pessoas sabiam muito mais do que nós. Em segundo lugar, esperávamos que, se as ligações que enviávamos contribuíssem com valor real para as operações de nossos parceiros, isso estabeleceria uma base para os relacionamentos de confiança que precisávamos desenvolver entre os nós de nossa rede.

Nós nos tornamos os fanáticos do LNO. Eu passava horas com meus comandantes selecionando as melhores personalidades e conjuntos de habilidades para diferentes trabalhos. A pessoa que enviamos para fazer a ligação com a embaixada em Amã precisava ser de um jeito. O enviado para trabalhar com o presidente do Estado-Maior Conjunto, de outro. Sabíamos que sempre precisávamos de uma superestrela em certas posições-chave, como nosso LNO para a CIA, e eu insistia que esses locais-chave fossem ocupados por alguém que tivesse se mostrado eficaz em outros lugares. Se olharmos para nosso empreendimento global como um organismo, com o coração no meio da zona de combate, esses LNOs eram nossas terminações nervosas.

Ao solicitar indicações de LNO para preencher cargos críticos, usamos dois critérios: (1) se não doer deixar a pessoa ir, *escolha outra pessoa*; (2) se não for alguém cuja voz você reconhecerá quando ligar para você em casa às 2h, *escolha outra pessoa*. Anteriormente, poderíamos ter tomado essas decisões com base na patente, posição ou o que as pessoas queriam para suas carreiras. Mas, para fazer isso bem, as qualidades pessoais superaram todo o resto. Essas eram pessoas que precisavam entrar em um ambiente burocrático desconhecido e, às vezes, hostil, e então construir relacionamentos baseados em confiança com a liderança de lá – uma proposta muito difícil.

Uma vez que os LNOs estivessem posicionados, eles não poderiam ser vítimas da síndrome "longe dos olhos, longe do coração". Nem poderiam ser simplesmente vistos como um aumento de pessoal para a organização para a qual os enviamos. Em vez disso, nós os consideramos ativos preciosos, mas sabíamos que só poderiam ser isso se tivéssemos as personalidades certas, empoderadas pelo correto apoio vindo de nós.

Desde o início, aprendemos que, para serem eficazes aonde os enviamos, nossos LNOs precisavam ter acesso a líderes seniores naquela organização e serem confiáveis. Isso não veio facilmente.

SANDUÍCHES DE FRANGO E LIXO

A recepção do tenente-comandante Conway[71] foi fria. Eu havia conseguido uma permissão relutante do time do país na embaixada dos EUA em um país instável do Oriente Médio para colocar com eles uma única ligação da Força-Tarefa a fim de ajudar a coordenar o esforço mais amplo contra a Al Qaeda, mas havia reservas claras e compreensíveis quando o experiente e calejado oficial SEAL apareceu. As preocupações variavam de comprometimento de inteligência sigilosa a preocupações com as forças de combate da Força-Tarefa que entravam em cena. Algumas eram tão mundanas quanto a competição por espaço físico na embaixada, outras mais profundamente enraizadas no grande abismo entre

---

71. Conway é um pseudônimo.

as culturas organizacionais. A maioria das hesitações era tão infundada quanto natural, mas todas eram obstáculos reais.

Havíamos escolhido Conway com cuidado. Ele era uma massa ambulante de energia extrovertida, geralmente otimista e prestativa. Em seu turno anterior, ele havia usado coletes à prova de balas e óculos de visão noturna para enfrentar os combatentes da Al Qaeda na província de Anbar, mas sua nova missão exigia que ele fosse aceito por seus novos colegas. Onde o Iraque tinha forçado Conway a arriscar sua vida, agora ele decidiu que tinha que subordinar seu ego.

Em seu novo posto, inicialmente não lhe foi dado acesso à inteligência nem lhe deram nada para fazer, Conway, então, ofereceu-se para tirar o lixo. Todas as tardes ele ia de escritório em escritório, recolhendo o lixo e levando-o para a lixeira. Quando descobriu que um colega da embaixada adorava sanduíches Chick-fil-A[72], Conway providenciou para que a próxima entrega da Força-Tarefa incluísse vários deles em seu conteúdo. Um homem em quem o governo dos EUA havia gastado milhões de milhares de dólares para treinar como SEAL foi, por três meses, um lixeiro glorificado e entregador de *fast-food*.

Mas, quando a situação esquentou na capital do país e o embaixador veio ao nosso LNO e perguntou se ele sabia alguma coisa sobre proteção da força e como lidar com a crescente ameaça da Al Qaeda, nosso homem estava exatamente onde precisava estar. "Eu sei", disse ele. "É nisso que eu sou treinado. E eu posso fazer algo melhor para você – deixe-me fazer uma ligação." Logo, todo o peso do empreendimento da Força-Tarefa estava à disposição da equipe interagência da embaixada. Nosso LNO estava lá para servir à missão coletiva – do lixo ao terrorismo. A relação da Força-Tarefa com aquele país ficou mais estreita quase instantaneamente. Um novo nó em nossa rede entrou em operação e começou a prosperar.

Descobrimos que era essencial tornar nossos LNOs atores-chave em suas agências anfitriãs. Até certo ponto, como Conway, nossos homens e mulheres podiam realizar muito por meio da força da personalidade e do talento, mas também precisavam do apoio institucional da Força-Tarefa. Eu pensava em meus LNOs como mergulhadores de águas profundas conforme a velha escola, conectados à superfície por uma mangueira de oxigênio. Sua eficácia dependia de nossa capacidade de bombear recursos e informações para eles, tornando-os eficazes e desejáveis para seus anfitriões. Nada era mais valorizado por muitos

---

72. Chick-fil-A é uma das maiores redes de *fast-food* americanas e a maior em sua especialidade, os sanduíches de frango. (N.T.)

de nossos parceiros do que os *insights* sobre a obscura luta antiterrorista que estávamos travando. Por isso, armamos nossos LNOs com um fluxo constante de inteligência e os capacitamos a compartilhá-la conforme julgassem apropriado. O compartilhamento de informações era fundamental, porque, em última análise, era isso que um dia poderíamos acabar solicitando à agência anfitriã. Idealmente, um LNO desenvolveria um relacionamento tão fantástico com a NSA ou a Agência Nacional de Informação Geoespacial (*National Geospatial-Intelligence Agency* – NGA), por exemplo, que, quando realmente precisássemos, *com urgência*, de sinais sensíveis ou inteligência de imagens sobre um alvo, essas informações viriam de forma rápida, completa e sem qualquer atrito burocrático – em uma chamada telefônica.

À medida que as organizações parceiras passaram a apreciar nossos LNOs, elas retribuíam enviando seus próprios LNOs para nós. O *pool* de talentos disponível para nós aumentava constantemente à medida que nossos parceiros percebiam que, quanto melhor seu LNO, mais eles poderiam aproveitar a Força-Tarefa para ajudar em suas missões mais difíceis. Os assentos vazios ao redor do nosso SAR foram preenchidos. A JIATF cresceu com analistas enviados de todos os Estados Unidos. Assim como o BUD/S aumenta os laços horizontais entre aspirantes a SEALs, descobrimos que essa abordagem de colaboração estava fortalecendo os laços não apenas entre os times internos da Força-Tarefa, mas também entre a Força-Tarefa e as agências parceiras com as quais teríamos que cooperar para vencer a luta. À medida que a ligação se "intensificava", as organizações sinalizavam seu entusiasmo com nossa Força-Tarefa pela qualidade das pessoas que nos enviavam. Receber um funcionário sem talento, muitas vezes, significava que sua agência de origem planejava criar dificuldades; [receber] um *superstar* mostrava que eles estavam desejosos para se envolver.

Constantemente, em grande parte como resultado da incorporação interna e dos LNOs, e complementado pelo crescimento da O&I, começamos a superar a concorrência interna e as barreiras à cooperação. Laços de confiança começavam a se formar. Pessoas de diferentes tribos começaram a ver rostos cada vez mais familiares. Até estranhos eram agora, por extensão, parte de uma unidade familiar e confiável, e recebiam o benefício da dúvida. Fazer parte da rede tornou-se uma importante forma de capital. Mais importante, não era um jogo de soma zero; quanto mais você colocar no sistema, mais ele poderá lhe servir.

Em nenhum lugar a eliminação do territorialismo foi mais clara do que na troca de nossos cobiçados ativos aéreos.

ISR

Sob um céu escuro como breu, trinta operadores correram em direção aos helicópteros parados. As pás do rotor giravam, chutando o ar quente do deserto pela pista do campo de pouso. Dez minutos antes, esse time havia recebido seu briefing final sobre a missão da noite. Eles voariam por trinta e cinco minutos e, então, fariam o patrulhamento por quase uma hora antes de atingirem o alvo. Eles queriam capturar um agente AQI de nível médio. O alvo, acreditavam eles, tinha informações que os ajudariam a chegar um passo mais perto de um líder inimigo de alto escalão na região. Não seria a missão mais incrível de nenhuma de suas carreiras, mas foi o trabalho da noite e um passo importante em seus esforços para entender e desmantelar a rede.

Os operadores tomaram seus assentos e os oficiais fizeram a contagem final. O comandante de assalto ligou o rádio do helicóptero. Com o apertar de um botão, ele podia falar com seu time nos helicópteros, com os pilotos da frente ou com sua liderança no quartel-general. Ele poderia também monitorar as comunicações entre seu quartel-general e outros elementos de assalto em todo o país. Seus pilotos estavam passando pelas verificações finais quando ele ouviu o chamado.

"Lima 2-1, este é Lima 0-3". Seu oficial superior, que estava sentado a 500 metros dos helicópteros em seu centro de operações, estava fazendo contato. Talvez, esperava ele, fosse uma atualização positiva do local-alvo que estava sendo monitorado pelas informações da ISR (*Intelligence, Surveillance and Reconnaissance* – Inteligência, Vigilância e Reconhecimento) no centro de operações.

"Vá para 2-1", respondeu ele.

"Acabamos de saber, 2-1, que o ISR está sendo levado para um alvo prioritário em Bagdá. Isso nos coloca abaixo dos requisitos mínimos. Precisamos nos retirar".

O comandante ficou frustrado. Seu piloto, que também ouviu a chamada, olhou para trás e fez contato visual com o líder do time de assalto. O piloto fez sinal com a mão para confirmar o que acabara de ouvir. O líder da equipe de assalto acenou com a cabeça, então ligou seu rádio. "Câmbio, 0-3. Desligando-o."

O piloto desligou os rotores. "Perdemos nosso ISR, senhores. Estamos nos retirando". No escuro, ele podia ver capacetes sendo removidos e cabeças balançado. Era a segunda noite consecutiva que eles perdiam seus ativos.

Em um grau nunca antes visto na guerra, os ativos da ISR, como veículos aéreos não tripulados *Predator* ou uma pequena aeronave tripulada a hélice, como o *Beechcraft King Air* que desmontamos e equipamos com aparelhos de vigilância, tornaram-se moeda de troca em nossa luta no Iraque e no Afeganistão. A ISR expandiu drasticamente nossa capacidade de coletar informações sobre alvos e desenvolver novos. Na condução de ataques, a cobertura em tempo real de FMV (*Full-motion Video*) que foi canalizada para vários locais no solo permitiu que os comandantes reduzissem ao mínimo as forças de assalto, fornecendo segurança contra reforços inimigos que antes exigiam que posicionássemos um cordão de tropas ao redor do local-alvo. Sem a ISR, um ataque pode exigir um pelotão adicional ou mais tropas, mais helicópteros e outros apoios. Simplificando, quanto mais ISR uma unidade tiver acesso, mais operações ela poderá executar.

A competição por ISR dentro de nossa Força-Tarefa era intensa. No início da guerra, uma das partes mais demoradas do trabalho da alta liderança era determinar onde mobilizar nossos limitados recursos. Quando um comandante terrestre era forçado a entregar um recurso de ISR, isso poderia causar convulsões internas na Força-Tarefa e uma perda potencialmente séria de moral para a unidade afetada. Na experiência do nossos operadores no solo, em um momento eles tinham um helicóptero ou um *Predator*, no momento seguinte não tinham mais. Do ponto de vista deles, outra pessoa havia pegado – era um jogo de soma zero. Tudo o que sabiam de concreto era que não podiam cumprir sua missão.

Quando eles entenderam o quadro todo, começaram a confiar em seus colegas. Assim como os prisioneiros que decidem se devem ou não dedurar, a capacidade de resposta de nossos comandantes a tais demandas cresceu à medida que eles passaram a entender o ambiente maior em que a decisão havia sido tomada e as pessoas que se beneficiavam do que havia sido levado. Anteriormente, o mundo fora do domínio de um comandante parecia uma caixa preta; assim que um ativo *saía*, ele simplesmente desaparecia. Assim que eles podiam ver *por que* e *como* seus ativos estavam sendo usados, no entanto, e assim que eles conheciam e respeitavam os outros indivíduos que lidavam com essas ferramentas, as coisas mudavam.

Antes, essas decisões ocorriam a portas fechadas. Agora, as conversas sobre recursos, às vezes, ocorriam bem na frente deles durante uma O&I. "Quando começamos a ter uma conversa constante com os níveis mais baixos da organização", explica um SEAL alistado que trabalhava com a Força-Tarefa no Iraque, "conseguimos basicamente ver onde a luta estava quente, onde não estava e onde as pessoas mais precisavam da ISR. Além disso, pudemos ver que era realmente para nosso benefício, às vezes, entregar esse ativo". Com essa consciência veio a fé de que, quando a missão deles fosse a prioridade, eles conseguiriam o que precisavam quando precisassem. A compreensão holística do projeto agora permeava as fileiras.

À medida que as relações pessoais em todo o projeto se aprofundavam, os comandantes das unidades distribuíam ativos valiosos, muitas vezes para surpresa e frustração inicial dos que estavam abaixo deles, porque confiavam que o ativo seria usado em um contexto ainda mais crítico do que na sua situação naquele momento. Além disso, eles começaram a ver o favor sendo retribuído na mesma moeda. Isso estimulou a confiança na outra unidade até mesmo entre os operadores mais céticos, endurecidos e competitivos. De repente, estávamos superando o nosso dilema do prisioneiro.

Tínhamos elaborado nossas soluções para o dilema do prisioneiro da Força-Tarefa por tentativa e erro, mas depois descobrimos que os estudiosos da teoria dos jogos compartilhavam nossas conclusões. Em 1980, Robert Axelrod, um professor de ciência política da Universidade de Michigan, solicitou programas para um torneio interativo do dilema do prisioneiro. Os quatorze acessos na primeira rodada original – enviados pelos principais teóricos dos jogos em um espectro de disciplinas, incluindo economia, psicologia, matemática e ciência política – variavam muito na estratégia inicial e na complexidade da codificação. No entanto, a estratégia vencedora continha apenas quatro linhas de código. Apresentado pelo professor da Universidade de Toronto Anatol Rapoport, o programa foi chamado de *olho por olho*. A estratégia sempre começava com cooperação, e então simplesmente fazia o que o outro jogador havia feito na jogada anterior, cooperando se o outro cooperasse, desertando se o outro desertasse. Não se guardava rancor: se seu oponente começasse a cooperar novamente depois de desertar, [o jogador] olho por olho também retornaria à cooperação. Uma segunda rodada do torneio foi realizada, e muitos outros acessos foram enviados. Mais uma vez, a estratégia simples de Rapoport venceu. O programa foi bem-sucedido porque tomou como *default* um comportamento de confiança e cooperativo e puniu o outro jogador por comportamento egoísta. No entanto, como um especialista em estudos de paz e conflito desde então observou, "a punição durou apenas enquanto o comportamento egoísta durou. Isso provou ser uma sanção excepcionalmente eficaz, mostrando rapidamente ao outro lado as vantagens de cooperar".

Daniel Kahneman, cientista cognitivo ganhador do Prêmio Nobel, acredita que a mente humana tem duas trilhas diferentes de tomada de decisão: o "sistema 1" opera de forma automática e rápida, enquanto o "sistema 2" é deliberado e requer esforço. Tendemos a usar o sistema 1 com frequência e de forma reflexiva – por exemplo, medindo as emoções no rosto de alguém – e aplicamos o sistema 2 ao pesar decisões difíceis ou tentar cálculos complexos. O que vimos na Força-Tarefa foi que, embora a cooperação tenha começado como uma decisão consciente do sistema 2 ("eles me ajudarão mais tarde se eu os ajudar agora; a cooperação é do meu interesse"), um histórico de colaborações produtivas levou à cooperação reflexiva do sistema 1 – em outras palavras, confiança real. Além disso, essa confiança teve um efeito viral: uma vez que ultrapassou um certo limite, tornou-se a norma.

Um dos melhores exemplos dessa simbiose foi nossa recém-descoberta capacidade de atingir "alvos subsequentes".

ALVOS SUBSEQUENTES

A AQI foi organizada como bolsões de combatentes espalhados geograficamente pelo país. A liderança-chave movia-se de forma constante, saltando entre centros geográficos para compartilhar informações e orientações com sua rede de combatentes. Se a Al Qaeda era um organismo, os centros dos combatentes eram os músculos, enquanto os líderes móveis eram o oxigênio, fornecendo energia para os músculos, e as estradas do Iraque eram o sistema circulatório pelo qual esse oxigênio podia fluir. O movimento em longas distâncias era feito durante o dia, já que a AQI sabia que nossa visão noturna e nossos recursos de reconhecimento noturno nos davam uma vantagem sobre eles no escuro. Se fôssemos interromper a rede deles, não só precisávamos ser os donos da noite, mas também interromper o fluxo de oxigênio durante o dia.

A interdição diurna da liderança da AQI era um conceito simples e elegante, nascido em um quadro branco durante uma discussão entre operadores e oficiais de inteligência. Se a vida funcionasse como nos filmes, a força teria lançado uma operação imediatamente. Mas, em um campo de batalha real, tais conceitos são seguidos por uma longa lista de consultas logísticas. Como seguiríamos o veículo no trânsito pesado? Como pararíamos um veículo? Nossos helicópteros poderiam ir de nossos complexos para a localização do veículo rápido o suficiente? À medida que os operadores se aproximavam do local, como podiam ter certeza de que estavam se movendo na direção do carro correto? A lista continuava. O sucesso exigiria uma coreografia perfeita entre nossos melhores operadores terrestres, nossos pilotos de helicóptero, nossa sede operacional e nossas plataformas aéreas de coleta de inteligência, bem como uma adaptação fluida e interativa em toda a nossa força.

Um ciclo típico funcionava assim: depois de atingirmos um alvo no meio da noite, o elemento de ataque retornava à base, avaliava a missão e assegurava-se de que os analistas de inteligência estavam rastreando qualquer informação importante que tivessem descoberto sobre o alvo. Os operadores faziam uma refeição quente antes de irem para a cama, logo após o nascer do sol. Neste ponto, seu trabalho, para a noite, está feito. Enquanto isso, durante o dia, os times de inteligência continuam monitorando o alvo. A interação entre esses operadores e os analistas, antes desconfortável e mecânica, agora é fluida e natural; eles confiam uns nos outros e sabem que a cooperação é do seu próprio interesse, bem como para um bem maior.

Em uma de nossas incursões, o prédio-alvo da noite anterior era um esconderijo para um grupo de guerrilheiros. Pouco antes do meio-dia, enquanto nossos operadores da noite anterior estão dormindo, plataformas de reconhecimento aéreo identificam um veículo chegando ao complexo – o local do tiroteio de algumas horas atrás. Um feed de vídeo em preto e branco borrado chama a atenção ao time de inteligência diurna. Eles observam o motorista e outros dois estacionarem do lado de fora e entrarem no pátio, claramente sem saber sobre as atividades da noite anterior. Todos os olhos se concentram nas três figuras difusas nas grandes telas na frente de seu centro de operações. As figuras ficam mais lentas ao entrarem no pátio — sentindo que algo não está certo. Eles param e olham ao redor, provavelmente nervosos pela ausência de movimento. Chamam seus amigos, mas não recebem resposta. Eles se movem um pouco mais, agora com muita cautela. Talvez notem cartuchos vazios no chão ou vidros recém-quebrados das janelas. Todos os três param de repente, voltam-se um para o outro e correm de volta para seus veículos.

Instantaneamente, uma jovem analista de inteligência pega a linha segura em sua mesa. Ela tem vinte e três anos e está no seu segundo turno de combate. Ninguém está dirigindo suas ações, e ninguém a repreenderia se ela não fizesse nada. Mas ela sabe o que procurar e acaba de ver. Ela está ciente da importância desse complexo em particular na luta atual, pois está em contato direto com o time de inteligência que apoia as operações noturnas. Mais importante, ela sabe exatamente com quem falar. O telefonema dela não está sendo feito para informar, e não é um pedido de permissão – seu objetivo é desencadear um ação, que é exatamente o que a ligação faz.

"Há movimento no complexo da noite passada. O veículo chegou, três pessoas saíram, depois voltaram para o veículo, que acelerou para o leste depois de perceber que uma luta tinha acontecido", diz ela ao operador do outro lado da linha.

"Vão logo!" ele grita para seus operadores, que instantaneamente pegam seus equipamentos. Sessenta segundos se passaram desde que o veículo acelerou.

"Ok, estamos analisando", diz ele, de volta à linha. Ele agora puxou o mesmo feed de vídeo de inteligência em sua sala de operações. Ele a coloca no viva-voz para que sua voz possa ajudar a abastecer o pensamento do pessoal sua na sala do time. Ela explica o que viu enquanto ele e os outros do seu time ouvem. Eles observam o movimento do veículo enquanto o centro de operações passa de octanagem[73] média para octanagem total em questão de sessenta segundos. As prováveis rotas de veículos são mapeadas em *displays* na frente do centro de operações. Os motores dos helicópteros começam a zumbir. Os operadores se movem em direção à sua área de preparação. Quatro minutos se passaram desde que o veículo acelerou.

O carro começa a se mover para o leste, e o time de segmentação começa a identificar locais ao longo das rotas prováveis que são viáveis para uma interdição. Eles estimam que têm uma janela de quarenta minutos. Se tudo se alinhar perfeitamente, eles saberão em breve quem eram as três figuras.

Após uma rápida atualização na área de preparação, os operadores correm em direção aos helicópteros que aguardam a cerca de 200 metros de distância. Já suando no calor de 43 graus Celsius, eles se abaixam quando se aproximam das pás giratórias do rotor e se dividem nas várias aeronaves. Alguns se prendem aos bancos externos do MH-6 *Little Birds*, outros sobem dentro dos UH-60 *Black Hawks* maiores. Os helicópteros sobem e a base desaparece atrás deles. Oito minutos se passaram desde que o veículo acelerou.

À medida que voam, um *stream* de vídeo ao vivo do veículo alvo é enviado para vários quartéis-generais em todo o país. Os operadores dos helicópteros recebem atualizações em tempo real sobre a direção do veículo e qualquer atividade suspeita. À medida que o veículo escolhe sua rota, os locais potenciais para interceptação vão se limitando, e os pilotos e o líder do time de assalto refinam o plano. Por fim, resta apenas uma opção. Os helicópteros dirigem-se para aquela direção e vagam pelo horizonte. Os ativos de reconhecimento informam aos operadores e aos times de inteligência que o veículo continua se dirigindo ao local de interceptação; eles estimam que estão a três minutos de lá. Todo o time de assalto ouve as informações em tempo real; eles fazem uma verificação final em suas armas e se preparam para inserir.

---

73. A octanagem refere-se à capacidade de detonação de uma combustível usado em motores. Quanto mais alta a octanagem, maior é a capacidade do combustível de ser comprimido e resistir, sob altas temperaturas, na câmara de combustão, sem sofrer detonação. (N.T.)

"O veículo está parando". A voz no rádio pertence a um analista no centro de operações – uma voz que eles agora conhecem e confiam. "O veículo original está parado na beira da estrada [...] a dois quilômetros do local da interdição [...] outro veículo parou ao lado". Os operadores esperam. "Ok [...] um passageiro do veículo um entrou no veículo dois. Os veículos partiram em direções opostas. O veículo um está a dois minutos da zona de interdição."

O comandante do time de assalto sabe que o próximo passo é dele. Qualquer hesitação e eles podem perder as duas oportunidades. "Execute no veículo um", ele diz aos pilotos de helicóptero – e eles vão direto para a zona de interceptação. Então, ligando de volta para seu centro de operações, o líder do time de assalto diz a eles: "Corte um ativo para seguir o veículo dois. Possível alvo subsequente." O time inteiro o ouve enquanto ele passa essas ordens na rede de rádio comum. Há acenos das pessoas a bordo de seu helicóptero. Todos, dos pilotos aos combatentes e aos analistas de inteligência no centro de operações, compartilham um entendimento da situação e conhecem o plano.

Aproximando-se da zona de interceptação, as plataformas aéreas de reconhecimento orientam perfeitamente os helicópteros para o veículo certo. Eles pousam suas aeronaves em uma configuração perfeita para forçar o veículo a parar. A poeira das pás do rotor e o ruído dos motores confundem o motorista e seu passageiro. Antes que pudessem saber sua localização, os operadores abrem as portas e os dois suspeitos são presos. Embora houvesse armas no carro, nenhum dos indivíduos teve tempo de alcançá-las. O veículo é revistado em questão de minutos enquanto os dois são questionados sobre suas atividades. Eles rapidamente revelam que não são ninguém – guerrilheiros locais – que foram instruídos a levar de carro alguém mais sênior por aquele dia. Isso é tudo que os operadores precisavam ouvir.

"É o outro cara, chefe", afirma um dos operadores pelo rádio das equipes envolvidas. É a primeira vez que ele fala desde o início da missão, mas ele tem um contexto perfeito sobre as múltiplas mudanças que ocorreram nos últimos vinte minutos. O comandante do time de assalto novamente se move sem hesitação.

"Detenham-nos na aeronave dois", afirma pelo rádio. "Recarregue os *birds*. Vamos pegar o veículo dois".

Toda a missão é recalibrada. Novos planos são feitos, literalmente, naquele momento, no voo. Os times de inteligência no centro de operações traçam a direção do veículo dois, identificam novos pontos de interceptação e os comunicam aos pilotos. A atenção da Força-Tarefa se desloca em uníssono para o novo objetivo. Helicópteros pousam pela segunda vez. Os operadores correm em direção ao veículo dois. O membro sênior é levado sob custódia – e um pouco de oxigênio é retirado da rede Al Qaeda. Quarenta e seis minutos se passaram desde que o veículo se afastou do complexo.

Nenhum supervisor havia planejado ou mesmo determinado a operação em tempo real; a solução surgiu de um denso nó de interações no nível do solo. Meu papel nessas situações era geralmente o de espectador. Uma chave para o sucesso de operações como essa foi a consciência contextual possibilitada pela O&I, mas igualmente importante foi derrotar o desafio do dilema do prisioneiro – a criação de fortes laços laterais por meio de nossos programas de integração e ligação. Somente com profunda e empática familiaridade essas diferentes unidades funcionariam tão perfeitamente juntas – colocarem suas vidas em risco umas pelas outras. O que na superfície parecia ser um uso ineficiente do tempo, na verdade, lançou as bases para nossa adaptabilidade.

Juntos, esses dois pilares – compreensão sistêmica e forte conectividade lateral – fundamentaram a consciência compartilhada. Ambos divergiam radicalmente do MECE, doutrinas reducionistas que passamos a maior parte de nossas vidas defendendo, mas, nesse novo cenário, contra essa nova ameaça, funcionaram. As duas vertentes de consciência compartilhada também colocaram em paralelo os ingredientes que, em um nível inferior, haviam garantido o sucesso de nossos pequenos times por décadas: "ver o sistema" é essencialmente uma versão macro do "propósito" que dá aos nossos operadores o contexto e compromisso de perseverarem em situações voláteis, e os laços entre os times que usamos para vencer o dilema do prisioneiro são semelhantes à confiança entre os membros do time. Como discutimos no capítulo 6, isso – a percepção das características do time em escala; a transformação em um time de times – era exatamente o que precisávamos.

Não éramos os únicos a precisar de tais soluções.

OPERAÇÕES DESCENTRALIZADAS COM CONTROLE COORDENADO

Em 1º de abril de 2014, Mary Barra, CEO da General Motors, entrou em uma sala sombria com painéis de madeira cheia de câmeras e representantes do Congresso. O deputado Tim Murphy, um republicano da Pensilvânia, iniciou os procedimentos: "Eu agora convoco esta audiência do Subcomitê de Supervisão e Investigação intitulada 'O *Recall* da Chave de Ignição da GM: por que demorou tanto?'".

Essa pergunta estava na mente do público desde que a GM havia feito um *recall* de 800 mil veículos dois meses antes. Uma chave de ignição defeituosa havia sido usada no Chevy Cobalt e no Pontiac G5; uma mola fraca significava que pequenas quantidades de força aplicadas à chave, quando na ignição – uma pancada por um joelho ou o puxão de um chaveiro pesado –, poderiam fazer o motor desligar. O desligamento da ignição também desativava o acionamento do *airbag*, aumentando significativamente o perigo da falha.

Os custos foram altos. Os baratos Cobalt e G5, considerados seguros, eram a escolha frequente dos pais para os primeiros carros dos filhos, por isso muitas das mortes que resultaram desse erro de projeto foram de jovens. O que o público achou mais chocante, no entanto, não foi a existência do problema da chave de ignição ou mesmo a idade de suas vítimas, mas o tempo que a GM levou para resolver o problema.

"Assim que o Chevy Cobalt saiu das linhas de produção em 2004", um incrédulo deputado Murphy leu para a sala de audiência lotada, "os clientes começaram a apresentar reclamações sobre a chave de ignição. Em 2004 e 2005, os engenheiros da GM consideraram o problema duas vezes e até desenvolveram soluções potenciais para corrigi-lo. Mas a GM decidiu que "o custo das ferramentas e os preços das peças são muito altos" e que "nenhuma das soluções constitui uma questão comercial [...] foi somente em dezembro de 2013 que a empresa finalmente juntou as peças [...] quase dez anos depois que os clientes disseram, pela primeira vez, à GM que a chave de ignição do Cobalt não funcionava". Nesses dez anos, pelo menos treze pessoas morreram[74].

A GM parecia ser a derradeira corporação do mal. A deputada Diana DeGette, uma democrata do Colorado, ficou admirada que "a peça [que foi responsável pelos acidentes] custasse centavos", e, ainda assim, a GM não a tenha substituído. Durante quatro horas, políticos justamente indignados questionaram e repreenderam Barra. A cobertura da imprensa destacou a ganância da GM.

A realidade, porém, era mais complexa. O que parecia um cálculo frio para privilegiar os lucros sobre as vidas dos jovens também era um exemplo de ignorância institucional que tinha tanto a ver com gestão quanto com valores.

---

74. A GM reconhece oficialmente 13 mortes como resultado de chaves de ignição defeituosas nos Chevy Cobalts e nos Pontiacs G5, mas 153 reivindicações de morte foram enviadas. A contagem da GM inclui apenas incidentes envolvendo colisões frontais com *airbags* não acionados.

Foi um estudo de caso perfeito e trágico das consequências dos silos de informação e da desconfiança interna.

Alfred P. Sloan, de 41 anos, já um executivo experiente, ingressou na General Motors em 1918. O fundador da GM, William C. Durant, abocanhou a United Motors Company, empregador anterior de Sloan, em uma série de aquisições corporativas. Foi um momento emocionante para os negócios americanos, especialmente para a indústria automobilística nascente. A GM de oito anos já havia se estabelecido como líder de mercado e estava crescendo rapidamente. Mas a compulsão de fusões de Durant criou problemas. Embora um visionário, ele foi incapaz de unir essa expansão de empresas de forma ordenada. Alfred D. Chandler, mais tarde, descreveu a empresa como carente de "qualquer estrutura administrativa geral eficaz – linhas claras de autoridade e comunicação [ou] informações precisas sobre as operações da corporação". A beira da falência aproximou-se em mais de uma ocasião, e não havia uma visão central de como suas muitas aquisições estavam operando. Isso levou a uma duplicação de esforços, a uma falta de distinção entre as marcas e a uma imagem imprecisa das finanças da empresa.

Logo no início, Sloan teve uma epifania do tipo Taylor-em-Midvale. Ele viu que o problema da GM estava em sua estrutura organizacional, ou na falta dela. As coisas eram muito informais e associativas; Durant estava aplicando os antigos métodos de aprendizado de "escritórios de contabilidade" a uma entidade que era muito grande e complicada para ser administrada dessa maneira. Embora a GM pudesse ter linhas de montagem eficientes no chão de fábrica, estava ausente no nível gerencial de natureza mecanicista.

Sloan imaginou uma solução MECE, de cima para baixo. Ele apresentou a Durant um "estudo organizacional" que propunha um sistema de entidades separadas com escopos claramente delineados, cuja interação limitada seria controlada do topo pelos executivos centrais. Ele chamou isso de "operações descentralizadas com controle coordenado" – o que hoje chamamos de silos. Como observa o historiador William Pelfrey: "Nada disso soa [...] revolucionário hoje, [mas] era tudo teoria não testada em 1920".

Durant ignorou o plano. Alguns anos depois, porém, quando o estilo de liderança frenético do fundador por fim o fez perder o controle da empresa, o conselho colocou Sloan no comando. Ele herdou uma empresa cujas dores do crescimento a deixaram sobrecarregada e financeiramente fraca. Assim como em nossa Força-Tarefa em 2004, no entanto, o desespero deixou os responsáveis muito mais dispostos a apostar em uma proposta maluca.

O que se seguiu foi descrito como "a maior reviravolta e a transformação mais completa da história dos negócios". A bagunça estava fora, e os silos estavam dentro. As coisas se tornaram padronizadas, racionais e MECE. As mudanças salvaram a empresa. Como resume Pelfrey, "Alfred Sloan institucionalizou uma nova cultura, uma nunca antes tentada de forma sistemática em qualquer corporação [...] uma cultura hierárquica de comando e controle".

Os resultados foram indiscutíveis. De 1921 até sua aposentadoria em 1956, o período de Sloan no comando da GM teve um crescimento sem paralelo, mesmo durante a Grande Depressão (a GM foi a única montadora para quem isso foi verdade). Da quase falência, a GM viu as vendas líquidas crescerem cinco vezes de 1921 a 1929, passando de um prejuízo líquido de 38,7 milhões de dólares para um lucro líquido de 248,3 milhões de dólares, tornando-se a primeira empresa na história a ganhar um bilhão de dólares em um único ano. Sua participação de mercado "cresceu de menos de 10%, em 1915, para mais de 40%, em 1939". Quando Sloan se aposentou, sua empresa estava produzindo mais da metade de todos os carros vendidos nos Estados Unidos – o dobro da produção da Ford e o triplo da Chrysler (ambos lideraram a GM antes de Sloan assumir o cargo principal).

A eficácia dos silos de Sloan era clara. O plano que Durant rejeitou "acabou sendo copiado pela maioria das corporações e até mesmo por organizações governamentais e sem fins lucrativos [...] mudando para sempre a forma como as grandes empresas e instituições eram administradas".

Como outros grandes empreendimentos, incluindo nossa Força-Tarefa, no entanto, a GM descobriu que o que funcionou no século XX não poderia durar para sempre.

Avancemos para 2013, e os silos da GM têm um legado muito diferente. Nas décadas que se seguiram a Sloan, a empresa entrou em declínio – na década de 1970, ela se mostrou incapaz de reagir criativamente à nova concorrência do Japão ou de responder à medida que as tecnologias e as preferências dos clientes mudavam. Com seus silos rígidos, "a GM não conseguia acompanhar", escreve o jornalista Alex Taylor. "Por mais eficaz que a estrutura tenha sido em seu auge, ela não era adequada às realidades competitivas em mudança das décadas de 1980 e 1990, onde velocidade e agilidade eram muito mais cruciais".

As rivalidades internas – consequência de divisões separadas e de uma cultura competitiva – inibiam a comunicação. Cada divisão mantinha suas próprias operações de design e marketing e desconfiava de outros times. Esse foi um dos problemas que o sistema de silos havia criado para ser resolvido, e a solução de Sloan funcionou bem até certo ponto; mas, como outras estruturas de comando e controle, falhou no limiar da complexidade.

A empresa tinha pouco fluxo de informações entre silos. Um ex-executivo contou que, em uma determinada reunião executiva, Richard Gerstenberg, CEO da GM durante a década de 1970, solicitou a formação de uma força-tarefa para apresentar um relatório sobre o problema que os executivos estavam discutindo no momento, apenas para ser informado (após um silêncio constrangedor) que a reunião em que ele estava atualmente era o resultado de uma força-tarefa que ele havia designado para investigar o mesmo problema vários meses antes.

Em última análise, os fracassos da GM não afetaram apenas os lucros – eles custaram vidas. A investigação interna que a GM finalmente encomendou em 2014 sobre as mortes causadas por chaves de ignição defeituosas da empresa expôs falhas profundas na organização. Preocupadas com a falta de consciência contextual e confiança, as divisões da GM estavam jogando futebol krasnoviano e estavam perdendo no dilema do prisioneiro. E os clientes – em sua maioria motoristas jovens – estavam pagando o preço.

Em um nível técnico, o cerne do problema da chave de ignição estava em uma simples falha de interface: uma chave de ignição defeituosa que, às vezes, poderia desativar o motor enquanto o carro estava em movimento, o que, por sua vez, impediria a ativação dos *airbags*. Compreender e corrigir esse problema teria sido surpreendentemente simples – como pousar um avião com um pistão de engrenagem defeituoso – se os engenheiros tivessem conseguido vê-lo. O que acabou custando vidas, como no caso da United 173, era organizacional. Na GM, *airbags* e sistemas de ignição foram supervisionados por dois times diferentes. Levaria uma década de falhas nas estradas e de tragédias demonstradas antes que a organização ligasse os pontos.

No outono de 2002, os engenheiros notaram que a chave de ignição às vezes girava inadvertidamente para fora da posição "funcionar", mas esse grupo não sabia que tal rotação faria com que os *airbags* não fossem acionados. Isoladamente, os desligamentos de ignição foram classificados como "problemas não relacionados à segurança" e colocados em segundo plano.

Assim que os relatórios de acidentes começaram a chegar, várias divisões realizaram reuniões, mas nenhuma ação significativa foi tomada. Um relatório interno concluiu, mais tarde, que "os engenheiros [...] não sabiam como seu próprio veículo havia sido projetado. E a GM *não tinha um processo para garantir que alguém analisando o problema conseguisse ter uma compreensão completa* do que a falha da chave de ignição significava para o cliente".

Outros problemas de comunicação permeavam a empresa. Por exemplo, embora a chave de ignição tivesse falhado em alguns testes de pré-produção, a informação não foi repassada às autoridades que aprovaram a produção da peça. Mais tarde, quando um componente interno crítico conectando a chave de ignição e os *airbags* foi trocado, essa informação não foi compartilhada. Isso sequer foi adicionado ao banco de dados central que rastreava as alterações, então os engenheiros e investigadores levaram anos para identificar a falha da interface. E, quando a GM finalmente abriu uma investigação sobre o fato de os *airbags* não serem acionados, ninguém contou ao investigador-chefe sobre o trabalho anterior da GM referente aos problemas do Cobalt. O relativamente fácil-de-consertar problema de ignição "passou por um número surpreendente de comitês" sem nunca ter sido abordado. Como as malas fechadas de inteligência potencial em nossa antiga base no aeroporto de Bagdá, as pessoas sinalizavam as coisas, e depois esqueciam delas após repassá-las.

Isso estava intrinsecamente ligado à cultura geral de eficiência e competitividade interna. Talvez alguns funcionários tivessem se esforçado mais para transmitir essas questões à cadeia de comando, ou talvez os líderes seniores tivessem investigado os acidentes misteriosos mais detalhadamente, se o *slogan* "custo é tudo" não dominasse a tomada de decisões. Assim como a abordagem "Mais rápido, Melhor, Mais barato" que encorajou a má tomada de decisões na NASA na década de 1970, esse impulso para eliminar a gordura inibiu o entendimento sistêmico. Um engenheiro entrevistado disse que a ênfase no corte de custos "permeia o tecido de toda a cultura", levando a um privilégio do tempo sobre a qualidade e a uma resistência em se levantar questionamentos. Nenhum time queria ser o grupo que ficou para trás em eficiência ou que demorou muito para resolver um problema por ser excessivamente cauteloso. A evasão de responsabilidades ficou conhecida como "o aceno da GM" – um elemento básico de sobrevivência e segurança no emprego na empresa.

Os silos e a competitividade que uma vez fizeram da GM a empresa mais bem-sucedida do mundo agora resultaram em um fracasso espetacular.

Extraordinariamente, o CEO e o conselho geral da GM não ficaram sabendo a respeito dos problemas de segurança da chave de ignição até janeiro de 2014 – doze anos completos após os problemas terem sido levantados pela primeira vez.

À medida que a verdade por trás do perigo desses carros, a facilidade da correção técnica e a duração da inação da GM vieram à tona, a empresa era difamada. O senador Ed Markey disse em entrevista coletiva: "dois dólares. Isso é o quão pouco essa chave de ignição poderia custar para ser consertada [...] isso era aparentemente dois dólares demais para a General Motors". Mas classificar os líderes da GM como avarentos frios e calculistas que analisaram os números e decidiram que as vidas perdidas valiam os lucros obtidos – como culpar o capitão McBroom pela queda do voo 173 – simplifica demais a situação. A estrutura organizacional bizantina da GM significava que ninguém – venal ou gentilmente – tinha a informação para fazer esses cálculos.

O relatório interno concluiu que, de 2006 a 2010, a GM demonstrou uma "falha para tomar medidas básicas". Como discutimos, a coordenação de cima para baixo dos esforços em silos só funciona se os que estão no topo realmente entendem como tudo vai interagir. Na GM, eles não entendiam mais. Os produtos, mercados e cadeias de suprimentos com os quais eles lidavam haviam ultrapassado o limiar do complicado para o complexo. Como a NASA antes dela, a GM estava enfrentando as limitações da gestão reducionista.

Do outro lado de Detroit, na *Glass House* da Ford Motor Company, a imponente sede em Dearborn, uma história muito diferente tomava forma. No final do século XX, a empresa estava lutando com problemas semelhantes aos da GM: forte concorrência de montadoras estrangeiras, agravada por uma cultura interna disfuncional do saber o absolutamente necessário e competitividade. Engenheiros e designers eram rivais; executivos e trabalhadores se odiavam; os líderes executivos sentiam que seu sucesso só poderia vir às custas de seus pares. Estava infestada pelo sentimento tipo "o outro cara não vale nada".

Em 2005, Bill Ford viu os sinais: "Podemos continuar a cortar custos e melhorar nossa eficiência, mas não podemos conquistar os corações e mentes de uma nova geração apenas com eficiência". O conselho trouxe Alan Mulally como CEO. Mulally estava encarregado da divisão de aviões comerciais da Boeing e supervisionou o desenvolvimento do 777, um dos aviões de passageiros mais seguros, avançados e financeiramente bem-sucedidos já criados. Ele atribuiu o sucesso do projeto a uma abordagem de gestão chamada "trabalhar em conjunto", que envolvia forçar a interação entre grupos anteriormente separados e plataformas tecnológicas de ponta a fim de garantir transparência constante e sistêmica. A Boeing implantou um sistema de computador de última geração para manter um modelo 3D atualizado ao vivo para que os engenheiros pudessem ver imediatamente, por exemplo, se um tubo hidráulico que estava sendo considerado por um time de projeto interferiria na modificação dos componentes da dobradiça da porta. As dez mil pessoas do projeto foram colocadas em "times de construção de design" (*Design Build Teams* – DBTs). Projetos anteriores foram assolados por problemas de comunicação; executivos que estavam na empresa há décadas lamentavam o fato de que esses problemas pareciam subir vertiginosamente à medida que as operações da empresa se expandiam e seus produtos se tornavam mais complicados. Mas o sistema de "trabalhar em conjunto" de Mulally criou a unidade da velha escola, semelhante a um time, em uma empresa de dez mil. Esse era um homem que via o imperativo de vencer o dilema do prisioneiro.

Na Ford, Mulally deu início a uma campanha que ele apelidou de "uma Ford". À medida que a Ford crescia e seguia o exemplo dado pela GM de Sloan, ela havia passado por uma mitose e se reproduzido em centenas de subdivisões e panelinhas. Mulally evitou a competitividade interna e exigiu honestidade e transparência. Ele viu que havia muitas reuniões pequenas que fragmentavam a organização; então as substituiu por uma única reunião semanal em âmbito corporativo – a "revisão do plano de negócios" (*Business Plan Review* – BPR). Ele não permitia discussões paralelas, segredos, uso de BlackBerry ou até mesmo piadas às custas dos outros. Como Bryce Hoffman escreve em *American Icon: Alan Mulally and the Fight to Save Ford Motor Company*, "o BPR [...] lançaria luz nos cantos mais escuros da empresa [...] em uma empresa como a Ford, os fracos quebraram; apenas os fortes sobreviveram. Agora estavam sendo informados de que estavam todos no mesmo time, e Mulally esperava que eles agissem assim".

Mulally se esforçou para envolver funcionários não executivos nessas discussões, pessoas que "haviam tentado, sem sucesso, chamar a atenção da administração para ineficiências em seus departamentos, para deficiências na estratégia de negócios da Ford ou para como seus produtos e processos poderiam ser melhorados". Disposto a ouvir, Mulally encontrou-se "inundado de e-mails, mas respondeu pessoalmente a cada mensagem". O objetivo de Mulally na Ford, como o nosso no Iraque, era reunir todas as suas forças para produzir uma inteligência emergente e criar uma consciência compartilhada.

Ele entrosou, na marra, engenheiros e designers. As montadoras japonesas há muito haviam integrado essas disciplinas, mas, na Ford, elas eram tribos separadas. Como resultado, "um designer que não sabia nada sobre termodinâmica poderia criar uma grade de ótima aparência apenas para descobrir que ela não iria permitir que ar suficiente fluísse para o compartimento do motor. Um engenheiro sem conhecimento de ergonomia poderia desenvolver um sistema de exaustão que funcionasse perfeitamente, mas que seria impossível de ser instalado". Mulally os reuniu e enfatizou explicitamente o "propósito compartilhado". Ele estendeu seu abraço de cooperação ao relacionamento historicamente tenso da Ford com os sindicatos e trabalhou com as rivais GM e Chrysler a fim de garantir que os fornecedores de que todos dependiam – muitos dos quais estavam com dificuldades – permanecessem em atividade. Mulally reconheceu que a interdependência do mercado significava que manter esses fornecedores vivos beneficiaria a Ford. Tão antitético para a indústria automobilística implacável era esse comportamento que Hoffman o compara a "protestantes e católicos se unindo para trabalhar em um plano de desenvolvimento para o centro de Belfast".

Assim como na Boeing, as soluções da Mulally fizeram maravilhas. Enquanto a GM e a Chrysler declaravam falência em 2009, a Ford, que passava por uma situação difícil entre as três grandes montadoras, estava obtendo lucro. Nas palavras de Hoffman, "Mulally fez o que muitos dentro da Ford acreditavam ser impossível: ele descobriu uma maneira de produzir carros com lucro nos Estados Unidos".

O moral atingiu uma alta histórica. Embora Mulally compartilhasse muito mais informações em toda a organização, pela primeira vez que se possa lembrar, não houve vazamentos para a imprensa. Detroit celebrou a magia de Mulally: ele foi o "Líder da Indústria de 2009 do *Automotive Hall of Fame*; o "Homem do Ano de 2010" da revista *Automobile*; "Empresário do Ano" da *Fortune*; e o "Michiganian of the Year" do *Detroit News* (apesar do fato de que ele só se mudou para lá a fim de trabalhar com a Ford, e passava o tempo livre que tinha com sua família em Seattle). Jim Cramer, o apresentador hiperbólico de Mad Money, declarou-o "o maior artista de reviravoltas de todos os tempos – não do nosso tempo, de todos os tempos". Os banqueiros da Wall Street disseram que "a maior ameaça para a Ford Motor Company é que Alan Mulally saia do meio-fio amanhã e seja atingido por um ônibus [...]; quanto a todo o resto, [a empresa] pode gerenciar."

À sua maneira, ele se tornou tão lendário quanto Sloan – fazendo exatamente o oposto. A abordagem funcionou tão bem na Ford quanto havia funcionado na Boeing. Como Mulally colocou: "Trabalhar juntos sempre funciona. *Sempre* funciona. Todo mundo tem que estar no time. Eles têm que ser interdependentes uns dos outros".

A crença de Mulally na utilidade universal de rejeitar silos e adotar a interdependência é apoiada por Sandy Pentland, professor do MIT que estuda os efeitos do fluxo de informações em organizações e comunidades. Analisando conjuntos de dados muito grandes, Pentland descobriu que compartilhar informações e criar fortes relacionamentos horizontais melhora a eficácia de tudo, desde empresas a governos e cidades. Sua pesquisa sugere que a *inteligência coletiva* de grupos e comunidades tem pouco a ver com a inteligência de seus membros individuais, e muito mais a ver com as conexões entre eles[75]. "As melhores ideias", escreve ele, "vêm de uma exploração social cuidadosa e contínua [...] é o *fluxo de ideias* dentro de uma comunidade que constrói a inteligência que a torna bem-sucedida."

"Fluxo de ideias" é a facilidade com que novos pensamentos podem permear um grupo. Pentland compara-o à propagação da gripe: uma função entre suscetibilidade e frequência de interação. A chave para aumentar o "contágio" é a confiança e a conectividade entre elementos separados de um estabelecimento. Os dois principais determinantes do fluxo de ideias, descobriu Pentland, são o "engajamento" dentro de um pequeno grupo como um time, um departamento ou um bairro, e a "exploração" – contato frequente com *outras* unidades. Em outras palavras: *um time de times*.

Observando a influência do fluxo de ideias em *websites* de negociação e redes sociais, Pentland descobriu que a inteligência coletiva deriva da dissonância não isolada: "quando o fluxo de ideias também incorpora um *stream* constante de ideias externas, então os indivíduos da comunidade tomam decisões melhores do que poderiam tomar sozinhos". Ajustar essas redes para expor os usuários a vozes mais diversas pode aumentar os retornos em mais de 6% – dobrando a lucratividade para todos os *social traders*[76].

Ele realizou estudos semelhantes em várias empresas, equipando os funcionários com crachás que mostram medidas quantitativas detalhadas de como as pessoas interagem (o tom de voz, se as pessoas se olham, o quanto gesticulam, as taxas de interrupção, etc.). Em uma consultoria de TI na área de Chicago, ele coletou um bilhão de medições em um mês – 1.900 horas de dados – e descobriu que o engajamento era o preditor central de produtividade, superando a inteligência individual, a personalidade e a habilidade. Em um banco alemão, Pentland examinou cinco times da divisão de marketing da empresa durante

---

75. Na verdade, os grupos com pior desempenho que ele analisou foram aqueles dominados por um ou dois manda-chuvas.
76. *Social trade* é uma forma de investimento que permite aos investidores observar o comportamento de negociação de seus pares e *traders* especializados. (N.T.)

um mês, coletando 2.200 horas de dados e sequenciando 880 e-mails. Os times que tiveram os níveis mais altos de engajamento interno e exploração externa tiveram níveis muito mais altos de *output* criativo – algo que foi reforçado por um estudo interno de seus laboratórios no MIT. Quando Pentland pesquisou vários laboratórios de P&D, descobriu que, medindo o fluxo de ideias, podia prever o *output* criativo dos laboratórios com uma precisão extraordinária de 87,5%. Nas mais de duas dúzias de organizações que estudou, Pentland descobriu que os padrões de interação normalmente respondem por quase metade de toda a variação de desempenho entre grupos de alto e baixo desempenho.

Isso é verdade mesmo em trabalhos que não exigem criatividade e inovação. Em 2008, Pentland estudou uma central telefônica do *Bank of America*. Essas centrais tendem a ser padronizadas e reducionistas – no mesmo patamar que a fabricação em termos do grau em que as coisas são prescritas. O sucesso é medido pelo AHT (*Average Call Handle Time* – tempo médio de atendimento de chamadas), que idealmente deve ser o mais baixo possível. Pentland deu aos trabalhadores crachás sociométricos durante seis semanas e mediu os níveis de interação e engajamento. Quando ele mudou o sistema de intervalo para o cafezinho de individual para baseado em time, a interação aumentou e o AHT caiu, demonstrando uma forte ligação entre interação e produtividade. Como resultado, o gerenciamento da central telefônica converteu a estrutura de pausa de todos as centrais telefônicas para o mesmo sistema e economizou 15 milhões de dólares em produtividade.

Mas promover esse envolvimento não é tão fácil quando parece. Quase todas as empresas têm cartazes e *slogans* exortando os funcionários a "trabalharem juntos", mas simplesmente dizer às pessoas que "se comuniquem" é o equivalente a Taylor dizer a seus funcionários para "fazerem as coisas mais rápido" e parar por aí. A GM, além do *slogan* "custo é tudo", tinha cartazes por toda parte dizendo "QUALIDADE ACIMA DE TUDO" – mas era o primeiro, não o segundo, o que era praticado.

É necessário, descobrimos, desmantelar à força o antigo sistema e substituí-lo por uma arquitetura gerencial inteiramente nova. Nossa nova arquitetura era uma consciência compartilhada e consistia em dois elementos. O primeiro era a transparência extrema e participativa – o "gerenciamento de sistemas" da NASA que imitamos com nossos fóruns de O&I e nosso espaço físico aberto. Isso permitiu que todos os participantes tivessem uma consciência holística equivalente à consciência contextual do *propósito* que já conhecíamos em um nível de time. O segundo foi a criação de uma forte conectividade interna entre os times – algo que alcançamos com nossos programas de integração e ligação. Isso refletia a *confiança* que permitia que nossos pequenos times funcionassem.

A consciência compartilhada é enfaticamente não MECE e, em níveis baixos, ineficiente. Mas é muito mais eficaz do que seu predecessor – não apenas para nós, mas para as outras organizações que examinamos. E, se ele pode funcionar nas forças armadas (em muitos aspectos, o domínio estratificado arquetípico, "saber o absolutamente necessário") e na indústria automobilística (pioneiros de linhas de montagem e silos), pode funcionar em quase qualquer lugar.

Alfred Sloan descreveu seu sistema como "operações descentralizadas com controle coordenado". Descobrimos que nos beneficiamos do oposto. Primeiro, precisávamos de *operações coordenadas*, algo que exigia inteligência emergente e adaptável. A consciência compartilhada conseguiu isso, mas foi apenas a primeira metade. Como logo descobriríamos, acompanhar a velocidade do nosso ambiente e do inimigo também exigiria algo mais: *controle descentralizado*. Criá-lo seria tão desgastante, radical e necessário quanto a consciência compartilhada. Onde a consciência compartilhada subverteu nossas suposições sobre informações e responsabilidades, este próximo passo – que chamamos de "execução empoderada" – transformaria a maneira como pensávamos sobre poder e liderança.

RECAPITULAÇÃO

- A cooperação entre silos seria necessária para o sucesso e, embora a compreensão sistêmica fosse um primeiro passo valioso, precisávamos construir mais confiança se quiséssemos alcançar a cooperação fluida e em time da qual precisávamos em toda a nossa força; tivemos que superar o desafio do dilema do prisioneiro.
- Para isso, utilizamos programas de incorporação e ligação para criar fortes laços laterais entre nossas unidades e com nossas organizações parceiras. Onde a compreensão sistêmica espelha o senso de "propósito" que une times pequenos, isso espelha o segundo ingrediente para a formação de times: "confiança".
- Juntos, esses dois elementos completaram o estabelecimento da consciência compartilhada, algo que era vital para nosso sucesso. Como é evidenciado pelos fracassos da GM e pelos sucessos da Ford, as mesmas inovações são extremamente necessárias para muitas organizações que ainda usam silos rígidos em um mundo interdependente.

PARTE IV

LIBERANDO

Nenhum capitão pode errar muito se colocar seu navio ao lado [do navio] do inimigo.

– Instrução do almirante Horatio Nelson aos seus capitães na véspera da Batalha de Trafalgar

CAPÍTULO 10

HANDS OFF

Eu tenho sono leve, então, mesmo que tivesse me deitado apenas uma hora mais cedo, ouviria o baque surdo de botas de borracha dura na passagem de madeira do lado de fora do nosso alojamento. A porta se abriria e algumas batidas seriam seguidas por: "Senhor, está acordado?"

"Claro, entre", eu responderia enquanto me sentava no beliche de armação de metal que se estendia por toda a largura do meu quarto. A luz do dia ia invadindo o ambiente enquanto a porta se abria – trabalhávamos à noite, e eu normalmente ia dormir logo após o amanhecer. Duas pessoas entrariam – no geral, um comandante de uma das unidades subordinadas da Força-Tarefa (os SEALs, Forças Especiais do Exército, soldados de comando, etc.), juntamente com oficiais de inteligência ou de operações, ou sargentos.

Eu ficaria sabendo por suas expressões se eles estavam me notificando sobre baixas amigas – parceiros, muitas vezes amigos, mortos ou gravemente feridos. Mais frequentemente, as notícias eram bem-vindas – a captura de um líder da AQI há muito perseguido ou de uma localização confirmada de um de nossos "alvos de alto valor".

Essas notícias, com frequência, seriam seguidas por um pedido de decisão de ataque – à luz do dia, o que, muitas vezes, significava um ataque aéreo de precisão. Os procedimentos exigiriam que eu, como general comandante, aprovasse esses ataques aéreos quando as forças dos EUA ainda não estivessem envolvidas em um tiroteio em andamento, porque corremos o risco de perder homens ou de colocar civis em perigo.

"Diga-me o que houve", eu diria. Os oficiais apresentariam várias páginas – mapas impressos, fotografias e inteligência sobre o alvo pretendido. Eu julgaria a validade do caso contra o indivíduo, a força da inteligência que nos convenceu de sua localização atual e se um ataque aéreo era ou não a única opção viável. Depois de alguns minutos de leitura e indagações, eu perguntaria aos meus visitantes se eles queriam que eu aprovasse o ataque. Eles responderiam com um "por que você acha que o acordamos?" olhe e acene sim. Eu normalmente aprovaria a recomendação deles.

Ser acordado para tomar decisões de vida ou morte confirmou meu papel como líder e me fez sentir importante e necessário – algo pelo qual a maioria dos gestores anseia. Mas não demorou muito para que eu começasse a questionar meu valor para o processo. A menos que eu estivesse rastreando o alvo na noite anterior, normalmente eu só saberia o que os oficiais me contaram naquela manhã. Eu poderia fazer perguntas criteriosas, mas não tinha ilusões de que meu julgamento era substancialmente superior ao das pessoas com quem trabalhava. Por mais que eu queira pensar o contrário, raramente tive alguma visão inovadora. Na maioria das vezes, eu simplesmente confiava nas recomendações feitas por aqueles que vinham me buscar, pois eles eram os que mais sabiam sobre o assunto. Minha inclusão era uma aprovação que atrasava o processo e, às vezes, nos fazia perder oportunidades transitórias.

A consciência compartilhada nos ajudou a entender e a reagir à interdependência do campo de batalha onde enfrentamos a AQI. Mas a interdependência era apenas metade da equação – a outra metade era a velocidade, e isso ainda era um problema. Havíamos nos tornado muito mais criteriosos, integrados e perspicazes, mas a Força-Tarefa ainda não era rápida o suficiente.

Uma grande parte do motivo de estarmos atrasados em relação à AQI estava em nossa necessidade de repassar decisões para cima e para baixo na cadeia de comando. Decisões que os líderes seniores, algumas décadas antes, seriam incapazes de supervisionar agora exigiam aprovação sênior. Andar pelo corredor para me chamar pode levar apenas alguns minutos, mas, em um ambiente de ritmo acelerado, isso pode ser a diferença entre o sucesso e o fracasso operacional – entre capturar agentes da AQI ou deixá-los escapar por entre nossos dedos, ou entre a vida e a morte para nossos operadores e para civis iraquianos. A exigência de me consultar para ataques era sintomática de uma burocracia que, ao longo dos anos, se tornara mais lenta e complicada à medida que o mundo ao nosso redor se tornava mais rápido.

Paradoxalmente, as comunicações aparentemente instantâneas disponíveis para cima e para baixo na hierarquia haviam *diminuído* em vez de acelerado a tomada de decisões. Os líderes que podiam ser contatados em alguns momentos sentiam-se forçados a reter autoridade em decisões de importância significativa (ou pelas quais poderiam ser responsabilizados). Repetidamente navegávamos em processos de aprovação que iam até o Pentágono ou a Casa Branca para ataques contra líderes terroristas que havíamos localizado, para o envio de forças ou para a implementação de campanhas de informação. As comunicações podem ter sido instantâneas, mas as decisões nunca foram. Os efeitos agregados eram incapacitantes.

Dentro da Força-Tarefa, graças ao compartilhamento radical de informações, percorremos um longo caminho em relação à exortação de Drucker de "fazer a coisa certa" em vez de "fazer as coisas do jeito certo": as pessoas, em todos os níveis da organização, tinham a informação e a conectividade para determinarem qual era a coisa certa, em tempo real. Mas, impedidos por nossos processos internos, eles não tinham a capacidade de agir de acordo com essa determinação. Tínhamos chegado a meio caminho de transcender o futebol krasnoviano e depois paramos: havíamos construído um time excepcional, unido pela unidade de confiança e propósito e capaz de conceber, em tempo real, soluções brilhantes e emergentes para problemas complexos, mas ainda exigíamos que todos os jogadores obtivessem permissão por escrito do treinador antes de passar a bola. Enquanto isso, líderes de alto escalão, do Iraque a Washington, tinham caixas de entrada cheias de pedidos para fazer coisas sobre as quais eles sabiam menos do que as pessoas no local e a respeito das quais, muitas vezes, eram incapazes de julgar com eficácia.

Esse impedimento organizacional, como tantos que já havíamos desmontado, tinha suas raízes na solução prática de problemas de outra época. Nesse caso, foi a antiga relação entre visibilidade e controle.

"TUDO SOB OS CANHÕES DE SEUS NAVIOS"

Em novembro de 1852, Matthew Calbraith Perry deixou o cais de Norfolk, Virgínia, e partiu para o Japão. Atrás dele deslizava a maior força naval que os Estados Unidos já haviam enviado para o exterior. O comodoro Perry estava se esforçando para "abrir" a nação insular, que, por dois séculos, manteve o isolamento autoimposto de *sakoku*: nenhum estrangeiro poderia entrar no Japão, nem qualquer japonês sair, sob pena de morte.

Perry foi militar ao longo de toda vida. O irmão mais novo do herói da Guerra de 1812 Oliver Hazard Perry, Matthew, se alistou na Marinha aos quatorze anos. Por quatro décadas e meia, ele lutou contra piratas, policiou contrabandistas e desempenhou funções diplomáticas em nome dos Estados Unidos. Ele comandou o Esquadrão do Golfo durante a Guerra do México, ajudou colonos na África Ocidental e serviu em uma viagem ao Mediterrâneo que visava transmitir a boa vontade americana ao Império Otomano. Mas a viagem ao Japão foi a missão que o tornaria famoso.

Por volta da época de sua promoção a capitão em 1837 – então o posto mais alto da Marinha – Perry começou a desenvolver um interesse pelo Japão. Um homem com visão de futuro, ele havia feito campanha pela adoção generalizada de navios movidos a vapor e acreditava no potencial dos Estados Unidos como potência naval. Mas os navios a vapor, ao contrário dos veleiros, precisavam de reabastecimento. Perry reconheceu a importância estratégica do Japão como uma estação intermediária a caminho da China e, em 1851, fez uma proposta oficial para a expedição.

Ocorreu que o presidente, Millard Fillmore, também viu a oportunidade. A abertura do Japão viabilizaria aos Estados Unidos estabelecer uma linha de navios a vapor no Pacífico, permitindo comunicação mais rápida e aumento do comércio entre a Ásia e os Estados Unidos. A Califórnia havia se tornado um estado em 1850, e o comércio do Pacífico estava em ascensão, aumentando o número de navios mercantes americanos que precisavam de pontos de abastecimento e proteção. Em 1852, Perry partiu da Virgínia, autorizado por Fillmore com uma autoridade que seria inédita hoje.

Resumidamente, Perry tinha permissão para fazer praticamente qualquer coisa que quisesse. Como ele registrou em seu diário pouco antes de embarcar:

> É meu dever, e certamente é um prazer afirmar, que o Presidente e todos os membros do seu Gabinete demonstraram o mais vivo interesse pela Expedição e estenderam para mim a maior gentileza e consideração, autorizaram-me o equipamento mais liberal das embarcações, investiram-me com poderes extraordinários, diplomáticos e navais.

Ele não estava exagerando. O secretário de Estado, Daniel Webster, disse a Perry que ele poderia ditar seus próprios termos, e um colega diplomata confirmou que o secretário desejava que ele não apenas tivesse "toda a força que você desejasse, mas que você fosse revestido de plenos e discricionários poderes".

O Departamento de Estado e a Marinha criaram uma lista de prioridades no Japão, incluindo a proteção de marinheiros americanos e de qualquer propriedade que acabasse sendo destruída nas costas japonesas, permissão para navios americanos atracarem e reabastecerem em portos japoneses e permissão para se envolverem no comércio com o Japão. Mas a melhor maneira de perseguir esses objetivos foi deixada a critério de Perry. Uma carta de instrução explicava:

> O secretário da Marinha [...] terá o prazer de instruir o comandante do Esquadrão a prosseguir, com toda a sua força, até o ponto da costa do

Japão que julgar conveniente, e ali se esforçar para abrir uma comunicação com o governo e, se possível, ver o imperador em pessoa e entregar-lhe a carta de apresentação do presidente da qual está encarregado.

E ele entregou a carta, em grande parte, graças à autoridade que lhe foi concedida. Ele exigiu encontrar-se apenas com os mais altos funcionários, rejeitando as tentativas japonesas de enganá-lo e atrasá-lo, e ameaçando abrir fogo. Perry supostamente presenteou as autoridades japonesas com uma bandeira branca, explicando que, se eles escolhessem a guerra em vez da negociação, eles poderiam levantar a bandeira branca quando quisessem a paz, já que "a vitória naturalmente pertenceria aos americanos". Suas ações ousadas alteraram o curso da história japonesa, asiática e mundial.

Carl Builder, um especialista militar da RAND, resumiu a ampla autoridade de Perry, ao escrever: "Perry, do outro lado do globo e meses longe de Washington, atuou como emissário presidencial, embaixador, comandante em chefe, secretário de Estado e comissário de comércio, todos sob as armas de seus navios, enquanto ameaçava guerra e negociava tratados com o Japão feudal".

Essa liberdade de ação contrastava fortemente com a situação dos colegas de Perry no Exército. Enquanto Perry se preparava para sua expedição em 1852 e ponderava sobre a melhor forma de usar seus "completos poderes discricionários", Ulysses S. Grant servia como primeiro-tenente designado como intendente do Quarto Regimento de Infantaria estacionado em São Francisco. O comandante da divisão do Pacífico, o brigadeiro-general Ethan Allen Hitchcock, havia recebido – pelos padrões do Exército – uma missão bastante abrangente e ampla autoridade para reorganizar as tropas federais na Califórnia e proteger os garimpeiros e colonos dos ataques dos índios.

Mas a natureza expedicionária da missão não impediu que o Departamento do Exército enviasse instruções muito específicas sobre como queria que as coisas fossem feitas: o secretário de Guerra disse a Hitchcock como economizar fundos e ordenou que seus soldados fizessem hortas em vez de comprar produtos. O Departamento do Exército enviou um inspetor geral à Califórnia, em julho de 1852, para inspecionar a construção de novos fortes e responsabilizar os oficiais mais novos pelas despesas incorridas.

Em 1864, Grant era um tenente-general comandando o Exército da União. O comando e controle que ele exercia em uma comunicação de rotina com o major-general George Meade, seu subordinado e comandante do Exército do Potomac, é um mundo à parte das instruções dadas a Perry:

QUARTEL-GENERAL DOS EXÉRCITOS DOS EUA,

7 de maio de 1864, 6h30

MAJOR-GENERAL MEADE, Comandante A. P.[77]

Faça todos os preparativos durante o dia para uma marcha noturna para tomar posição em Spottsylvania C. H. com um corpo do exército, em Todd's Tavern com um, e com o outro perto do cruzamento da estrada Piney Branch e Spottsylvania com a estrada de Alsop para Old Court House. Se esse movimento for feito, os comboios devem ser lançados no início da manhã para o rio NY.

Acho que seria aconselhável, ao fazer a mudança, deixar Hancock onde está até que Warren passe por ele. Ele poderia então seguir e tomar a dianteira. Burnside se mudará para Piney Branch Church. Sedgwick pode flanquear a costa até Chancellorsville e seguir para seu destino. Burnside seguirá pela estrada de prancha até a interseção dela com a estrada de prancha da Orange e Fredericksburg, depois seguirá Sedgwick até o local de destino.

Todos os veículos devem ser retirados do alcance do inimigo antes que as tropas se movam, e então partirem silenciosamente.

É mais do que provável que o inimigo se concentre para um ataque pesado a Hancock esta tarde. Caso isso aconteça, devemos estar preparados para resistir a eles e dar prosseguimento a qualquer sucesso que possamos obter, com toda a nossa força. Tal resultado necessariamente modificaria estas instruções.

Todos os hospitais devem ser transferidos hoje para Chancellorsville.

U. S. GRANT,
Tenente-General.

A diferença entre o alcance aberto de Perry e a especificidade da instrução imposta a Meade não era uma função do posto. Como comandante do Exército do Potomac, Meade provavelmente teria superado Perry[78], e a força que ele comandava era mais de duzentas vezes maior que a de Perry.

---

77. Army of the Potomac – Exército de Potomac.
78. É difícil fazer uma comparação direta, pois isso foi antes da Marinha dos EUA se expandir para incluir almirantes. O posto de comodoro de Perry colocou-o no topo da hierarquia naval, mas ainda com consideravelmente menos homens e recursos sob seu controle do que Meade.

O que causou a divergência entre a liberdade de Perry e o comando e controle regimentado do Exército? Níveis variados de competência? Diferentes abordagens para a disciplina? A razão era, na verdade, muito mais pragmática: o Exército controlava seus oficiais porque *podia*. As operações do Exército aconteciam em terra, e, graças ao serviço postal, Ulysses S. Grant podia receber atualizações detalhadas regulares e enviar respostas práticas. Ele *podia* dar instruções, e ele o fazia – transparência e comunicação juntas geravam controle. A Marinha, por outro lado, não conseguia alcançar seus capitães. Como Joseph Conrad explicou: "Um navio no mar é um mundo em si mesmo, e, em consideração às operações prolongadas e distantes das unidades da frota, a Marinha deve colocar grande poder, responsabilidade e confiança nas mãos dos líderes escolhidos para o comando".

A variável que separava o comodoro Perry de Grant era a disponibilidade de informação e comunicação. A incapacidade de comunicar-se com uma frota distante exigia que Perry recebesse níveis de autonomia que ele nunca teria recebido como comandante de forças terrestres.

Como era de se esperar, os avanços nas comunicações ao vivo haviam reduzido significativamente os poderes e responsabilidades dos comandantes da Marinha. Embora permaneçam vestígios de diferenças culturais entre as forças[79], os equivalentes contemporâneos de Perry são mantidos em segredo como Grant. Isso é assim por uma razão aparentemente boa: por que um almirante age em nome do presidente quando o presidente pode pegar o telefone e ligar para qualquer líder do mundo? Por que o capitão de um navio toma decisões no vácuo quando ele pode ter seus superiores (presumivelmente mais velhos, mais sábios, mais experientes) monitorando suas ações e fornecendo instruções[80]?

Em suma, quando eles podem *ver* o que está acontecendo, os líderes compreensivelmente querem *controlar* o que está acontecendo. O empoderamento tende a ser uma ferramenta de último recurso. Podemos chamar essa amarra de visibilidade para controlar o "Princípio Perry".

---

79. "Comando por Negação", um conceito exclusivo do comando e controle naval, permite que um comandante subordinado tenha a liberdade de operar como achar melhor, mantendo as autoridades informadas sobre as decisões tomadas, até que o superior anule uma decisão. A Marinha é o único serviço que usa o acrônimo UNODIR (Unless Other DIRected – Salvo Decisão em Contrário), pelo qual um comandante informa o chefe sobre um curso de ação proposto e, somente se o chefe o indeferir, ele não será tomado. O subordinado está informando o chefe, não pedindo permissão.

80. Da mesma forma, o advento do telégrafo no final de 1800 tirou a pouca autoridade expedicionária que os oficiais do Exército no Ocidente tinham.

O contemporâneo de Taylor, Henri Fayol, enumerou as "cinco funções da administração" como "planejamento, organização, comando, coordenação e controle". Os três últimos ficam muito mais fáceis de atender quando você tem mais informações, criando um ciclo de busca de formas de reunir e centralizar mais informações para forçar diretrizes cada vez mais eficientes para a organização. A função dos trabalhadores é alimentar esse ciclo e aguardar os próximos comandos.

Os gerentes de hoje têm acesso a todos os tipos de informações sobre seus funcionários, informações essas que não tinham há alguns anos. Tecnologias de comunicação e monitoramento como as que usamos no Iraque, ou que Sandy Pentland usou em seus experimentos sobre fluxo de ideias, permitem que os superiores analisem tendências macro em seus mercados para manter o controle de quantos minutos um funcionário gasta descansando *versus* trabalhando. Sistemas automatizados em restaurantes monitoram os movimentos dos garçons, rastreando cada conta, prato e bebida, buscando padrões que sugiram eficácia e também aqueles relacionados ao roubo. Tudo isso possibilita a habitual centralização do poder.

No Iraque, líderes de alto escalão como eu desfrutaram de uma percepção sem precedentes de cada segundo e metro quadrado dos esforços de nossa Força-Tarefa. Eu podia assistir às operações em tempo real e falar com os operadores em meio a um tiroteio (embora eu nunca tenha feito isso, por razões que serão explicadas mais adiante no capítulo). Em muitas ocasiões, conseguimos, quase instantaneamente, ligar o quartel-general naval no Bahrein, os navios que operam no Chifre da África, o comando central em Tampa, Flórida, o Pentágono, nossas equipes em terra na África e outros elementos de apoio para coordenar ações sensíveis. Isso nos levou a ter uma noção do nosso controle sobre a tomada de decisões. Mas, à medida que continuávamos a observar e aprender com a AQI, nós nos perguntávamos se talvez algo tivesse mudado. Tínhamos acesso a mais informações em tempo real do que qualquer força na história da guerra, mas para quê?

Enquanto os líderes militares há um século ansiavam pela capacidade de ver e controlar mais de seu campo de batalha, seus herdeiros hoje receberam muito e em demasia. Em nossa sede, eu tinha acesso simultâneo a atualizações ao vivo e a vídeos em tempo real de escritórios e operações em todo o mundo e estava conectado a quase todas as decisões importantes. Isso era ótimo para estabelecer uma consciência holística, mas também criou um pesadelo de papelada e aprovações – tempo que poderia ter sido gasto resolvendo problemas reais.

Como outros pilares do pensamento gerencial, o Princípio de Perry fazia sentido em um mundo que não existe mais, mas oferece alguma ajuda quando a velocidade e o volume de decisões que precisam ser tomadas excedem as capacidades até mesmo dos líderes mais talentosos. Patamares mais baixos são, simplesmente, uma necessidade.

No Iraque, pudemos ver que nosso compartilhamento de informações era uma ferramenta eficaz. Mas a centralização do controle que veio com esse acesso a dados táticos era absolutamente uma outra questão. Séculos de desenvolvimentos tecnológicos e gerenciais sugeriram que o Princípio de Perry de estender o controle e capacitar apenas como último recurso era uma boa regra. Mas as estratégias de combate haviam mudado.

Eu comecei a reconsiderar a natureza do meu papel como líder. A espera pela minha aprovação não resultou em melhores decisões, e nossa prioridade deveria ser chegar à melhor decisão possível que pudesse ser tomada em um prazo que permitisse que ela fosse relevante. Percebi que, em casos normais, não agregava muito valor, então mudei o processo. Eu comuniquei através do comando meu processo de pensamento sobre decisões como ataques aéreos e disse a eles que tomassem a decisão. Independentemente de quem tomasse a decisão, eu sempre era o responsável final e, na maioria das vezes, os que estavam abaixo de mim chegavam à mesma conclusão que eu, mas dessa forma nossa equipe teria poderes para fazer o que fosse necessário.

A prática de transmitir decisões para cima e para baixo na cadeia de comando tem como premissa a suposição de que a organização tem tempo para fazê-lo, ou, mais precisamente, que o custo do atraso é menor do que o custo dos erros produzidos pela remoção de um supervisor. Em 2004, essa suposição deixou de ser válida. Os riscos de agir muito devagar eram maiores do que os riscos de deixar que pessoas competentes tomassem as decisões.

Chegamos à conclusão de que estaríamos mais bem servidos aceitando a solução de 70% hoje, em vez de satisfazer o protocolo e obter a solução de 90% amanhã (no Exército você aprende que nunca terá tempo para a solução de 100%).

Eu não esperava um resultado ruim, mas fiquei observando para ver como nos sairíamos.

"USE O BOM SENSO EM TODAS AS SITUAÇÕES"

A cadeia de hotéis Ritz-Carlton passou um século construindo uma reputação de qualidade, luxo e confiabilidade. Por meio de recessões, depressões, fusões corporativas e guerras mundiais, a marca – originalmente um restaurante operado em navios de cruzeiro de alto padrão, depois um hotel que rendeu ao fundador César Ritz o apelido de "rei dos hoteleiros e hoteleiro dos reis" – permaneceu no topo da cadeia alimentar. Hoje, a empresa opera oitenta e cinco hotéis em trinta países e regularmente lidera as listas da Zagat por seus hotéis e restaurantes. Em particular, ganhou uma reputação por oferecer um serviço de excelência. Foi a César Ritz creditada a frase, agora uma lei universal na indústria da hotelaria, que "o cliente tem sempre razão". Quase 50 mil executivos de outras empresas viajavam para o Ritz-Carlton Learning Institute e o Ritz-Carlton Leadership Center para aprender como eles também podem alcançar essa qualidade de serviço.

Pode-se pensar que isso é o resultado de uma supervisão cuidadosa e requisitos exigentes aplicados aos funcionários do Ritz voltados para o cliente – que o excelente serviço surge de um conjunto de protocolos meticulosamente detalhados. Na verdade, a abordagem da empresa ao RH é famosa pela liberdade que concede. Os funcionários podem gastar até 2 mil dólares para deixarem os hóspedes satisfeito ou para lidarem com problemas que surjam. Um estudo de caso da Harvard Business School detalhou essa e outras políticas extraordinárias, como o fato de que o Ritz treina todos os seus funcionários para "se livrarem" de seus deveres se um hóspede precisar de algo especial e incentiva os funcionários a "usarem sua autonomia". Um dos princípios básicos que os funcionários recebem é "A pacificação instantânea dos hóspedes é responsabilidade de cada funcionário. Quem receber uma reclamação será o dono dela, [deverá, então] resolvê-la para a satisfação do hóspede e registrá-la."

Uma abordagem semelhante foi adotada na Nordstrom, a cadeia de lojas de departamentos conhecida por seus "níveis quase míticos de assistência" aos clientes. Os novos funcionários recebem um cartão que diz:

BEM-VINDO AO NORDSTROM

Estamos felizes em tê-lo em nossa empresa. Nosso objetivo número um é fornecer um excelente atendimento ao cliente. Estabeleça altas metas pessoais e profissionais. Temos grande confiança em sua capacidade de alcançá-las, por isso nosso manual do funcionário é muito simples. Temos apenas uma regra.

Virar o cartão revela a única regra da empresa:

Nossa Regra Única: Use o bom senso em todas as situações.

Por favor, sinta-se à vontade para fazer qualquer pergunta ao seu gerente de departamento, gerente de loja ou diretor de Recursos Humanos a qualquer momento.

Desde a década de 1980, quando as empresas começaram a experimentar o "empoderamento" – a palavra da moda que resume o que chamamos de "descentralização da autoridade de tomada de decisão" – inúmeros estudos nas ciências sociais concluíram que essa diferença psicológica de empoderamento tem um impacto muito real. O artigo de 1988 de Jay Conger e Rabindra Kanungo, "The Empower Process: Integrating Theory and Practice" ["O Processo de Empoderamento: integrando teoria e prática"], observou que o empoderamento melhorou a satisfação dos funcionários. Kenneth W. Thomas e Betty A. Velthouse identificaram a descentralização da autoridade como a criação de "motivação intrínseca da tarefa". Estudos encontraram esse efeito em domínios que vão desde a enfermagem na China até os hotéis cinco estrelas na Turquia.

O modelo de "gestão científica", por outro lado, foi descrito por um dos discípulos de Taylor como baseado "principalmente em dois elementos importantes":

1º: Padrões absolutamente rígidos e inflexíveis perpassando todo o seu estabelecimento.

2º: Que cada funcionário de seu estabelecimento devia receber diariamente instruções claras e definidas sobre exatamente o que deve fazer e como deve fazê-lo, e essas instruções devem ser cumpridas com exatidão, sejam elas certas ou erradas.

Hoje, até mesmo a mais mecânica das tarefas – como o trabalho de chão de fábrica e outras tarefas automáticas – podem se beneficiar de algum grau de inovação e pensamento criativo. Quanto menos os trabalhos das pessoas puderem ser automatizados, mais se precisa que elas tomem iniciativa, inovem e pensem de forma criativa. Mas, apesar da evidência de todos esses estudos, poucos gestores estão dispostos a dar esse salto: hoje, apenas 20% dos trabalhadores se sentem empoderados e agem com desenvoltura; a maioria se sente desprivilegiada ou amarrada.

Com a crescente interdependência e imprevisibilidade, os custos do microgerenciamento estão aumentando. Rosabeth Moss Kanter, da Harvard Business School, pioneira no estudo do empoderamento no local de trabalho, resume o imperativo de estender a autoridade para baixo: À medida que os eventos mundiais se tornam cada vez mais disruptivos, "o número de 'exceções' e requisitos de mudança aumentam, e as empresas devem confiar cada vez mais em seu pessoal para tomar decisões sobre assuntos para os quais uma resposta de rotina pode não existir". Ela conclui, "o grau em que a oportunidade de usar o poder efetivamente é concedida ou negada aos indivíduos é uma diferença operativa entre as empresas que estagnam e as que inovam".

Em outras palavras, à medida que nosso ambiente irrompe com muitas possibilidades para planejar com eficácia, *devemos* nos sentir à vontade para compartilhar o poder. Em um artigo da *Harvard Business Review*, Josh Bernoff e Ted Schadler argumentam: "Em um mundo onde um tweet raivoso pode atacar uma marca, as corporações precisam liberar seus funcionários para revidar". Mencionando a lenta resposta da United Airlines à guitarra quebrada de Dave Carroll, tanto antes quanto depois de ele postar seu vídeo, os autores afirmam que uma nova abordagem é necessária – uma em que os jogadores do time não precisem consultar o treinador antes de realizar uma jogada. A United é apenas uma das muitas empresas a sofrer escândalos "virais": a blogueira Heather Armstrong foi ao Twitter para desabafar sua frustração com Maytag; o Greenpeace agrediu a página da Nestlé no Facebook sobre suas políticas ambientais; a Comcast se viu no meio de atenção indesejada depois que um assinante postou uma gravação de sua conversa com um representante que se recusou a deixá-lo cancelar seu serviço. A internet tornou os consumidores individuais muito mais poderosos – como observam Bernoff e Schadler, "qualquer um com um smartphone ou um computador pode causar danos duradouros à marca". Mas, na maioria das vezes, os funcionários encarregados de responder às reclamações dos consumidores permanecem mais restritos do que nunca pelo Princípio de Perry; a organização, na maioria dos casos, não evoluiu para imitar seu ambiente multiforme. A assimetria é uma receita para o desastre.

Se o primeiro representante da United com quem Carroll falou tivesse autoridade para resolver seu problema, a empresa poderia ter evitado o constrangimento, e poderia ter contratado um advogado. A cadeia de eletrônicos Best Buy tentou fazer exatamente isso. Usando um sistema chamado Twelpforce, os funcionários puderam responder em nome da Best Buy no Twitter. Quando um iPhone comprado na Best Buy quebrou e o consumidor começou a twittar que a equipe da loja não lhe fez justiça (em vez de oferecer a ele um iPhone substituto, eles lhe deram um BlackBerry), um representante de atendimento ao cliente viu o tweet, entrou, respondeu e providenciou para que ele tivesse um iPhone no dia seguinte.

A Best Buy, escrevem Bernoff e Schadler, era

> tão suscetível a reclamações de clientes on-line quanto qualquer outra empresa, mas, como funciona de maneira diferente, pode responder de maneira diferente [...]. Muito melhor do que tentar impedir tal atividade é reconhecer que seus funcionários têm a força da tecnologia [...] armados com tecnologia, seus funcionários podem criar soluções na velocidade dos clientes conectados de hoje.

Kanter previu que o aumento da disrupção e da imprevisibilidade exigiria maior agilidade e adaptabilidade que só poderiam ser alcançadas afrouxando o controle. A AQI havia capacitado seus operacionais não apenas com tecnologia, mas com autoridade de tomada de decisão, enquanto nossos operadores lutavam para responder sob códigos projetados para se alinharem com o Princípio de Perry. Isso era exatamente o que queríamos na Força-Tarefa: aceitamos que as divergências em relação ao plano eram inevitáveis – queríamos melhorar nossa capacidade de responder a elas. Precisávamos capacitar nossos times para agirem por conta própria.

"CONTANDO QUE NÃO SEJA IMORAL OU ILEGAL"

Como um perfeccionista instintivo, doeu-me fazer isso, mas comecei a empurrar a autoridade ainda mais para baixo na cadeia de comando. O empoderamento nem sempre assumia a forma de uma delegação aberta; com mais frequência, meus subordinados mais autoconfiantes tomavam decisões, muitos deles muito acima de sua faixa salarial, e simplesmente me informavam. Minha resposta, com frequência transmitida publicamente durante nosso O&I, no geral, endossava sua iniciativa e criava um efeito multiplicador, pelo qual mais e mais pessoas, vendo o sucesso de seus pares, começavam a tomar mais assuntos em suas próprias mãos.

Como os diretores do Ritz-Carlton e do Nordstrom, descobri que, ao ignorar o Princípio de Perry e conter meu desejo de microgerenciar, acionei um interruptor em meus subordinados: eles sempre levaram as coisas a sério, mas agora haviam adquirido uma seriedade que não tinham antes. Uma coisa é olhar para uma situação e fazer uma recomendação a um líder sênior sobre autorizar ou não um ataque. De uma perspectiva psicológica, é uma experiência totalmente diferente ser encarregado de *tomar* essa decisão. Os oficiais mais novos, em vez de entregarem a decisão a mim e fornecerem as orientações, passaram a ter a responsabilidade de uma decisão que era, literalmente, na maioria das vezes, uma questão de vida ou morte.

Por fim, surgiu uma regra prática: "Se algo apoia nosso esforço, desde que não seja imoral ou ilegal", você poderia fazê-lo. Logo, descobri que a pergunta que eu mais fazia à minha força era "Do que você precisa?" Descentralizamos até ficarmos desconfortáveis, e foi bem ali – à beira da instabilidade – que encontramos nosso ponto ideal.

Havia dores de crescimento. Alguns líderes subordinados tentaram manter a autoridade em seu nível, e, em várias ocasiões, tive de confirmar às agências ou unidades parceiras que uma decisão tomada por alguém da Força-Tarefa tinha minha aprovação. Muitas vezes, eu estava ouvindo sobre a decisão pela primeira vez, mas não consigo me lembrar de um momento em que deixei de apoiá-la.

No geral, nossa iniciativa – que chamamos de "execução empoderada"[81] – teve um tremendo sucesso. As decisões vinham mais rapidamente, algo essencial em uma luta onde a velocidade era crítica para capturar inimigos e prevenir ataques. Mais importante e mais surpreendente, descobrimos que, mesmo com o aumento da velocidade e com o fato de empurrarmos a autoridade para níveis mais baixos [na hierarquia], a *qualidade* das decisões na verdade *aumentou*.

Tínhamos descentralizado partindo da crença de que a solução de 70% hoje seria melhor do que a solução de 90% amanhã. Mas descobrimos que nossas estimativas estavam invertidas – estávamos *obtendo a solução de 90% hoje em vez da solução de 70% amanhã*.

Isso nos pegou de surpresa e derrubou muitas suposições convencionais sobre a sabedoria superior daqueles no topo. Compreender as causas subjacentes desse resultado inesperado provou ser essencial para sustentá-lo e melhorá-lo.

Uma parte disso é a psicologia da tomada de decisão. Um indivíduo que toma uma decisão torna-se mais comprometido com seu resultado. Outro fator foi que, apesar de toda a nossa tecnologia, nossa liderança simplesmente não entendia tão completamente o que estava acontecendo no local quanto as pessoas que estavam lá. A capacidade de ver imagens de vídeo e ouvir tiros de uma operação à medida que ela se desenrolava era uma imensa vantagem, mas um comandante em terra pode compreender a complexidade de uma situação de maneiras que desafiam o visual e o audível: tudo, desde temperatura e fadiga até as personalidades. Eu tinha sido um arremessador de beisebol na minha juventude e sabia que, muitas vezes, o arremessador sabe como arremessar melhor.

Mas a principal razão para o sucesso da execução empoderada estava no que veio *antes* dela: a base da consciência compartilhada. Essa relação – entre compreensão contextual e autoridade – não é nova.

"TODO CAPITÃO ERA UM NELSON"

Durante esse período, eu me vi refletindo sobre um exemplo excepcional do tradicional abraço de empoderamento da Marinha e me perguntando o que exatamente o fez funcionar. Nas minhas corridas diárias paralelas à longa pista de

---

81. Como "consciência compartilhada", esse termo foi cunhado não durante os anos da Força-Tarefa, mas durante o curso de nossa pesquisa subsequente na CrossLead.

pouso de Balad, eu ouvia o audiolivro de *Seize the Fire*, de Adam Nicolson, sobre o Almirante Nelson. A genialidade de Nelson como líder havia sido o cultivo das habilidades independentes de tomada de decisão de seus subordinados – descritos por Nicolson como "empreendedores de batalha". Como discutimos no capítulo 1, o astuto ataque perpendicular de Nelson em Trafalgar criou o caos no qual sua força poderia prosperar e seus inimigos – treinados para seguir bandeiras e com pouco conhecimento da estratégia geral – se debatiam. Nelson havia dito a seus comandantes: "nenhum capitão vai estar errando muito se colocar seu navio ao lado do [navio do] inimigo", mas essa ampla autoridade poderia ter dado terrivelmente errado se ele não tivesse passado décadas cultivando as qualidades individuais daqueles homens como tomadores de decisão, e se eles não tivessem uma compreensão geral da força e da batalha como um todo. Isso era o equivalente à consciência compartilhada de Nelson, e era apenas por causa disso que seus capitães podiam prosperar como agentes empoderados em uma confusão caótica.

Durante a maior parte da minha carreira no Exército, meu uniforme de gala tinha lapelas azul-claras que indicavam que eu estava na infantaria. A artilharia usava vermelho, as Forças Especiais usavam verde, os *tankers* usavam amarelo. Nossos uniformes – listras, distintivos, abas e insígnias – anunciavam nossa posição, qualificações e experiência, nossa caixa no organograma. Eles também reforçaram nosso senso de identidade. Claro, eu acreditava que cada ramo importava, mas por vinte e quatro anos e meio depois que me formei em West Point, eu *sabia* que o azul importava um pouco mais.

Mas, quando fui promovido a general de brigada em janeiro de 2001, minhas lapelas mudaram para pretas – indistinguíveis daquelas dos generais que ascenderam no corpo médico, engenheiros ou aviação. Espera-se que um general tenha *conhecimento geral* do Exército – azul, vermelho, verde e tudo mais. É *porque* eles têm esse conhecimento geral de que se pode confiar nos líderes para tomarem decisões importantes.

Em 2004, estávamos pedindo a todos os operadores que pensassem como alguém de lapela preta – em outras palavras, como os capitães de Nelson. Estávamos trabalhando para injetar informações e conscientização dos oficiais-generais em todas as nossas fileiras, dando às pessoas acostumadas a ordens restritas e visibilidade limitada o conhecimento antes reservado às pessoas do topo. No modelo antigo, os subordinados forneciam informações e os líderes distribuíam comandos. Nós invertemos isso: fizemos com que nossos líderes fornecessem informações para que os subordinados, munidos de contexto, compreensão e conectividade, pudessem tomar a iniciativa e tomar decisões. A consciência compartilhada significava que as pessoas em todos os níveis em nosso organograma agora tinham acesso ao tipo de perspectiva antes limitada aos líderes seniores.

O termo "empoderamento" é muito usado no mundo da gestão, mas a verdade é que simplesmente tirar as restrições é uma jogada perigosa. Isso deve ser feito apenas se os destinatários da autoridade recém-adquirida tiverem o senso de perspectiva necessário para agir com sabedoria.

Em Trafalgar, a redistribuição de autoridade de Nelson foi posta à prova final: algumas horas depois da batalha, um atirador de elite no *Redoutable* – o navio inimigo cujo *Victory* de Nelson enfrentou – disparou um tiro que atingiu Nelson no ombro e ficou alojado nas costas dele. A ferida era incapacitante e claramente fatal. Enquanto os homens de Nelson carregavam seu almirante moribundo para o convés, a batalha atingiu seu clímax. Em meio ao barulho furioso e à violência, poucos notaram sua ausência. Ele morreu cerca de três horas depois, tendo vivido o suficiente para saber de sua vitória.

"Para qualquer outra nação, a perda de um Nelson teria sido irreparável", disse o vice-almirante francês Villeneuve[82], após a batalha, "mas na frota britânica ao largo de Cádiz, todo capitão era um Nelson".

Queríamos que nossa força exibisse a mentalidade empreendedora daqueles capitães britânicos, então passamos a nutrir uma consciência holística e tentamos dar a todos uma participação na luta. Quando paramos de segurá-los – quando lhes demos a ordem de simplesmente colocar seu navio ao lado do [navio do] inimigo – eles prosperaram.

O MODELO DE HOMEM VISÍVEL DE TOMADA DE DECISÕES

Ele tinha apenas quinze centímetros de altura e era feito de plástico, mas deixou uma impressão duradoura em mim. A ideia original de Marcel Jovine, um ex-soldado italiano que veio para a América como prisioneiro de guerra na Segunda Guerra Mundial, o Homem Visível era um brinquedo anatômico de

---

82. Ao contrário de Nelson, Villeneuve sobreviveu à batalha. Foi feito prisioneiro de guerra, mas tratado de maneira favorável (ele até compareceu ao funeral de Nelson) e foi libertado em uma troca de prisioneiros. Ao retornar à França, Villeneuve supostamente cometeu suicídio, embora haja muita especulação de que Napoleão o tenha assassinado. Citado em Nicolson, em N. H. Nicolas, *The Dispatches and Letters of Vice Admiral Lord Viscount Nelson*, vol. 7 (London, 1846), 314.

plástico introduzido pela empresa Renwal Products, no outono de 1958. Custava 4,98 dólares e seu corpo de plástico transparente continha um esqueleto e órgãos que podiam ser removidos e substituídos.

Meu irmão mais velho, Scott, tinha um, e eu me lembro de concluir que, como podíamos ver através da "pele" transparente do corpo, podíamos ter uma ideia geral do que estava acontecendo lá dentro. Pensei em como os trabalhos dos médicos seriam mais fáceis se humanos reais fossem projetados de forma semelhante; ver pode poupar muita cirurgia exploratória.

Embora eu nunca tenha pego ninguém fazendo isso, suspeito que revirar os olhos era comum quando me referia repetidamente ao Homem Visível durante as teleconferências de vídeo da Força-Tarefa. Eu dizia aos subordinados que, se eles me fornecessem informações claras e suficientes sobre suas operações, eu ficaria satisfeito em assistir à distância. Se não, eu descreveria em termos gráficos a "cirurgia exploratória" necessária para obter a consciência situacional de que eu precisava. Eles eram livres para tomar todas as decisões que quisessem – desde que proporcionassem a visibilidade que, sob a consciência compartilhada, havia se tornado o padrão.

Em 2006, havíamos transformado a maneira como observamos, avaliamos, agimos e interagimos em todas as nossas operações.

Em Balad, nossas telas geralmente transmitiam FMV (*full-motion vídeo*) transmitido de um UAV *Predator* ou de uma aeronave de vigilância tripulada, fornecendo uma visão em tempo real de algum lugar no Iraque, Afeganistão ou em qualquer outro lugar da região. Às vezes, pelo contrário, eles exibiam um registro de operações ou uma sala de bate-papo refletindo as atualizações mais recentes fornecidas pelas Forças-Tarefa em toda a região. Veríamos nossos helicópteros pousar em uma nuvem de poeira e os operadores se moverem rapidamente em direção a seus alvos. Explosões podiam temporariamente "branquear" a tela, e o fogo de armas pequenas parecia vaga-lumes iluminando brevemente a noite. Os registros espelhariam o que vimos: "Aeronave no solo", "alvo contido (cercado)" e, com sorte, "Jackpot", que indicava que o indivíduo visado na missão havia sido capturado ou, às vezes, morto.

Meu *laptop* tinha um software especial que me permitia monitorar (e falar com) qualquer parte de nossa força em redes de rádio internas. Em tempo real, pude ver o que estava acontecendo, ouvir as discussões internas dos operadores e ler seus relatórios em andamento. Para um microgestor encastelado, era uma nova oportunidade de puxar as cordas das marionetes de grandes distâncias.

Mas eu não fiz isso. Eu nunca disse aos operadores o que fazer em uma incursão; seria um erro. Aprendi que ver as condições no terreno, ouvir o tom e o conteúdo de uma chamada de rádio – ter consciência situacional do que estava acontecendo e por que – me ajudava a fazer melhor minha parte da tarefa – não chegar e fazer a deles. Era contraintuitivo, mas refletia exatamente a abordagem para a tomada de decisões que precisávamos para permear nossa força: *Eyes on, hands off*.

Eu era mais eficaz quando supervisionava processos – desde a operações de inteligência à priorização de recursos –, garantindo que evitássemos os silos ou a burocracia que condenavam a agilidade, em vez de tomar decisões operacionais individuais.

Quando tentamos fazer as mesmas coisas com mais força e rapidez sob as restrições do sistema antigo, conseguimos aumentar o número de ataques por mês de dez para dezoito; em 2006, sob o novo sistema, esse número disparou para trezentos. Com aumentos mínimos de pessoal e financiamento, estávamos funcionando *dezessete vezes mais rápido*. E essas incursões foram mais bem-sucedidas. Estávamos encontrando uma porcentagem maior de nossos alvos, em grande parte devido ao fato de estarmos finalmente nos movendo tão rápido quanto a AQI, mas também devido à maior qualidade da tomada de decisões.

A [abordagem] *Eyes on, hands off* representava uma inversão completa do Princípio de Perry: se pudéssemos ver algo, não *precisaríamos* tentar controlá-lo. Como se pode constatar, isso também exigiria que se repensasse a abordagem da liderança pessoal.

RECAPITULAÇÃO

- Tradicionalmente, as organizações têm implementado tanto controle sobre os subordinados quanto a tecnologia fisicamente permite.

- As novas tecnologias oferecem aos líderes de hoje oportunidades sem precedentes para coletar informações e direcionar operações, mas, devido à velocidade necessária para permanecer competitivo, a centralização de energia agora vem a um grande custo. Embora a consciência compartilhada tenha nos ajudado a superar a interdependência do ambiente; a velocidade, o segundo ingrediente da complexidade, ainda representava um desafio.

- A adaptação eficaz às ameaças e oportunidades emergentes requer a prática disciplinada da execução empoderada. Indivíduos e times mais próximos do problema, munidos de níveis sem precedentes de insights de toda a rede, oferecem a melhor habilidade para decidir e agir de forma decisiva.

CAPÍTULO 11

LIDERANDO COMO UM AGRICULTOR

A estreita ponte de comando do Outubro Vermelho, um novo submarino nuclear soviético com capacidade de camuflagem, está tensa e ansiosa enquanto um torpedo atravessa a água em direção a ela. Impacto significa morte instantânea.

Imediato Vasili Borodin: Impacto de torpedo, 20 segundos.

Seu comandante, sério, mas absolutamente calmo, o capitão Marko Ramius, interpretado por Sean Connery, com uma barba distinta e uniforme preto sob medida, aparentemente ignora o aviso de Borodin. Ele se volta para o analista da CIA Jack Ryan (Alec Baldwin):

Ramius: [para Ryan] Que livros?
Ryan: Perdão? O que você disse?

Falar sobre livros neste momento parece loucura.

Ramius: Que livros você escreveu?
Ryan: Eu escrevi uma biografia do Almirante Halsey, chamada *The Fighting Sailor* sobre, uh, táticas de combate naval...
Ramius: Eu conheço esse livro!
Ramius parece totalmente concentrado no livro.
Borodin: Impacto de torpedo...

Surpreendentemente, Ramius continua a discussão.

Ramius: Suas conclusões estavam todas erradas, Ryan...
Borodin: ... 10 segundos.
Ramius: ... Halsey agiu estupidamente.

Como era de se esperar, embora outros na ponte de comando assumam que estão condenados, no último segundo Ramius habilmente evita sua morte dirigindo seu submarino diretamente para o torpedo que se aproxima, fazendo com que ele ataque antes que sua ogiva esteja armada. É o apogeu da liderança heroica – onisciente, destemida, viril e tranquilizadora. Também é quase totalmente irreal. Enquanto alguns líderes possuem dons extraordinários e projetam uma presença carismática, em uma carreira ao lado de líderes talentosos, eu nunca conheci um Marko Ramius – ou alguém remotamente próximo ao personagem autor Tom Clancy criado em *A Caçada ao Outubro Vermelho*.

POR QUE LÍDERES TRADICIONAIS ENFRETAM DIFICULDADES

Gravitamos em torno de "líderes heroicos" que combinam qualidades que associamos à liderança, como sabedoria e coragem física. Por uma geração, após seu triunfo em 1815 sobre Napoleão, na Batalha de Waterloo, Arthur Wellesley, o duque de Wellington, incorporou esse conceito. Imagens de Wellington a cavalo, manobrando habilmente as tropas, estabeleceram um ideal: o líder como mestre de marionetes onisciente, elaborando estratégias brilhantes e distribuindo comandos precisos.

A organização como uma besta mecânica rigidamente reducionista é uma espécie em extinção. A velocidade e a natureza interconectadas do novo mundo em que funcionamos tornaram-no estúpido e lento demais para sobreviver ao ataque de predadores. Em alguns casos, ele simplesmente move-se de forma desajeitada e cai em poços de piche, não tem força para se libertar e morre lentamente. O líder heroico tradicional pode não estar muito atrás. No entanto, mesmo em nosso novo ambiente, ainda mantemos expectativas altas, muitas vezes irreais, dos líderes. Exigimos publicamente uma visão estratégica de alto nível e uma capacidade infalível de antecipar amplas tendências de mercado, mas simultaneamente celebramos os CEOs pelo domínio enciclopédico de todos os aspectos de seus negócios. Costumamos perguntar aos líderes do governo se eles conheciam os mínimos detalhes de um problema e, se não, por que não sabiam. Esperamos que nossos líderes saibam tudo, sabendo muito bem que os limites da tecnologia e do cérebro humano não permitem.

Como vimos com o comodoro Perry e o general Grant, as técnicas de liderança tradicionalmente variam com a proximidade física. De perto, desde que as coisas se movessem a uma velocidade razoavelmente lenta, um gestor competente poderia controlar uma formação militar ou uma linha de montagem. À medida que as distâncias aumentavam, até líderes enérgicos achavam impossível microgerenciar o que não podiam ver. Ferrovias, telégrafos, automóveis e rádios tornaram mais fácil para os líderes influenciarem os desenvolvimentos de longe, mas o controle real permanecia ilusoriamente fora de alcance. Mesmo no ritmo de cavalos ou navios a vapor, os eventos locais podem se desenvolver mais rapidamente do que os tomadores de decisão distantes podem monitorar, avaliar, decidir e agir.

A tecnologia recente pode parecer ter fechado a lacuna entre líderes e subordinados. Armados com quantidades sem precedentes de dados, CEOs, políticos e burocratas podem examinar o que está acontecendo quase no momento em que ocorre. Conforme discutimos, essas informações podem seduzir os líderes a pensarem que eles entendem e podem prever situações complexas – que podem ver o que vai acontecer. Mas a velocidade e a interdependência de nosso ambiente atual significam que o que não podemos saber cresceu ainda mais rápido do que podemos.

A doutrina da execução empoderada pode, à primeira vista, parecer sugerir que os líderes não são mais necessários. Essa é certamente a conexão feita por muitos que descreveram redes como a AQI como "sem liderança". Mas isso está errado. Sem Zarqawi, a AQI teria sido uma organização totalmente diferente. Na verdade, graças à alavancagem que os líderes podem aproveitar, por meio de tecnologia e práticas gerenciais, como consciência compartilhada e execução capacitada, os líderes seniores agora passam a ser mais importantes do que nunca, mas o papel é muito diferente do tradicional tomador de decisões heroico.

Na Força-Tarefa, descobrimos que, ao lado de nossa nova abordagem de gestão, tínhamos que desenvolver um novo paradigma de liderança pessoal. O papel do líder sênior não era mais o de mestre de marionetes controlador, mas sim o de um compreensivo artesão da cultura.

Dentro dessa complexidade, os próprios líderes podem ser um fator limitante. Embora a capacidade humana de pensamento e ação seja surpreendente, nunca é suficiente. Se apenas trabalhássemos mais e nos esforçássemos mais, argumentamos, poderíamos dominar o massacre de informações e requisitos "urgentes".

Mas é claro que não podemos. O autor Dan Levitin explica:

> Em 2011, os americanos recebiam cinco vezes mais informações todos os dias do que em 1986 – o equivalente a 175 jornais. Durante nosso tempo de lazer, sem contar o trabalho, cada um de nós processa 34 gigabytes ou 100 mil palavras todos os dias. As 21.274 emissoras de televisão do mundo produzem 85 mil horas de programação original todos os dias, pois assistimos em média a 5 horas de televisão por dia, o equivalente a 20 gigabytes de imagens de áudio e vídeo.

Onde uma vez uma pessoa instruída poderia supor que estivesse pelo menos familiarizada com o conhecimento relevante em um determinado campo de estudo, a explosão de informações tornou essa suposição risível.

Uma solução para a sobrecarga de informações é aumentar o acesso de um líder às informações, equipando-o com dois smartphones, várias telas de computador e atualizações de fim de semana. Mas o acesso do líder à informação não é o problema. Podemos trabalhar mais, mas quanto podemos realmente absorver? Estudos de atenção mostraram que a maioria das pessoas pode considerar cuidadosamente apenas uma coisa de cada vez, e que fazer múltiplas tarefas prejudica drasticamente nossa capacidade de realizar tarefas que exigem concentração cognitiva. Dadas essas limitações, a ideia de que um "líder heroico" habilitado com uma *über*-rede de conectividade possa controlar simultaneamente mil marionetes em tantos palcos é irreal.

DE MESTRE DE XADREZ A AGRICULTOR: OS LÍDERES DE QUE AGORA PRECISAMOS

Considerado por muitos como a disputa estratégica definitiva entre dois jogadores, o jogo de xadrez originou-se no leste da Índia, no século VI. Uma vez considerado um jogo para a nobreza, o xadrez foi pensado para ser uma ferramenta eficaz a fim de ensinar pensamento estratégico aos futuros líderes.

As várias peças – rei, rainha, torre, cavalo, bispo e peão – comportam-se de forma diferente. Os peões, os mais numerosos, são os menos manobráveis. A rainha é a mais manobrável e, portanto, a mais letal. O rei, embora relativamente fraco, é a figura que deve ser preservada. Nenhum pode pensar ou agir por si mesmo. Nenhum observa o tabuleiro de sua perspectiva única e sugere movimentos. Nenhum lança avisos de perigo. O jogador de xadrez está sozinho para observar, decidir e agir.

À distância, a luta da Força-Tarefa no Iraque, em 2004, parecia xadrez, mais particularmente a versão temporizada do jogo, onde os jogadores têm restrições de tempo para cada movimento. Dotado de uma extraordinária capacidade de visualizar o tabuleiro e possuindo um conjunto de unidades com capacidades únicas, fiquei tentado a manobrar minhas forças como peças de xadrez contra a AQI. Eu poderia ser Bobby Fischer ou Garry Kasparov, conduzindo minha implacavelmente agressiva campanha em direção ao xeque-mate.

Mas a metáfora do xadrez rapidamente se desfez. Mesmo em sua forma mais rápida, o xadrez ainda é um jogo rigidamente interativo, alternando movimentos entre oponentes. A guerra em 2004 não seguia tal protocolo. O inimigo poderia mover várias peças simultaneamente ou nos atacar em rápida sucessão, sem respeitosamente esperar pelo nosso próximo movimento.

Eles o fizeram com tanta velocidade que logo ficou claro que suas mudanças não eram o resultado de uma tomada de decisão deliberada feita por superiores na hierarquia; eram reações orgânicas por forças no solo. Sua estratégia provavelmente não era intencional, mas eles tiraram proveito do novo ambiente com sucesso extraordinário.

Nossos times foram criados para serem peças de xadrez com recursos bem afiados e previsíveis. Nossos líderes, inclusive eu, haviam sido treinados como mestres de xadrez, e esperávamos mostrar o talento e a habilidade dos mestres. Nós nos sentíamos responsáveis e alimentávamos uma necessidade correspondente de estar no controle, mas, à medida que estávamos aprendendo, na verdade precisávamos abrir mão dele.

Eu me apoiei no que tinha aprendido – não em uma sala de aula em West Point, ou em um estande em Fort Benning, mas muito antes.

No verão de 1966, logo depois que meu pai voltou de seu primeiro período no Vietnã, meus pais compraram uma casa nova. A grande casa de tijolos do início de 1900 deu aos meus pais, aos seis filhos, ao cachorro Noche e a um fluxo constante de visitas lugar para se espalhar. Minha mãe, Mary, uma máquina de movimento perpétuo, usava parte do quintal para cultivar. Nada de flores – mamãe era a favor de uma produção quantificável. Ela cultivava frutas e legumes. Feijões alinhados com precisão militar, tomates no flanco direito, alface na reserva. Napoleão teria aprovado, embora Taylor tivesse movido a pilha de compostagem (minha responsabilidade) para perto da figueira, um pouco mais perto das linhas de abóboras, para economizar alguns segundos de trabalho.

Havia desafios. No primeiro ano, minha mãe superestimou o número de *zucchinis* de que ela precisava, e a família sofreu com todas as variações de pratos de *zucchinis*, exceto sorvete. Mas, no geral, a horta foi um sucesso empolgante. Minha contribuição era irregular e ocasional, mas observei e aprendi.

Se a horta for bem organizada e adequadamente mantida, e os vegetais forem sem demora colhidos quando maduros, o produto é muito impressionante. O agricultor cria um ambiente no qual as plantas podem se desenvolver. O trabalho feito de forma antecipada e a manutenção sendo cuidadosa permitem que as plantas cresçam individualmente, tudo ao mesmo tempo.

Anos mais tarde, como comandante da Força-Tarefa, comecei a ver a liderança eficaz no novo ambiente mais semelhante à agricultura do que ao xadrez.

O controle passo a passo que parecia natural às operações militares mostrou-se menos eficaz do que nutrir a organização – sua estrutura, processos e cultura – a fim de permitir que os componentes subordinados funcionassem com "autonomia inteligente". Não era autonomia total, pois os esforços de cada parte do time estavam intimamente ligados a um conceito comum para a luta, mas permitia que essas forças fossem habilitadas com um fluxo constante de "consciência compartilhada" de toda a força, e isso os liberou para executar ações em busca da estratégia geral da melhor forma que considerassem adequada.

Dentro de nossa Força-Tarefa, como em uma horta, o resultado dependia menos do plantio inicial do que de uma manutenção consistente. Regar, capinar e proteger as plantas de coelhos e doenças são essenciais para o sucesso. O agricultor não pode realmente "fazer crescer" tomates, abóboras ou feijões – ele só pode promover um ambiente no qual as plantas cresçam.

O AGRICULTOR

Embora eu reconhecesse sua necessidade, a transição mental de líder heroico para humilde agricultor não foi confortável. Desde aquele primeiro dia em West Point, fui treinado para desenvolver expectativas e comportamentos pessoais que refletissem competência profissional, determinação e autoconfiança. Se devidamente informado, eu esperava ter as respostas certas e passá-las à minha força com segurança. Deixar de fazer isso refletiria fraqueza e suscitaria dúvidas sobre minha relevância. Senti uma pressão intensa para cumprir o papel de mestre de xadrez para o qual passei a vida inteira me preparando.

Mas a escolha havia sido feita por mim. Eu tive que me adaptar à nova realidade e me remodelar, pois as condições estavam nos forçando a reformular nossa força. Então parei de jogar xadrez e me tornei um agricultor. Mas o que a agricultura realmente implicava?

Primeiro eu precisava mudar meu foco de mover peças no tabuleiro para moldar o ecossistema. Paradoxalmente, bem no momento em que eu tinha a possibilidade de tomar mais decisões, minha intuição me dizia que eu tinha que tomar menos. No início, parecia estranho delegar decisões a subordinados, as quais eram tecnicamente possíveis para mim. Se eu pudesse tomar uma decisão, não deveria? Não era esse o meu trabalho? Poderia parecer e sentir como se eu estivesse me esquivando de minhas responsabilidades, uma acusação grave para qualquer líder. Meu papel havia mudado, mas a liderança ainda era fundamental – talvez mais do que nunca.

Criar e manter as condições de trabalho em time de que precisávamos – cuidar da horta – tornou-se minha principal responsabilidade. Sem meu constante trabalho de podar e modelar de nossa rede, o delicado equilíbrio de informação e capacitação que sustentava nossas operações se atrofiaria e nosso sucesso definharia. Descobri que apenas o líder sênior poderia conduzir o ritmo operacional, a transparência e a cooperação multifuncional de que precisávamos. Eu poderia moldar a cultura e exigir o diálogo contínuo que a consciência compartilhada exigia.

Liderar como agricultor significava que eu mantive a Força-Tarefa focada em prioridades claramente articuladas, falando explicitamente sobre elas e liderando pelo exemplo. Era impossível separar minhas palavras e minhas ações, porque a força naturalmente ouvia o que eu dizia, mas media a importância da minha mensagem observando o que eu realmente fazia. Se os dois fossem incongruentes, minhas palavras seriam vistas como prédicas sem sentido.

Comunicar prioridades e expectativas culturais ao nosso time de times espalhado por vários continentes foi um desafio. A orientação escrita era essencial, mas os memorandos competiam com a enxurrada de textos que nos engolfava todos os dias. Para postar breves atualizações e observações, eu usava um portal seguro on-line acessível a todos, redigindo cuidadosamente cada memorando para garantir que refletisse não apenas meus pensamentos, mas também minha "voz". Tentei lembrar que "menos é mais" e me apeguei a alguns temas-chave. A experiência havia me ensinado que nada era ouvido até que fosse dito várias vezes. Somente quando ouvi minhas próprias palavras ecoadas ou parafraseadas de volta para mim por subordinados como "verdades" essenciais é que eu soube que haviam sido totalmente recebidas.

Como líder, porém, meu instrumento de comunicação mais poderoso era meu próprio comportamento. Quando um jovem oficial, eu aprendi que o exemplo de um líder está sempre à vista. Os maus exemplos repercutem ainda mais poderosamente do que os bons. Em situações em que os líderes seniores podem se enclausurar atrás de muros ou falanges de auxiliares, aparecendo apenas quando suas gravatas estão passadas, seus cabelos penteados e suas palavras cuidadosamente escolhidas, controlar o sinal pode ser possível. Mas, em um mundo de tweets e de cobertura de notícias 24 horas por dia, 7 dias por semana, não é. Eu nem tentei me esconder.

Em vez disso, procurei manter um exemplo e uma mensagem consistentes. Nossas operações diárias e videoconferência de inteligência (O&I) tornaram-se fundamentais para meu esforço geral de comunicação. Embora as informações trocadas fossem o "produto" básico, a O&I também serviu como minha ferramenta de liderança mais eficaz, porque me ofereceu um palco para demonstrar a cultura que eu buscava.

No início da luta, reconheci que, embora teoricamente pudesse comandar de qualquer local, permanecer mobilizado e aparecer na O&I enquanto usava meu uniforme de combate contra um pano de fundo austero de compensado comunicava meu foco e compromisso. Eu poderia exigir esforço da força ou apoio de Washington, D.C., com maior legitimidade do que de qualquer outro ponto de observação.

Também demonstrei esse novo paradigma de liderança ao exigir conversas sem restrições em toda a força durante a O&I. Os obstáculos técnicos para criar uma videoconferência para mais de setenta locais, muitos deles isolados e sem banda larga, eram enormes, mas as reuniões precisavam ser perfeitas. Nos primeiros dias, eu vi que interrupções na conexão ou outras falhas minavam a importância que se tinham do fórum, e eu não podia permitir isso. Pelos mesmos motivos, a O&I nunca foi cancelada, e a presença era obrigatória. Senti que, se a O&I fosse vista como um evento ocasional, nem sempre com a presença de líderes-chave, ela se desfaria.

As regras para qualquer reunião são estabelecidas mais por precedentes e comportamentos demonstrados do que por orientação escrita. Eu queria que a O&I fosse um equilíbrio de relatórios de informações-chave e interação ativa. Isso não veio de forma natural, principalmente em um meio digital. Os participantes vieram de diferentes culturas organizacionais, estavam a milhares de quilômetros de distância, e jamais se conheceram pessoalmente. Conseguir franqueza nessas condições não foi fácil, mas conseguimos. Quando necessário, eu planejava perguntas ou comentários e os posicionava com parceiros de confiança para ajudar a demonstrar a todos o que eu queria que a O&I fosse.

Embora a O&I tivesse que ser um briefing para toda a força, meu papel como comandante permaneceu central. Nosso sistema funcionava de tal forma que a pessoa que dava o briefing aparecia na tela de onde quer que estivesse localizada, mas o padrão voltava para mim quando o briefing terminava. Como resultado, eu estava na TV ao vivo, na frente de toda a minha força e de inúmeras interagências parceiras, todos os dias, por uma hora e meia. Se eu parecia entediado ou era visto enviando e-mails ou conversando, eu sinalizava falta de interesse. Se eu parecia irritado ou zangado, notas como "O que está incomodando o chefe?" passavam pelas salas de bate-papo que funcionavam paralelamente à videoconferência.

Palavras críticas eram ampliadas em impacto e podiam ser esmagadoras para um jovem membro da força. Aprendi que simplesmente tirar os óculos de leitura e esfregar a têmpora era uma ação interpretada em vários continentes.

Havia oportunidades constantes para liderar. Todos os dias, vários analistas de inteligência, geralmente jovens que eu ainda não conhecia pessoalmente, recebiam a tarefa de fornecer breves atualizações de suas localizações – lugares como a embaixada dos EUA em Sanaa, Iêmen, a sede da Agência de Segurança Nacional em Fort Meade ou uma pequena base ao longo da fronteira Afeganistão-Paquistão. Sentados em uma pequena sala, muitas vezes sozinhos, eles teriam a experiência assustadora de fazer uma apresentação na televisão para um general de mais de cinquenta anos e um grupo intimidador de guerreiros experientes e profissionais de inteligência. Poucos dormiam na noite anterior, e teria sido simples para mim, involuntariamente, mesmo inconscientemente, tornar a experiência terrível para eles.

Quando chegavam as suas vezes e seus rostos subitamente enchiam a tela, eu fazia questão de cumprimentá-los pelo primeiro nome, o que muitas vezes os fazia sorrir com evidente surpresa. Eles estavam a oito níveis abaixo da cadeia de comando e a muitos quilômetros de distância – como o comandante geral sabia o nome deles? Simples: fiz meu time preparar uma "cola" dos briefings planejados para o dia para que eu pudesse fazer um pequeno gesto para deixá-los à vontade.

Enquanto eles me informavam, tentava mostrar uma atenção entusiasmada. Na conclusão, eu faria uma pergunta. A resposta pode não ser muito importante, e muitas vezes eu já sabia dela de antemão, mas queria mostrar que tinha ouvido e que o trabalho deles era importante. Alguns ficavam confusos com a pergunta – suspirariam de alívio quando conseguissem passar pelo briefing – mas também lhes dava a chance de, na frente de todo o comando, mostrar seu conhecimento e competência.

Para um jovem membro do comando, mesmo que o briefing tivesse sido terrível, eu elogiaria o relatório. Outros, mais tarde, ofereceriam conselhos sobre como melhorar – mas isso não precisava vir de mim na frente de milhares de pessoas. Quando acertávamos, o analista deixava a O&I mais confiante, comprometido e pessoalmente investido em nosso esforço.

"Obrigado" tornou-se minha frase mais importante; interesse e entusiasmo minhas atitudes mais poderosas. Em uma pequena sala com conselheiros confiáveis, a frustração ou a raiva podem ser contextualizadas e digeridas. Mas a O&I diária era grande o suficiente para que a petulância ou o sarcasmo pudessem ser desastrosos.

Mais do que qualquer outra coisa, a O&I exigia autodisciplina, e eu achava isso exaustivo. Mas era uma oportunidade extraordinária para liderar pelo exemplo.

Adotei uma prática que chamei de "pensar em voz alta", segundo a qual eu resumiria o que ouvira, descreveria como processei a informação e esboçaria meus primeiros pensamentos sobre o que deveríamos considerar fazer a respeito. Isso permitiu que todo o comando seguisse (e corrigisse onde apropriado) minha trilha lógica e entendesse como eu estava pensando. Depois de fazer isso, em um esforço direcionado para reforçar a execução empoderada, muitas vezes, eu pedia ao subordinado que considerasse qual ação poderia ser apropriada e me dissesse o que ele ou ela planejava fazer.

Pensar em voz alta pode ser uma perspectiva assustadora para um líder sênior. A ignorância sobre um assunto é rapidamente óbvia, e os esforços para falsificar conhecimentos são embaraçosamente ineficazes. Descobri, no entanto, que fazer perguntas aparentemente estúpidas ou admitir abertamente "não sei" era aceito, até apreciado. Pedir opiniões e conselhos mostrava respeito. A mensagem geral reforçada pela O&I era que *nós* temos um problema que só *nós* podemos entender e resolver.

Agricultores plantam e colhem, mas, mais do que tudo, eles *cuidam*. As plantas são regadas, os canteiros são fertilizados e as ervas daninhas são removidas. Longos dias são passados caminhando por trilhas úmidas ou rastejando sobre os joelhos doloridos examinando hastes frágeis. Visitas regulares de bons agricultores não são gestos proforma de preocupação – elas deixam a colheita mais forte. Assim é com os líderes.

A expressão militar é "circulação no campo de batalha" e refere-se aos locais e unidades de visita dos líderes seniores. Descobri que essas viagens, como quase tudo, se beneficiavam de um planejamento cuidadoso e execução focada. A maioria dessas visitas tinha múltiplos objetivos: aumentar a compreensão do líder sobre a situação, trazer orientações à força e liderar e inspirar. Uma boa visita pode realizar todos os três, mas uma visita ruim pode deixar os subordinados confusos e desmoralizados.

As visitas oferecem uma oportunidade de se obter *insights* ausentes dos relatórios formais que passaram pelas camadas de uma burocracia. Achei útil comunicar, antes da visita, as principais dúvidas que eu tinha e pedir informações básicas que eu pudesse revisar antes de chegar. No local, os briefings da liderança local eram apropriados, mas precisavam ser acompanhados por uma interação menos formal com indivíduos mais abaixo na cadeia. Era inútil trazer membros juniores para grandes reuniões diante de toda a sua cadeia de comando e esperar franqueza, mas descobri que criar os locais certos era fácil de organizar.

Há uma arte em fazer perguntas. Os briefings são valiosos, mas normalmente comunicam, em especial, o que o líder subordinado quer que você saiba, e, muitas vezes, o retrato que eles fornecem é incompleto. Perguntas bem pensadas podem ajudar a preencher as lacunas. No início de 2005, meu oficial de inteligência, o então coronel (mais tarde tenente-general) Mike Flynn, me ensinou uma ótima técnica. Estávamos visitando uma unidade que se gabava de ter mais de 250 fontes de inteligência (civis iraquianos recrutados para passar informações às forças americanas). Fiquei profundamente impressionado. Mike então fez uma pergunta simples: "Você pode descrever sua melhor fonte? Presumo que todos os outros sejam menos valiosos". A unidade admitiu que o melhor era novo e não comprovado, e em um instante ficou claro que sua rede de origem tinha pouca substância real.

Mais tarde, usei uma pergunta específica ao conversar com oficiais mais novos e sargentos em pequenas bases no Afeganistão: "Se eu lhe dissesse que você não iria para casa até vencermos, o que você faria de diferente?". No começo eles ririam, supondo que eu estivesse brincando, mas logo perceberam que eu não estava. Nesse ponto, a maioria ficou muito pensativa. Se eles fossem forçados a operar em uma métrica de conclusão de tarefas, em vez de observar o relógio até irem para casa, as implicações seriam significativas. Quase todos eram bons soldados e líderes, mas foram moldados para pensar em termos de sua missão, um horizonte de tempo que raramente previa a conclusão bem-sucedida da missão.

Uma vez recalculadas, suas respostas eram impressionantes. A maioria ajustou sua abordagem para ter uma visão mais ampla da solução do problema. É de se esperar que busquem uma solução mais rápida e uma passagem mais cedo para casa. Mas eles eram experientes o suficiente para saber que soluções reais exigem visão de longo prazo – correções simples são ilusórias. Embora eu não pudesse mudar a política de rotação de tropas, ao sair, pedia a cada soldado que executasse seus deveres com essa mentalidade.

A comunicação durante as visitas é ininterrupta. De reuniões de pequenos grupos com líderes a conversas de "prefeitura" para grupos maiores, achei essencial permitir que os membros do comando ouvissem diretamente de mim. Era frequente eu começar ficando na frente deles e pedindo que olhassem nos meus olhos e decidissem na próxima hora se confiavam em mim. Eu lhes dizia que estava fazendo o mesmo com eles. "Você tem o direito de julgar pessoalmente o líder que o representa – e eu também tenho o direito de avaliar você". Evitei falar com eles de forma condescendente e tentei entender e respeitar a sua perspectiva. Muitas vezes era difícil. Soldados que travam uma batalha diária em condições assustadoras podem sentir que seus líderes estão muito distantes de sua realidade. Não há cura mágica para esse desafio, e palavras calmantes que não são apoiadas por ação incentivam o cinismo. Se, depois de ouvir seus problemas ou preocupações, eu não pudesse fazer nada a respeito, achei muito melhor afirmar isso diretamente do que fingir que poderia mudar as coisas. Honestidade simples mostra e ganha respeito.

É importante ser realista. As visitas geralmente são planejadas por funcionários bem-intencionados e enérgicos, que planejam mais atividades do que podem ser realizadas. Interações apressadas de "passagem" deixam os subordinados frustrados – se você vier fazer perguntas, deixe tempo suficiente para ouvir as respostas. E lembre-se de que, mesmo os líderes seniores, são humanos. As delegações do Congresso muitas vezes chegavam ao Iraque tão exaustas pelo longo voo e por suas agendas lotadas que acabavam cochilando enquanto tentávamos explicar o que estávamos fazendo. É difícil aprender ou expressar apoio à força se você estiver dormindo.

Ao longo da minha carreira, vi visitas de líderes seniores terem consequências negativas não intencionais. Normalmente as agendas estavam sobrecarregadas de forma irreal e eram modificadas durante a visita para cancelar partes do plano. À primeira vista, pode ser a decisão necessária, mas invariavelmente os soldados que passaram dias preparando um briefing ou demonstração para a visita do "grande homem" eram informados no último minuto de que todo o seu trabalho havia sido em vão. Não era uma boa maneira de melhorar o moral.

Eu falava à minha equipe sobre a "cauda de dinossauro": à medida que um líder se torna mais sênior, seu corpo e cauda ficam enormes, mas, como o brontossauro, seu cérebro permanece modestamente pequeno. Quando os planos são alterados e a enorme fera se vira, sua cauda muitas vezes derruba pessoas e coisas sem pensar. O fato de a destruição não ser intencional não a tornava melhor.

O CAMINHO À FRENTE

Liderar um time de times é uma tarefa formidável – muito do que um líder deve ser e fazer mudou fundamentalmente. O heroico líder "prático", cuja competência pessoal e força de vontade dominaram os campos de batalha e as salas de reuniões por gerações, foi esmagado pela velocidade acelerada, pela complexidade crescente e pela interdependência. Mesmo os líderes heroicos mais bem-sucedidos de hoje parecem inquietos na sela, cientes de que sua capacidade de entender e controlar é uma quimera. Temos que começar a liderar de forma diferente.

Criar e liderar uma organização verdadeiramente adaptável requer construir, liderar e manter uma cultura que seja flexível, mas também durável. A principal responsabilidade do novo líder é manter uma visão holística e ampla, evitando uma abordagem reducionista, por mais tentador que seja o microgerenciamento. Talvez uma organização venda geringonças e o líder descubra que adora *tudo* sobre essas geringonças – projetar, construir e comercializá-las; ainda assim, não é ali onde o líder é mais necessário. A primeira responsabilidade do líder é com o *todo*.

As palavras de um líder são importantes, mas as ações, em última instância, têm mais influência para reforçar ou prejudicar a implementação de um time de times. Em vez de explorar a tecnologia a fim de monitorar o desempenho dos funcionários em níveis que teriam aquecido o coração de Frederick Taylor, o líder deve permitir que os membros do time *o* monitorem. Mais do que dirigir, os líderes devem mostrar transparência pessoal. Esse é o novo ideal.

À medida que o mundo se torna mais complexo, a importância dos líderes só irá aumentar. É improvável que mesmo saltos quânticos na inteligência artificial forneçam a vontade pessoal, a coragem moral e a compaixão que os bons líderes oferecem. Persuadir times a interagir com outros times sempre será difícil, mas essa é uma cultura que pode ser plantada e, se mantida, pode florescer. Ela requer apenas um agricultor: um líder humano, e, às vezes, muito humano, mostrando a disposição de aceitar grandes responsabilidades permanece central na criação de um ecossistema viável.

RECAPITULAÇÃO

- Embora intuitivamente saibamos que o mundo mudou, a maioria dos líderes reflete um modelo e um processo de desenvolvimento de líderes que está muito desatualizado. Muitas vezes, exigimos níveis fora da realidade de conhecimento por parte dos líderes e os forçamos a tentativas ineficazes de microgerenciamento.
- A tentação de liderar como um mestre de xadrez, controlando cada movimento da organização, deve dar lugar a uma abordagem de agricultor, capacitando ao invés de direcionar.
- Um enfoque da liderança inspirada na agricultura é tudo, menos passivo. O líder atua como um facilitador eyes-on, hands-off, que cria e mantém um ecossistema no qual a organização opera.

PARTE V
OLHANDO PARA FRENTE

O primeiro dever imposto àqueles que agora dirigem a sociedade é educar a democracia; colocar, se possível, nova vida em suas crenças, purificar seus costumes; controlar suas ações; gradualmente substituir a presente inexperiência pela compreensão da arte de governar e os instintos cegos pelo conhecimento de seus verdadeiros interesses; adaptar o governo às necessidades do tempo e lugar; e modificá-lo conforme os homens e as circunstâncias exigem.

— Alexis de Tocqueville

CAPÍTULO 12

SIMETRIAS

O funeral do líder de alto escalão da AQI, Abu Zar, seguiu um padrão familiar; uma reunião ao ar livre e depois um enterro. No final do verão de 2005, assistimos ao evento através da vigilância do *Predator* e aceitamos sua morte com sentimentos contraditórios. A remoção de um agente tão eficaz quanto Abu Zar, do campo de batalha, reduziu a ameaça de VBIEDs (*vehicle-borne improvised explosive devices* – artefatos explosivos improvisados embarcados em veículos) em Bagdá, mas eliminou nossa oportunidade de questioná-lo sobre a rede e as operações da AQI em Bagdá. Permanecia, porém, o fato de que ele estava morto.

Ou assim pensávamos. Em 6 de janeiro de 2006, um de nossos oficiais de ligação informou que as forças iraquianas haviam capturado um indivíduo que acreditavam ser Abu Zar – muito vivo. O funeral tinha sido um estratagema elaborado para nos tirar de seu rastro. Vivo e sob nosso controle, Abu Zar começou a cooperar em nossa busca por Zarqawi.

Os relatórios de inteligência sobre Zarqawi variaram em volume e especificidade durante o verão e o outono de 2005. Havíamos monitorado rumores de que ele estava gravemente ferido e se recuperando na Síria, ouvimos suas transmissões para vários grupos insurgentes dentro do Iraque e até rastreamos, na esperança por alguma pista, uma jovem iraquiana apresentada como sendo sua última esposa. Mas, na primavera de 2006, o jovem bandido de Zarqa estava livre e mais eficaz do que nunca.

Ainda assim, eu estava cada vez mais confiante de que seus dias estavam contados. Nosso entendimento de sua organização e do próprio Zarqawi havia crescido dramaticamente. Mais significativo, também havia crescido a eficácia da Força-Tarefa. Nossas patéticas habilidades de inteligência de outubro de 2003 estavam muito aquém da organização sofisticada na qual nos tornamos. Apesar de eventos como o atentado da AQI em fevereiro de 2006 à Mesquita Dourada Shia, em Samarra, que desencadeou um furacão de violência sectária em todo o

Iraque, a Força-Tarefa foi muito mais eficaz do que antes, com maiores habilidades do que nunca para atacar Zarqawi e destruir sua rede.

Um incidente curioso reforçou minha confiança. Através de algum trabalho técnico especializado, capturamos as imagens digitais brutas de um filme de propaganda que a AQI estava fazendo. Elas mostravam Zarqawi, vestido com sua marca registrada preta, atirando com armas em meio a algumas bermas de terra difíceis de serem identificadas. O vídeo refletia uma arrogância do tipo "pegue-me se puder", concebida para melhorar sua imagem de líder guerreiro. Mas, antes que a AQI pudesse lançar sua versão editada, nós lançamos as cenas que eles haviam cortado: Zarqawi tateando amadoramente com uma arma automática, um de seus capangas pegando um cano incandescente com resultados previsíveis. Mais importante, por meio de um trabalho surpreendentemente notável, os analistas em D.C. conseguiram identificar o local onde as cenas haviam sido filmadas. Nosso time de times agora havia sido capaz de conectar sua experiência de forma rápida e eficaz.

No início de abril, avisado pelo que-regressou-do-mundo-dos-mortos Abu Zar, um sargento da inteligência chamado Walter começou a vigiar uma propriedade em uma área rural a oeste de Bagdá. Após semanas de vigilância, ele viu indicações de uma reunião da AQI. Nenhuma ordem ou plano havia dirigido sua vigilância ao local que ele rotulou de NAI (Nomeada Área de Interesse) 152, mas, depois de anos no Iraque, ele intuitivamente conectou os pontos.

Minutos depois de ver o que lhe parecia uma reunião da AQI, Walter passou a informação para a Força-Tarefa, recomendando um ataque imediato.

Um ataque diurno não foi uma decisão tomada de ânimo leve. Voar em espaço aéreo hostil e aterrissar perto o suficiente do alvo para que os suspeitos não pudessem escapar colocam nossas forças em risco.

Como os operadores confiavam na experiência e nos instintos de Walter e estavam eles mesmos imersos no processo de inteligência, avaliaram o risco e tomaram uma decisão quase que instantaneamente.

Os operadores atacaram às 13h56. O tiroteio resultante matou cinco insurgentes e revelou um arsenal de armas, coletes suicidas e outras munições. Enquanto a operação ainda estava em andamento, a vigilância notou atividade em uma propriedade a uma curta distância. Walter e outros analistas consideraram que isso justificava o reconhecimento o mais rápido possível.

Assim que o tiroteio no NAI 152 terminou, os operadores "deram novas ordens" e trouxeram helicópteros *Night Stalker* para invadir a suposta reunião na propriedade vizinha, agora chamada de objetivo MAYERs. Não houve tempo para obter a aprovação do quartel-general da Força-Tarefa, não houve tempo para um ensaio nem para nenhuma ordem de operações por escrito. Os times experientes simplesmente ficaram ao lado dos helicópteros, ouviram a avaliação do sargento pelo rádio, desenvolveram um plano e voaram para o objetivo em poucos minutos. Eles aterrissaram no alvo duas horas e quinze minutos após o início do tiroteio na NAI 152. A mecânica travada de 2003 parecia ter acontecido há uma eternidade.

Nenhum tiro foi disparado no segundo ataque, pois a força de ataque capturou doze iraquianos. Mas os sinais de alerta tornaram-se imediatamente evidentes. Os homens obviamente não eram fazendeiros, e em um país onde todos pareciam carregar um telefone, encontramos apenas um com eles. Ou eles deliberadamente não os trouxeram ou os jogaram em um canal próximo quando ouviram os helicópteros. Os homens foram detidos e levados para interrogatório.

Uma declaração na videoconferência da Operações e Inteligência da tarde seguinte me fez notar imediatamente: "este não é apenas um bando de combatentes. Esses caras são diferentes".

Como o relatório de aferição do Velho Oeste de que as coisas estão "muito quietas", a declaração carregava um significado tremendo. O relator era um dos nossos oficiais de inteligência mais experientes, um veterano de operações contra o movimento insurgente Abu Sayyaf (associado à Al Qaeda) nas Filipinas, bem como de anos de operações no Afeganistão e no Iraque. Ele sabia o que era normal, então o diferente se destacou.

Em poucos dias, nossos analistas identificaram vários dos homens como agentes de nível médio da AQI. Nossos times também iniciaram um esforço deliberado para determinar se algum deles era um líder sênior ou diretamente ligado a um. Eles compararam as histórias dos homens em busca de inconsistências e pediram a cada um deles que identificasse quem entre eles era o mais importante[83]. No início da luta, uma abordagem tão inocente teria parecido estupidamente simples para nós. Mas aprendemos que "se é estúpido e funciona, não é estúpido".

As suspeitas iniciais saltavam de um homem para outro até que nos concentramos em um homem de meia-idade confiante que chamaremos de Allawi.

---

83. Curiosamente, todos os doze identificaram o mesmo homem – incluindo o próprio homem. Embora fosse um agente significativo da AQI, ele não foi o homem que nos levou a Zarqawi.

Nos dias que se seguiram, à medida que a luta contra a AQI se espalhava pelo Iraque, trabalhamos para entender quem era Allawi.

O time de interrogatório de Allawi não era o único grupo focado nele, nem eram os analistas de inteligência que trabalhavam 24 horas por dia em salas adjacentes com paredes de compensado. Toda a nossa rede – nossos times no Iraque, agências de inteligência nos Estados Unidos e no Reino Unido, quartéis-generais de unidades parceiras em toda a região e mais de setenta equipes de ligação que a Força-Tarefa posicionou em quartéis-generais, escritórios e outros locais – juntaram-se ao esforço. Em toda a rede, os times coordenaram as perguntas feitas, compartilharam as respostas recebidas, deram sugestões e trocaram ideias. Foi uma batalha de inteligência, e agora havíamos aproveitado milhares de mentes – o cérebro de ninguém havia sido deixado no baú.

Em meados de maio, após dezenas de pacientes sessões de interrogatório, Allawi decidiu nos dar o que sabia que queríamos: uma conexão com Zarqawi. Ele nos disse que conhecia a identidade do conselheiro espiritual de Zarqawi, um homem chamado Sheikh Abd al-Rahman, que tinha uma interação muito pessoal e regular com nosso alvo. Essa era a peça fundamental do quebra-cabeça: tudo o que precisávamos fazer era encontrar Rahman e segui-lo até Zarqawi.

Mais fácil falar do que fazer. Rahman morava em Bagdá, que, em maio de 2006, estava se tornando uma casca pós-apocalíptica de seu antigo eu. A violência impulsionada pela AQI, acentuada por horríveis carros-bomba, já havia encharcado de sangue a capital quando a raiva xiita sobre o bombardeio da Mesquita Dourada explodiu. Mover-se em operações pelas ruas ou conduzir vigilância tornou-se notavelmente difícil. Os sunitas eram parados em postos de controle xiitas, retirados de veículos e executados no local. Nos esconderijos da AQI invadidos, encontramos câmaras de tortura medievais com fotografias e vídeos documentando o sadismo sectário.

Localizamos um homem que acreditávamos ser Rahman morando com sua família em um bairro de Bagdá e preparamos equipes terrestres e aéreas para manter vigilância sem piscar e PID, ou "identificar positivamente", o suspeito de perto. Mas manter o controle constante de um indivíduo que não quer ser encontrado era um desafio, mesmo com nossa tecnologia amplamente aprimorada.

Um antigo dilema surgiu: a decisão de atacar ou esperar. Sentíamos que estávamos de olho em Rahman e esperávamos observá-lo pacientemente até que ele nos levasse a Zarqawi, mas sabíamos que a dinâmica poderia mudar a qualquer dia. Se atacássemos imediatamente, provavelmente poderíamos capturar

Rahman, mas, a menos que ele cooperasse quase imediatamente, Zarqawi seria alertado e desapareceria. Se esperássemos e observássemos, havia uma chance maior de assustar o conselheiro, Zarqawi poderia se mudar por outras razões, ou qualquer número de "cisnes negros" poderia surgir e atrapalhar nosso esquema.

Para adicionar mais tensão à nossa decisão, reunir recursos de vigilância suficientes para manter a vigilância ininterrupta de Rahman nos desviou de outras operações potenciais em um momento em que Bagdá estava entrando em colapso. A informação fluiu; opções foram apresentadas e discutidas. Paciência é algo difícil quando pessoas estão morrendo. No período anterior à nossa criação da consciência compartilhada em toda a força, os instintos tribais quase certamente teriam desviado nosso foco – times não envolvidos na caça a Zarqawi teriam feito muito mais barulho sobre sua necessidade de recursos ISR. Graças ao propósito comum que permeava nossa Força-Tarefa, as pessoas entenderam e seguimos em frente.

Finalmente, após dezessete dias de vigilância 24 horas por dia, vimos o conselheiro espiritual transferir sua família para outra casa em Bagdá. Era um indicador: Allawi nos disse que tal movimento significava que Rahman estava prestes a deixar a cidade para se encontrar com Zarqawi. Olhamos ainda mais fixa e atentamente.

A partida de Rahman de Bagdá e a viagem para Zarqawi foi puro drama. Observando a partir de vários pontos de comando e controle, os olhos se esforçando para evitar perder até mesmo o menor detalhe, usamos nossa constelação de aeronaves de vigilância tripuladas e não tripuladas para observar e registrar cada movimento que ele fazia. Eu assistia de Balad sabendo que, a oito fusos horários de distância, nos Estados Unidos, outros estavam fazendo o mesmo.

Vimos Rahman ser deixado na beira de uma estrada nos arredores de Bagdá e ser apanhado quase imediatamente por uma caminhonete "bongo" azul[84]. Essa "troca de veículo" clássica – um movimento destinado a confundir qualquer um que tentasse segui-lo – era estranhamente reconfortante. Civis inocentes não trabalham para criar possíveis cortinas de fumaça. Um pequeno restaurante em Baqubah, capital da província de Diyala, foi o cenário da próxima tática de Rahman. Entrando por uma porta lateral, ele saiu por outra alguns minutos depois para subir em uma caminhonete branca e partir. A picape tinha uma

---

84. Um caminhão "bongo" é uma caminhonete, produzida pela sul-coreana Kia Motors desde 1980, que é popular no Iraque.

aparência surpreendentemente familiar: Zarqawi era conhecido por usar várias caminhonetes semelhantes para confundir a vigilância aérea. Enquanto seguíamos a picape, também mantivemos os olhos no sedã original que Rahman havia levado de Bagdá e no restaurante, caso o homem que saiu não fosse ele. Se estivéssemos limitados a uma única plataforma de vigilância aérea, como em 2003 ou 2004, teríamos sido forçados a escolher a qual assistir e esperar que nossas habilidades de observação e sorte fossem boas. Agora, graças à disposição de nossos times de reunir recursos, conseguimos que diferentes aeronaves mantivessem seu "olhar constante" em cada alvo. Ao longo do processo, mapeamos as conexões e traçamos locais – alvos que atingiríamos depois de fazer o possível para pegar Zarqawi.

A casa para a qual Rahman dirigiu ficava em uma área chamada Hibhib. Um caminho saía da estrada principal, atravessava um pequeno canal e terminava em uma casa de concreto e pedra que teria sido um acréscimo respeitável à maioria dos bairros americanos. A estrada arborizada tinha pouco tráfego.

Enquanto Rahman dirigia até a casa, um homem saiu para cumprimentá-lo e o escoltou para dentro. O homem então voltou para fora e percorreu a extensão do caminho para a estrada. Ele usava vestes totalmente pretas e tinha uma presença imponente. No final do caminho, ele olhou para a esquerda e para a direita e virou antes de voltar para dentro. Abu Musab al-Zarqawi.

Nós conversamos por dois anos e meio sobre esse momento, mas a hora da decisão nunca é tão organizada e limpa quanto você a imagina. Ir atrás dele era indiscutível, mas a questão era como. A unidade que controlava nossas operações no Iraque operava a cerca de dez metros de mim dentro de nosso quartel-general em Balad. O comandante e eu conversamos brevemente enquanto ele confirmava sua confiança de que o homem era Zarqawi e dizia que pretendia atacar.

Ele lançou uma força de ataque de Bagdá, mas como reserva também tinha F-16s prontos para bombardear. Ele não pediu permissão e eu não pedi para ele pedir. Aprendi que a confiança era fundamental. Desviar-nos do *modus operandi* que havíamos trabalhado tanto para promover – mesmo quando as apostas eram altas – seria um erro.

Como sempre, os eventos divergiram do planejado.

A força de ataque baseada em Bagdá foi atrasada por problemas de manutenção dos helicópteros. Tínhamos uma janela de tempo muito limitada para atacar. Atrás da casa, estendia-se um bosque de palmeiras. Rastrear alguém que conseguisse fugir para as palmeiras, principalmente quando a escuridão se aproximava, exigiria centenas de soldados e mais sorte com a qual queríamos contar.

O comandante voltou-se para o plano B – os F-16s –, mas uma das aeronaves estava fora da estação para reabastecimento. Minutos críticos estavam passando.

Finalmente, um segundo F-16 chegou ao alvo. Após um atraso de vários minutos, ele soltou sua munição.

Vimos a casa de pedra e concreto que continha o homem que idealizou o reinado de terror da AQI desaparecer em uma nuvem de fumaça.

Quando a força de ataque desembarcou, cerca de 28 minutos após as bombas, eles encontraram a polícia iraquiana local, no local com uma ambulância. Zarqawi estava deitado em uma maca, ainda vivo. Um médico americano que entendeu o tremendo valor de um Zarqawi vivo sob custódia trabalhou para salvá-lo. Mas ele morreu 24 minutos depois devido a ferimentos internos.

Eles trouxeram o corpo de Zarqawi diretamente de volta para Balad. Deitado em uma esteira no chão de concreto, o corpo não apresentava ferimentos externos e parecia exatamente como havíamos visto Zarqawi nas fotografias. Ainda assim, para evitar qualquer possibilidade de erro, enviamos as impressões digitais ao FBI nos Estados Unidos e esperamos impacientemente que eles confirmassem a identificação antes que qualquer liderança pudesse anunciar a operação.

Enquanto esperávamos, reunimos informações sobre os alvos que identificamos durante a perseguição. Também realizamos uma festa de despedida intercontinental planejada para o então contra-almirante Bill Mcraven, um SEAL que havia sido um elemento-chave no comando por quase três anos (ele, mais tarde, lideraria a Força-Tarefa e depois o Comando de Operações Especiais dos Estados Unidos). Naquela noite, ele recebeu as costumeiras provocações bem-humoradas de pessoas que o admiravam. Conduzimos sua despedida digitalmente, Bill e sua esposa, Georgeann, reuniram-se em Fort Bragg com funcionários e famílias de lá, enquanto meu time de comando de Balad, nosso outro vice-comandante do Afeganistão e outros membros do comando de toda a região participaram por videoconferência. Brincamos, contamos histórias e demos presentes para Bill. Para os não iniciados, teria parecido uma reunião estranha, mas em junho de 2006, nossa rede distribuída parecia estranhamente normal. Tínhamos nos tornado um novo comando de uma nova era.

Enquanto comemorávamos, um oficial do estado-maior entrou e sussurrou em meu ouvido. Minha esposa, Annie, me disse mais tarde que, enquanto observava minha reação na tela, sem saber da operação, ela sabia que algo significativo havia acontecido e rezou para que não fossem mais vítimas. Não eram. Tínhamos acabado de receber a confirmação de que Abu Musab al-Zarqawi estava morto.

Agora nossas forças-tarefa em todo o Iraque entraram em ação. Ao longo da noite, elas atingiram alvos o mais rápido possível, incluindo quatorze somente em Bagdá, esperando atingir cada um antes que a notícia da morte de Zarqawi levasse os agentes da AQI a se mobilizarem. Já havíamos colocado esses ataques em espera antes, preocupados que pudessem levar Zarqawi a desaparecer. Esses ataques simultâneos tinham o potencial especial de "surpreender" a rede da AQI e, a cada alvo, reuníamos mais inteligência, identificávamos mais conexões e nos preparávamos para manter a pressão.

No momento, a operação contra Zarqawi parecia a coisa mais importante em nossas vidas – e talvez, na época, o fosse. Os processos, relacionamentos e confiança que sustentaram esse esforço complexo eram agora coisas que quase damos como garantidas. Nós os usávamos todos os dias e noites como se fossem a ordem natural das coisas. Por dentro, no entanto, a maioria de nós sabia o quanto foi necessário para trazer essa "ordem natural" à existência.

O BAR DA STAR WARS

A organização que fez isso era um mundo à parte da organização que não conseguiu impedir o bombardeio da estação de esgoto em setembro de 2004. Impulsionados pela necessidade de acompanhar um inimigo ágil e um ambiente complexo, nós nos tornamos adaptáveis. Tínhamos fundido um compartilhamento radical de informações com extrema descentralização da autoridade decisória.

Ao fazer isso, tínhamos uma estrutura diferente de qualquer força que os militares dos EUA já haviam colocado em campo. Acabaram-se as linhas retas e os ângulos retos de um organograma tradicional do MECE; agora éramos amorfos e orgânicos, sustentados por laços entrecruzados de confiança e comunicação que décadas de gestores teriam rotulado como ineficientes, redundantes ou caóticos.

Em 2007, a Força-Tarefa estava vencendo a luta contra a AQI[85]. Nosso pensamento se tornou mais elaborado e nossa execução mais ágil. Estávamos aprendendo e nos adaptando mais rápido que o inimigo e – finalmente – atingindo-os mais rápido do que eles poderiam se recompor. Atingíamos alvos todas as noites, mas também começamos a atacar durante o dia – algo que nunca

---

85. Claro, isso era apenas uma parte da guerra em geral, e o fato de termos ganhado uma vantagem sobre a AQI, embora fosse muito conveniente às forças da coalizão, não representava a totalidade e o fim da guerra. Nem, infelizmente, nossa supressão da AQI sobreviveria à nossa presença no Iraque.

poderíamos ter feito sem as capacidades superiores de inteligência e confiança entre nossos operadores e analistas que haviam sido criadas por nossa rede.

Alguns anos antes, os prisioneiros descartavam presunçosamente a compreensão limitada que tínhamos de sua organização. Agora, eles ficavam maravilhados com nossas informações, perguntando aos interrogadores: "Como você está fazendo isso? Como você pode saber disso?". A resposta não era algum tesouro secreto de dados da AQI que encontramos ou um avanço tecnológico em vigilância; era exatamente a vantagem que a AQI uma vez teve sobre nós: uma revolução na arte mundana da gestão.

Nosso desempenho fluía naturalmente da rede neural interconectada em que nossa força havia se tornado. Entrando na SAR, que já foi um local de estratificação disciplinada, um visitante agora veria uma multidão de especialistas de toda a nossa força e da comunidade de inteligência. Um analista estaria ao lado de um operador ao lado de alguém em rotação de uma de nossas agências parceiras, coletando informações de Bagdá, Cabul e D.C. Acabamos apelidando-o de "bar da Star Wars", em homenagem ao grupo heterogêneo de alienígenas que povoavam as tavernas extraterrestres de George Lucas.

Embora a eliminação de Zarqawi tenha representado um momento crucial em nossa luta contra a AQI, foi apenas uma pequena peça do quebra-cabeça. Na verdade, a descentralização da autoridade que a AQI havia projetado – e que nós, à nossa maneira, adotamos – significava que a "decapitação" não era uma bala de prata. Nossa principal estratégia foi esvaziar os escalões médios da organização, que tendiam a ser os mais conectados. Uma organização tão regenerativa e fluida quanto a AQI nunca possuiria um único ponto de falha, e era por isso que era importante atingi-los implacavelmente e com precisão.

A AQI era adaptável. Mas a morte de Zarqawi foi uma grande vitória moral. Enfim, estávamos melhores. Havíamos nos tornado não uma máquina bem lubrificada, mas um organismo adaptável e complexo, constantemente girando, mudando e aprendendo a dominar nosso multiforme adversário.

Em 1835, Alexis de Tocqueville publicou o primeiro de dois volumes do que hoje é considerado um dos textos fundadores da ciência política: *A Democracia na América*. Ele havia acabado de voltar para sua França natal de uma viagem de nove meses aos Estados Unidos – na época, um lugar preguiçoso e atrasado, com uma pequena economia cuja principal relevância para a Europa era sua notável Guerra Revolucionária, meio século antes. Tocqueville, no entanto, olhou para a América e viu o futuro. À medida que as revoluções se espalhavam pela

Europa, derrubando monarquias e inaugurando repúblicas e democracias, ele se voltou para os Estados Unidos como um exemplo de como fazer isso direito. Visitando cidades movimentadas do leste e explorando a natureza selvagem do meio-oeste, Tocqueville ficou impressionado com a "igualdade de condições quase completa" na América. Ele ficou surpreso com os altos níveis de participação cívica em associações voluntárias, escrevendo que "em nenhum país do mundo o princípio da associação foi usado com mais sucesso ou aplicado a uma multidão de objetivos maior do que na América".

Tocqueville também escreveu extensivamente sobre o que viu como as vulnerabilidades da América. Embora as pessoas, então e agora, tendam a considerar o princípio essencial da democracia como sendo o empoderamento político do povo, isso, por si só, não produz uma democracia bem-sucedida – o povo pode ser efetivamente empoderado apenas se tiver contexto suficiente para tomar boas decisões. Tocqueville enfatizou esse ponto, observando que, "nos Estados Unidos, a instrução do povo contribui poderosamente para o apoio da república democrática".

O cientista político Brian Danoff explica que Tocqueville via os líderes como "incumbidos da tarefa de educar cidadãos democráticos e fornecer a sua compreensão de liberdade com um senso de propósito, um senso de 'para que serve a liberdade'". Essa advertência crítica às previsões de Tocqueville sobre o sucesso democrático americano atinge o cerne do que faz a democracia funcionar: uma estrutura política na qual a autoridade de tomada de decisão é – de certo modo – descentralizada para os eleitores, em vez de concentrada em um núcleo monárquico ou oligárquico, *requer* um alto nível de consciência política entre o público para funcionar. Se as pessoas não forem educadas o suficiente para tomar decisões informadas nas urnas, o sistema de feedback sobre o qual a democracia se baseia não irá funcionar. A proliferação de governos democráticos em todo o mundo nos últimos dois séculos pode sugerir que o simples ato de descentralização democrática em si é uma receita para o sucesso. Mas, como aponta Tocqueville, não se pode fazer boas escolhas sem o contexto adequado: uma democracia como a América poderia permanecer livre apenas com "um tipo adequado de educação". Em outras palavras, um sistema requer consciência compartilhada antes que possa colher os benefícios da execução empoderada.

Tocqueville reconheceu que o empoderamento sem contexto irá levar ao caos. Esse é o risco que corre se as organizações tradicionais e hierárquicas simplesmente derrubarem a autoridade, *ceteris paribus* (pense na crise financeira de 2008, em grande parte desencadeada por jovens profissionais de finanças desinformados que receberam muita margem de manobra e pouca orientação). Uma organização deve capacitar seu pessoal, mas somente *depois* de ter feito o trabalho pesado de criar uma consciência compartilhada. Isso é muito mais difícil quando você está tentando alcançar algo construtivo: a AQI poderia distribuir empoderamento com relativamente pouca consciência compartilhada porque, com a destruição como seu objetivo principal, precisão e coordenação nem sempre eram necessárias; mas, para a maioria dos empreendimentos humanos que lutam para lidar com um ambiente complexo – desde gerenciamento da cadeia de suprimentos até distribuição de ajuda, marketing e governança nacional –, fazer algo *construtivo* é essencial para sua missão. A execução empoderada sem consciência compartilhada é perigosa.

Da mesma forma, a consciência compartilhada por si só, como passamos a conhecer, é poderosa, mas, em última análise, insuficiente. Construir uma consciência holística e forçar a interação alinhará o propósito e criará uma força mais coesa, mas não irá liberar todo o potencial da organização. Mantenha esse sistema por muito tempo sem descentralizar a autoridade e quaisquer ganhos de moral obtidos serão revertidos à medida que as pessoas ficam frustradas com sua incapacidade de agir de acordo com seus novos *insights*. Assim como o empoderamento sem compartilhamento falha, o mesmo ocorre com o compartilhamento sem empoderamento.

A consciência compartilhada é um conjunto de fóruns centralizados cuidadosamente mantido para aproximar as pessoas. A execução empoderada é um sistema radicalmente descentralizado para empurrar a autoridade para as bordas da organização. Juntos, com estes como o coração pulsante de nossa transformação, nos tornamos uma unidade única e coesa muito mais ágil do que seu tamanho poderia sugerir. Ao contrário dos itens de uma *checklist* tipo MECE, nenhum deles pode ser instituído isoladamente; somente quando fundidos podem alimentar uma organização. Tal como acontece com os membros do time, componentes de sistemas complexos e outras dinâmicas que discutimos no livro, a união de consciência compartilhada e execução empoderada é maior do que a soma de suas partes.

A relação entre contexto e autoridade é tão antiga quanto intuitiva, mas geralmente tem sido direcionada pelo aprimoramento das informações fornecidas aos líderes seniores, aumentando assim seu alcance de tomada de decisão (a aplicação disso por Tocqueville à governança distribuída da democracia é uma exceção histórica).

Nós invertemos essa direção. Usamos a consciência compartilhada para bombear informações, capacitando pessoas em todos os níveis, e redefinimos o papel da liderança ("agricultores"). O que fizemos não teria sido possível vinte, dez, talvez até cinco anos antes — tão essenciais para nossa abordagem foram as tecnologias de informação que utilizamos — nem teria sido necessário. Hoje é.

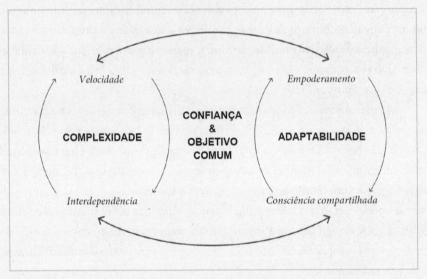

A velocidade e a interdependência do ambiente moderno criam complexidade. Acoplar a consciência compartilhada e a execução empoderada cria uma organização adaptável capaz de reagir a problemas complexos.

UM MUNDO SEM SINAIS DE PARADA

Este novo mundo — o redemoinho voluntarioso em que minha neta Emmylou crescerá — é tanto emocionante quanto assustador. A interação humana — não apenas no contexto da gestão — está mudando significativamente.

A simulação em computador da Universidade do Texas em Austin sobre o futuro do tráfego automotivo fornece um reflexo perfeito dessas mudanças. O programa ilustra como um cruzamento de quatro vias pode parecer em uma paisagem urbana dominada por carros autônomos comunicando-se em tempo real. E, ao se prestar atenção, há algo que parece errado. A interseção é enorme — uma rodovia de dez pistas cruzando outra rodovia de dez pistas —, mas não há semáforos, não há sinais de parada e aparentemente não há senso de ordem. Os veículos não fazem fila com base na direção da viagem para esperar sua vez antes de migrar *en masse* para o outro lado. Em vez disso, os carros, indo em todas as quatro direções, passam rapidamente uns pelos outros a toda velocidade, constantemente a poucos metros de uma horrível colisão lateral. A interseção nunca está vazia; nenhum veículo fica parado. Nem parece que eles desaceleram. Suas trajetórias podem ser traçadas em coordenação umas com as outras muito antes de chegarem à interseção, de modo que não há necessidade da parada e da partida que caracterizam o comportamento humano em circunstâncias semelhantes. Parece uma armadilha mortal, mas os carros sem motorista prometem reduzir significativamente as mortes no trânsito. O professor da Universidade do Texas Peter Stone, um dos líderes do projeto, observa que 25% dos acidentes e 33% das 33 mil mortes por automóveis a cada ano nos Estados Unidos ocorrem em cruzamentos, e 95% podem ser atribuídos a "erro humano". Os primeiros testes sugerem que os carros autônomos podem evitar dez mil mortes por ano, tornando os deslocamentos mais rápidos e confortáveis. Mas, para todas as estatísticas e testes, a simulação da Universidade do Texas ainda não parece correta.

Parece antinatural porque temos uma ideia fortemente arraigada de como o tráfego *deve* ser, e ela é governada por um ritmo mecânico de paradas, partidas e curvas. Em contraste com esses movimentos satisfatórios, semelhantes a máquinas, a confusão de fluidos na simulação parece uma desordem perigosa. Psicólogos e teóricos organizacionais chamam essas heurísticas de como o mundo funciona de "modelos mentais". Modelos mentais podem ser muito úteis – eles podem fornecer atalhos e nos impedir de reinventar a roda. Como o *The Onion* elegantemente colocou: "Os estereótipos são uma verdadeira economia de tempo".

Os problemas surgem quando esses modelos não refletem mais a realidade e quando inibem o pensamento criativo. Temos que reconhecer que um modelo mental *não* é a realidade, é apenas uma representação da realidade, e há um número quase infinito de representações igualmente válidas, quase todas as quais também deixam algo de fora em nome da simplificação. Um mapa do metrô de Washington, D.C., não é mais "certo" ou "errado" do que um mapa topográfico, mas o primeiro é inútil para caminhadas e o segundo é inútil para pegar um trem. No entanto, temos que evitar a tentação de confundir o mapa com o terreno – acreditar que as linhas de metrô são a única representação verdadeira de uma cidade, ou que as luzes e os sinais de parada são a única maneira de gerenciar o tráfego. Nas palavras de Albert Einstein, "nossas teorias determinam o que medimos". Quando pedimos às pessoas que pensem "fora da caixa", geralmente estamos pedindo que descartem modelos mentais.

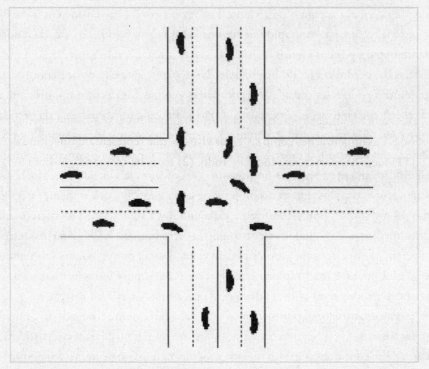

Uma simulação de computador sobre como os cruzamentos podem mudar no futuro devido à inovação dos carros autônomos.

No caso do trânsito, nosso modelo mental é um de uma família de modelos sobre como o mundo ao nosso redor deve funcionar, a maioria dos quais são mecanicistas, com regras claras e demarcações e categorias que são facilmente visíveis a olho nu. Padrões, normas e regras de engajamento nos deixam confortáveis. isso é eficaz; isso é eficiente. As coisas não devem parecer uma bagunça caótica e auto-organizada. E, ao longo do século passado, esses modelos nos serviram bem.

É provável que vejamos, cada vez mais, soluções de "confusão caótica" nas próximas décadas. Precisaremos enfrentar problemas complexos de maneira criteriosa, em tempo real, responsiva e adaptável. Precisaremos de sistemas capazes de fazer coisas que nenhum projetista, por mais magistral que seja, poderia imaginar – coisas muito além da capacidade de um planejador individual de compreender e controlar, assim como a intrincada estrutura das colônias de formigas está além do cérebro de 250 mil neurônios de uma única formiga.

Anne Murray Allen, ex-chefe de TI e estratégia de uma das divisões mais lucrativas da Hewlett-Packard, e o pesquisador de redes sociais da Universidade de Oregon, Dennis Sandow, se uniram para uma série de estudos sobre análise de redes sociais. Refletindo sobre sua pesquisa, eles escreveram: "Como a filosofia das ciências físicas dominou a era industrial, a filosofia das ciências biológicas está começando a dominar a era do conhecimento. Essa filosofia vê o conhecimento, as pessoas e as organizações como sistemas vivos... [que representam uma mudança de] (1) focar nas partes para focar no todo, (2) focar na categorização para focar na integração".

Na medida em que as organizações – exércitos, escolas, governos, corporações – são essenciais para resolver os maiores problemas que enfrentamos, e o funcionamento dessas organizações viabiliza ou inutiliza sua eficácia, a gestão determina a qualidade do mundo em que vivemos. A gestão valeu-se do poder da indústria, enviou homens à lua, salvou a vida dos feridos e doentes, e ganhou e perdeu guerras. E agora precisamos de sistemas que possam resolver as ameaças complexas e sistêmicas da mudança climática, do fluxo frágil de ajuda ao desenvolvimento e do terrorismo em rede. Isso faz da gestão um dos *limfacs* fundamentais à busca pelo progresso humano e, à medida que procuramos resolver problemas cada vez maiores, precisaremos de sistemas de gestão que, como o sistema de trânsito da Universidade do Texas, possam se ajustar e se adaptar em tempo real; que não são condicionados pelos modelos mentais expirados do passado.

À medida que a complexidade envolve o nosso mundo cada vez mais, mesmo os empreendimentos mais triviais estão agora sujeitos à imprevisibilidade, e podemos aprender com aqueles que estão na vanguarda. Na década de 1960, a NASA era a exceção, mas hoje é a regra; apenas um punhado de entidades não se viu cercado pela complexidade. As cadeias de suprimentos, antes linhas de montagem confiáveis, agora estão espalhadas por todo o mundo e sujeitas a interrupções constantes e não lineares –qualquer coisa, desde uma escassez de alimentos na Zâmbia, passando um surto de alguma doença na China até uma tempestade no meio do Pacífico, pode afetar a entrega de um produto embalado nos Estados Unidos. Uma empresa americana que cuida de gramados pediu ajuda à CrossLead porque seus gráficos de linhas e de barras haviam ficado sobrecarregados pelas realidades de uma economia global, por uma cadeia de suprimentos complexa e pela rede densa e sobreposta de relacionamentos com fornecedores, profissionais de marketing e consumidores. Outro cliente – uma grande empresa de tecnologia – lutou para integrar esforços em todos os continentes depois que uma tempestade na Tailândia acabou com a produção de seu principal produto.

Por necessidade, a AQI inventou uma nova solução para ser eficaz neste novo ambiente, assim como nós e, mais cedo ou mais tarde, todos os outros. Não existe algo como uma panaceia organizacional – os detalhes sempre serão diferentes para pessoas, lugares e objetivos diferentes –, mas acreditamos que nosso modelo fornece um bom esquema.

Ao final, todos nós temos que dar um salto de fé e mergulhar no redemoinho. Nosso destino é um futuro cuja forma podemos não achar reconfortante, mas que tem tanta beleza e potencial quanto as linhas retas e os ângulos retos do século passado de reducionismo: esse futuro tomará a forma de redes orgânicas, engenharia de resiliência, controle de inundações – um mundo sem sinais de parada.

Taylor, na década de 1880, olhou para uma nova era de tecnologia repleta de oportunidades e viu que a organização do comportamento humano seria um fator limitante. Os ganhos potenciais de produtividade prometidos pela industrialização estavam sendo restringidos por práticas inconsistentes e localizadas. Ele jogou fora o modelo de aprendizado, que funcionou tão bem por séculos, e colocou em seu lugar sua doutrina de eficiência reducionista e replicável, cujo legado permanece enraizado nas organizações até hoje.

Em 2003, também estávamos aceitando a realidade de que o progresso tecnológico havia sobrecarregado nossa doutrina de gestão. Estávamos usando o paradigma reducionista que funcionou tão bem desde Taylor, mas estávamos diante de uma nova onda de tecnologias definidas pela conectividade – a Internet, a disseminação de telefones celulares e o crescimento das mídias sociais –, redes cujo poder está em seus comportamentos emergentes, não lineares, e não na soma de seus nós. Essa tecnologia produziu problemas complexos – o tipo de desafio que, como Warren Weaver observou há setenta anos, se recusa a ceder à análise reducionista.

Assim como Taylor, descobrimos que as mesmas tecnologias que criaram esses desafios trouxeram soluções. Para ele, a disseminação da mecanização ofereceu a oportunidade de procedimentos replicáveis em escala; para nós, o fluxo livre de dados desbloqueou novos mundos de trabalho em equipe e colaboração de permuta. Em 2003, nossas normas organizacionais relativas à informação – e, portanto, autoridade de tomada de decisão – derivavam de realidades tecnológicas do passado: durante a maior parte da história humana, copiar e transmitir informações era caro. Nos últimos vinte anos, os custos de copiar, compartilhar, transmitir e manipular dados caíram praticamente para zero. Isso nos permitiu compartilhar de novas maneiras e, consequentemente, capacitar as pessoas com novos níveis de autoridade.

Havia até uma bela simetria histórica na estética conceitual de nossa organização: nossa organização, como a de Taylor, espelhava visualmente as tecnologias da época. Enquanto Taylor desenvolveu formas organizacionais ordenadas, semelhantes a máquinas, para aproveitar ao máximo as máquinas ordenadas em suas fábricas, nossa rede se assemelhava à composição estrutural sinuosa, sobreposta e em constante mudança da *web*. Enquanto as estruturas de gerenciamento de Taylor se concentravam em entradas e saídas, como uma linha de montagem física, a nossa foi construída em um ecossistema de informações compartilhadas semelhante a soluções de colaboração coletiva, assim como a arquitetura de sites adaptativos e em evolução como a Wikipedia, que compartilham grandes quantidades de informações entre todos os usuários e dão aos indivíduos autoridade para alterar o sistema.

Assim como a administração científica fundiu o pensamento smithiano sobre eficiência com uma nova era de tecnologia para criar um novo tipo de organização, nós descobrimos que nossa doutrina, ao aproveitar o ideal de colaboração democrática, havia resultado em um tipo fundamentalmente novo de força – uma Força-Tarefa da era da informação.

A Força-Tarefa ainda tinha fileiras e cada membro ainda tinha um time e um subsubcomando específico, mas todos entendíamos que agora fazíamos parte de uma rede; quando visualizamos nossa própria força nos quadros brancos, agora ela tomava a forma de teias e nós, não de camadas e silos. A estrutura que, anos antes, havia nos provocado em nossos quadros brancos quando falhamos em evitar o assassinato de homens, mulheres e crianças em ataques como o atentado à bomba na estação de esgoto de El Amel, como os *bunkers* de Saddam, foi redefinida e se tornou nosso lar.

Para derrotar uma rede, nos havíamos nos tornado uma rede. Tínhamos nos tornado um time de times.

RECAPITULAÇÃO

- À medida que nossa Força-Tarefa se transformava, nossa velocidade e precisão melhoravam drasticamente. Esse não foi um triunfo de ajustá-la em uma máquina hipereficiente. Ela se havia se tornado uma entidade mais transparente, mais orgânica.

- A tecnologia foi uma causa do nosso desafio e uma ferramenta para o nosso sucesso. Mas foi a mudança de cultura na organização que permitiu que a Força-Tarefa a usasse adequadamente.

- No centro da jornada da Força-Tarefa para a adaptabilidade está uma simetria yin-yang de consciência compartilhada, alcançada por meio de fóruns rígidos e centralizados para comunicação e extrema transparência e execução empoderada, que envolveu a descentralização da autoridade gerencial. Juntos, eles impulsionaram nossa Força-Tarefa; nenhum seria suficiente sozinho.

- Nossa transformação é reflexo da nova geração de modelos mentais que devemos adotar para dar sentido ao século XXI. Se conseguirmos abraçar essa mudança, podemos desbloquear um tremendo potencial para o progresso humano.

AGRADECIMENTOS

Escrever um livro requer muita organização, disciplina e paciência. Escrever um livro entre quatro autores requer ainda mais coordenação, moderação e edição, embora forneça o benefício adicional de aproveitar diferentes mentes e pontos de vista para criar um produto único. Este livro é realmente o resultado de um "time de times", trabalhando em conjunto para lançar mão de experiências passadas, analisar e pesquisar as histórias de outras pessoas e visualizar o que o futuro pode reservar.

Para ajudar a transformar o livro em uma narrativa coerente, contamos com a sabedoria e com os conselhos de profissionais, colegas e amigos. Nossos colegas de trabalho da CrossLead foram essenciais tanto para moldar nossa narrativa, desenvolvida e continuamente refinada em nossos últimos quatro anos de trabalho, quanto para editar essa tentativa de capturar suas percepções compartilhadas no papel. Brooke Neuman foi especialmente cooperativo em nos ajudar coordenando a logística e gerenciando a publicidade em torno do lançamento do livro. A equipe da Portfolio/Penguin, liderada por Adrian Zackheim e orientada por Bria Sandford tornou-se parceira de confiança, dando suporte, oferecendo paciência e incentivo em um longo processo.

Não poderíamos ter produzido este livro sem contar com a pesquisa e os grandes trabalhos de muitos e muitos autores em uma ampla variedade de campos. Os drs. Matthew Carty e E. J. Paterson, do Brigham and Women's Hospital, em Boston, Howard Mccurdy, da American University, e Preston Cline, da Universidade da Pensilvânia, também forneceram valiosos comentários e informações que moldaram as narrativas-chave do livro.

Inúmeras pessoas leram repetidos rascunhos e forneceram feedback inestimável tanto nos estágios iniciais da redação quanto nos estágios finais da edição intensiva. Phil Kaplan forneceu uma valiosa pesquisa aprofundada e Michael Eastman deu conselhos proveitosos sobre a estrutura e o conteúdo do livro. Embora não possamos começar a agradecer a todas as pessoas envolvidas neste projeto, Mike Hall, Mike Flynn, Coleman Ruiz, Barry Sanders, Steven Spear, Joel Peterson, Tom Friedman, Lea Carpenter, Louis Kim, Dick Shultz, Lacy Hebert, Melanie Harris e Jonathan Saw, todos fizeram comentários e edições úteis nos primeiros rascunhos do manuscrito.

Obrigado a Susan Tallman, que leu todos os rascunhos e forneceu conselhos durante todo o processo de revisão.

E, claro, um grande agradecimento a Jessica Craige, cuja verificação de fatos, paciência com o *Chicago Manual of Style* e pesquisa e feedback cuidadosos ancoraram nosso processo.

Uma nota pessoal do General McChrystal: eu conheci Teddy Collins quando ele era um estudante em Yale fazendo meu curso de liderança. Ele imediatamente me pareceu um indivíduo extraordinário e brilhante. Mantivemos nosso relacionamento posteriormente, e, quando chegou a hora de começar a considerar meu próximo projeto de livro, Teddy era a única pessoa que eu sabia que poderia ter o papel mais importante na elaboração deste livro. Teddy se tornou a força gravitacional que uniu todas as ideias, todas as pesquisas, todas as experiências e todas as personalidades, tecendo magistralmente todos os nossos pensamentos em uma narrativa lindamente escrita e coerente. Eu não poderia estar mais orgulhoso do que criamos juntos, juntamente com nossos coautores.

COAUTORES

TANTUN COLLINS

Tantum "Teddy" Collins completou seus estudos de graduação na Universidade Yale, onde obteve um bacharelado em assuntos globais e fez o curso de liderança do general McChrystal. Enquanto em Yale, ele se concentrou em estudos regionais da China e do Oriente Médio e design institucional.

Atualmente, ele está cursando MPhil em relações internacionais e política como Marshall Scholar na Universidade Cambridge, com concentração em design institucional global.

DAVID SILVERMAN

David Silverman é cofundador e diretor executivo da CrossLead, um sistema de liderança e gerenciamento que ele cofundou com o general Stan McChrystal com o objetivo de permitir que as organizações se adaptem e vençam em ambientes complexos.

Formado pela Academia Naval dos Estados Unidos, David serviu na Marinha dos EUA como oficial SEAL por doze anos. Ele é um veterano experiente e condecorado para combate, com seis destacamentos operacionais em todo o mundo, incluindo Iraque, Afeganistão e Sudeste Asiático.

David e sua esposa, Hollis, moram em Washington, D.C., com seus dois filhos.

CHRIS FUSSELL

Chris Fussell é sócio da CrossLead, onde supervisiona o desenvolvimento, relações com clientes e ações de marketing.

Antes de ingressar na CrossLead, Chris passou mais de quinze anos como oficial nos times SEAL da Marinha. Seu tempo nos times SEAL Two e SEAL Eight, e com o Grupo de Desenvolvimento de Guerra Naval Especial, colocou-o em várias zonas de combate ao redor do mundo.

Durante sua carreira, Chris serviu como ajudante-de-campo do então tenente-general Stan McChrystal durante o último ano do general McChrystal liderando o Comando de Operações Especiais Conjuntas, depois obteve seu mestrado em guerra não convencional da Escola de Pós-Graduação Naval em Monterey, Califórnia.

Chris também é membro sênior de segurança naval da New America, um *think tank* apartidário sediado em Washington, D.C., dedicado a entender a próxima geração de desafios enfrentados pelos Estados Unidos.

Chris e sua esposa, Holly, moram no Capitólio, em Washington, D.C., com seus dois filhos pequenos.

Impressão e Acabamento | Gráfica Viena
Todo papel desta obra possui certificação FSC® do fabricante.
Produzido conforme melhores práticas de gestão ambiental (ISO 14001)
www.graficaviena.com.br